W0403660

LP 237

www.lenos.ch

Lina Bögli

Talofa

In zehn Jahren um die Welt

Lenos Verlag

Titel der Originalausgabe:
Vorwärts. Briefe von einer Reise um die Welt
Erstmals erschienen 1906

LP 237

Zweite Auflage 2024

Satz und Gestaltung: Lenos Verlag, Basel
Umschlag: ein Kunststück (2016) von Heidi Bircher als Hommage an Lina Bögli, fotografiert von Christoph Salm. © Beat Hugi, Langenthal; *A General Map of the World, or Terraqueous Globe (...),* by Samuel Dunn. London: Laurie & Whittle, 12th May 1794
Printed in Germany

ISBN 978 3 85787 837 4

Meinen lieben Freundinnen rings auf dem Erdball:
den jungen Mädchen

Krakau, 2. Juli 1892.

Meine liebe Elisabeth! Fürchte nicht etwa, daß ich verrückt geworden bin, obwohl ich dir hiermit die absonderlichste Idee mitteile, die je ein weibliches Menschenkind gefaßt hat. Höre und staune! Ich bin auf dem Punkt, eine Reise um die Welt zu unternehmen, ganz allein, und sozusagen ohne Geld! Du erinnerst dich wohl, daß ich dir vor kaum zwei Jahren eine Karte mit dem folgenden Inhalt aus Antwerpen schrieb: „Wenn man mir alle Schätze von Peru anbieten würde unter der Bedingung, daß ich sie mir selbst hole, würde ich mich höflichst dafür bedanken; denn nie im Leben werde ich mich mehr auf das Meer wagen." Ja, das habe ich geschrieben, und dabei war ich damals ganz und gar aufrichtig. So ändert sich eben der Mensch, wenigstens der weibliche Mensch. Was ich damals für alle Schätze Perus, für alle Schätze der Welt nicht getan hätte, das tue ich heute aus eigenem Antrieb umsonst.

Wer mir diese verrückte Idee in den Kopf gesetzt? Kein Mensch hat je über dieses Thema mit mir gesprochen, und wenn mir noch heute am Mittagstisch jemand eine solche Abenteuerlichkeit zugemutet hätte, ich würde mich nicht wenig über diesen Jemand geärgert haben, und doch hatte ich, bevor es vier Uhr war, schon den ersten Schritt dazu getan, d. h. ich hatte schon an eine Schiffsgesellschaft geschrieben!

Laß mich dir erzählen, wie das alles über mich gekommen ist. Ich kann nicht umhin, es als eine Fügung des Schicksals zu betrachten. Ich bin heute ganz allein zu Haus, und da es Sonntag ist, wollte ich mir einmal den Luxus eines kleinen Nachmittagsschläfchens erlauben; doch kaum hatte ich es mir auf dem Sofa bequem gemacht, als auch schon ein wahrer Wirrwarr von Gedanken durch meinen armen Kopf jagte und bald alle Schlaflust verscheuchte. Was man doch nicht für absurdes Zeug zusammendenken kann in fünf einsamen, faulen Minuten! Heiter können aber diese Gedanken nicht gewesen sein, denn die Schlußfolgerung war, daß doch das Leben oft furchtbar leer und farblos sei. Für einen Mann mag es wohl noch erträglich sein, denn er kann, wenn es ihm beliebt, alles mögliche anstellen, um Abwechslung in die Eintönigkeit zu bringen, er behält doch seinen Platz in der Gesellschaft. Aber uns Frauen sind die Schranken so eng gezogen, daß man sich nicht gehörig rühren kann, ohne dagegen anzuprallen. Ja, ein Mann zu sein, das wäre Freiheit! Was ich wohl tun würde, wenn ich ein Mann wäre? Gewiß große Reisen machen, um die Welt und die Menschen kennenzulernen. Zum Reisen braucht man zwar Geld, und ich könnte dann möglicherweise auch ein armer Mann sein. Aber was? Mit der Kraft und der Freiheit eines Mannes könnte ich dann die Welt auch ohne Geld bereisen; Tausende von deutschen Wanderburschen haben es getan, und ich habe von Engländern gelesen, die zum Spaß – denn sie waren reich – ohne Geld eine Weltreise unternommen haben, sich auf den Schiffen als Kellner und auf dem Land als Packträger oder so etwas durchzubringen gedachten. Ob sie ihre Pläne gänzlich durchgeführt, habe ich zwar nicht gehört, aber es ist sehr wahrscheinlich; denn welcher Engländer unternimmt etwas, ohne es durchzuführen? Nun, und warum sollte nicht ein mittelloser Schweizer im Ernste tun, was ein reicher Engländer im Spaß getan? Halt, oder eine Schweizerin? Wie wäre es, wenn ich den Versuch machte? Als Schiffsjunge oder als Packträger wäre ich allerdings nicht sehr anstellig; aber ich besitze ungefähr 1400 Franken. Damit könnte ich die Seereise, so weit es geht, bezahlen, und auf dem Land könnte ich gewiß überall, wo Menschen wohnen, mein Brot verdienen. Ginge es nicht als Lehrerin, so könnte ich ja Hausdienst verrichten.

So ungefähr räsonierte ich, und je mehr ich darüber nachdachte, desto leichter und einfacher kam mir die ganze Sache vor. Ja wahrhaftig, ich wollte es versuchen, mir den Weg um die weite, schöne Welt zu erarbeiten! Wer könnte es eher tun als ich? Unter Millionen Mädchen bin ich das eine, welches das tun kann, denn ich stehe ganz allein in der Welt. Keine lieben Eltern würden sich um mich grämen. Ich bin niemandem notwendig. Wenn ich elend werde, wird niemand durch mich leiden, und wenn ich sterbe, wird niemand ärmer oder unglücklicher sein. Also vorwärts! Frisch gewagt ist halb gewonnen!

Als ich so weit war in meinem Gedankenlaufe, sprang ich vom Sofa auf und fing an zu handeln. Ich schrieb gleich an die Peninsular- und Oriental-Schiffsgesellschaft in London, um mich nach der orientalischen Schiffahrt und den Fahrpreisen zu erkundigen. Ich schickte gleich einen Dienstboten mit dem Brief auf die Post, um mir ja keine Zeit zum Überlegen und Bereuen zu erlauben, denn Überlegung macht mich leider meist zum Feigling. Daher muß ich, wenn ich etwas vollbringen will, unüberlegt handeln. Ich bin außer den Dienstboten noch immer allein zu Hause. Du bist daher die allererste, die von meinem „verrückten" Plan in Kenntnis gesetzt wird. Was du darauf antworten wirst, errate ich, und ich kann dir zum voraus sagen, daß all deine Gegenreden nichts erreichen werden, denn ich bin fest entschlossen, meiner Eingebung zu folgen. Adieu, du sollst bald wieder von mir hören.

Krakau, 12. Juli 1892.

Mein Koffer ist gepackt, und ich selbst bin reisefertig. Heute abend verlasse ich mit dem Wiener Schnellzug das liebe alte Krakau, aber nicht ohne die Hoffnung, es heute über zehn Jahre wiederzusehen. Ich habe es mir nämlich in den Kopf gesetzt, zehn Jahre auf Wanderschaft zu bleiben, um mir Zeit zu gönnen, Land und Leute gehörig kennenzulernen. Man macht ja doch wohl nur einmal im Leben die Reise um die Welt; da sollte man es doch so gründlich wie möglich tun. Warum ich mir gerade zehn Jahre gebe? Weil es immer besser für mich ist, wenn ich mir ein ganz festes Ziel setze, und je genauer, desto besser. Deswegen setze ich mir sogar den Tag meiner Rückkehr fest. Also paß auf: Heute nach zehn Jahren werde ich, wenn es menschenmöglich ist, wieder am Krakauer Bahnhof, dem Ausgangspunkt meiner Weltreise, ankommen. Der 12. Juli 1902 wird das Ziel sein, nach dem ich in den nächsten zehn Jahren unaufhörlich streben werde.

Nächsten Sonntag wird der englisch-australische

Dampfer „Ballarat", mit dem ich zu fahren gedenke, in Brindisi erwartet. Ich muß daher schon heute abreisen, um zeitig genug zur Stelle zu sein. Nicht wahr, ich habe mir nicht Gras unter den Füßen wachsen lassen? Sobald ich eine Antwort aus London erhielt und imstande war, die Reisekosten zu berechnen, bestellte ich mir eine Kabine auf dem ersten ostwärts ziehenden Dampfer. Meine 1400 Franken reichen gerade aus, um mir die Reise, natürlich nur zweiter Klasse, bis nach Sydney, Australien, zu bezahlen. Tausend Franken kostet die Schiffskarte von Brindisi nach Sydney. Die übrigen 400 werden zu nötigen Einkäufen und der Reise von hier bis Brindisi verwendet. Einmal auf dem Schiff, wird mir wohl wenig übrig bleiben, und ich werde fast bettelarm das Leben in einem neuen Kontinent anfangen müssen. Das klingt alles sehr riskiert und unvernünftig, nicht wahr? Du wirst fragen, warum ich mir denn alle Möglichkeit zur Umkehr abschneide, warum ich mir nicht das kleinste Türchen offen lasse, durch das ich im allerschlechtesten Fall nach Europa entschlüpfen könnte. Eben gerade das will ich nicht. Ich fürchte mich so sehr vor jener speziell schweizerischen Krankheit, dem Heimweh, und meiner eigenen Schwäche, daß ich alles aufbiete, um mir den Rückzug unmöglich zu machen. Deswegen fahre ich auch nicht über Amerika, wo es doch viel leichter wäre, Bekannte zu finden; denn Amerika ist mir zu nahe. Es wäre so leicht, von dort zurückzukommen. Aber von Australien aus wird es die nächsten Monate ganz unmöglich sein. Denke nur, wie lange ich arbeiten muß, um mir 1400 Franken zu ersparen! Bis dahin wird das arme Herz schon etwas abgehärtet sein!

Also du siehst, so unüberlegt dir die Sache auch vorkommen mag, ich gehe ganz methodisch zu Werke. Die

Methode ist allerdings etwas spartanisch. Da heißt es eben auch: Siegen oder sterben!

Für deinen lieben Brief und die freundschaftlichen Warnungen, die er enthielt, danke ich dir bestens. Sie halfen zwar nichts, wie ich dir zum voraus gesagt, aber sie bezeugten, daß dir mein Wohl und Wehe doch recht am Herzen liegt, und das zu wissen ist immer ein Trost. Wenn du wüßtest, in was für eine Aufregung mein jäher Entschluß meine guten Krakauer Freunde versetzt hat! Zuerst wollte niemand daran glauben, es war zu absurd. Man lachte nur, wenn ich von meiner bevorstehenden Reise sprach. Als dann aber die tausendfränkige Schiffskarte ankam, mußte man doch daran glauben, und dann ging die Geschichte los! Nicht nur meine Freunde und Bekannten, sondern sogar Fremde kamen, um mir Vorstellungen zu machen. Ich hörte in den letzten acht Tagen mehr Schauergeschichten, als ich vorher in meinem ganzen Leben gehört. Alle Schiffbrüche des Jahrhunderts wurden mir aufgezählt, und was die Banditen-, Seeräuber-, Sklavenhändler- und unzählige andere Geschichten dieser Art anbelangt, so könnte ich Bände darüber schreiben, wenn ich sie mir genügend gemerkt hätte. Dennoch gelang es niemandem, mich einzuschüchtern; ich bin wirklich von einem mir ganz unerklärlichen Mut beseelt und einer solchen Zuversicht, daß ich bis dahin keinen Augenblick Bedenken trug, mein Vorhaben auszuführen. Eines bedaure ich ungemein, nämlich daß ich nicht Zeit und Geld genug habe, vorher noch einen Abstecher in die Schweiz zu machen, um auf dem Grabe meines lieben Vaters mir seinen Segen zu erbitten. Doch Seelen kennen ja keine Grenzen, und vielleicht wird der Geist meines Vaters mich als Schutzgeist auf meinen Wanderungen begleiten!

Triest, 14. Juli 1892.

Meine erste Haltstation. Heute in aller Frühe bin ich hier angekommen, und da der Dampfer, der mich bis Brindisi mitnehmen soll, erst morgen abfährt, mußte ich natürlich in einem Hotel absteigen. Das war mir höchst unangenehm, denn ich bin im Leben noch nie allein in einem Hotel gewesen. Zuallererst kam die Schwierigkeit der Wahl. Was wußte ich über Triester Hotels? Mit ratloser Miene betrachtete ich der Reihe nach die Kappen der Hotelportiere, die am Bahnhof standen, bis ich auf den zweitletzten kam: „Hotel zum guten Hirten". Ein Hotel mit einem so schönen Namen kann nicht schlecht sein, sagte ich mir, und so kam ich denn hierher. Ob es gut oder schlecht ist, könnte ich zwar kaum sagen, denn ich war den ganzen Tag so elend und niedergeschlagen, daß ich nicht sah, was um mich her vorging. Ja, wenn die roten Plüschmöbel meines gegenwärtigen Zimmers sprechen könnten, welche Geschichten könnten sie heute ihren Basen und Nachbarinnen nicht erzählen von einem Mädchen, das stundenlang in ihrer Gegenwart geschluchzt und geseufzt hat! Glücklicherweise sind sie stumm, so daß außer dir niemand wissen wird, daß die noch vor zwei Tagen so mutige Reisende sich schon als ein echter Feigling gezeigt hat und sogar auf dem Punkt war, kehrtum zu machen. Sieh, Elisabeth, als ich heute so mutterseelenallein in dem unfreundlichen, kahlen Hotelzimmer saß, da kam es auf einmal über mich, was ich getan. Die letzten zehn Tage in Krakau hatte ich nämlich keine Zeit, über mich nachzudenken. Jeder wollte mir noch eine letzte Ehre erweisen, denn niemand glaubt natürlich, mich wiederzusehen, und so betäubte ich mich sozusagen in einem wahren Strudel von Vergnügungen. Aber hier hatte ich nur zu viel Muße, über mein Vorhaben nachzudenken, und es kam mir auf einmal alles in ganz anderem, nicht mehr so freundlichem Lichte vor. Um nicht ganz krank zu werden vor Weinen, raffte ich mich schließlich zu einem Spaziergang auf und begab mich in das Lloydgebäude, um mich nach dem Namen meines morgigen Dampfers zu erkundigen. Der Angestellte, an den ich mich mit meiner Frage wandte, antwortete mir nicht gleich, sondern verließ, ohne ein Wort zu sagen, das Büro. Während seiner Abwesenheit betrachtete ich durch das Fenster das Treiben auf der Straße, das Meer mit seinem Wald von Masten, und mir wurde dabei so unendlich bange, eine solche Furcht vor all dem Unbekannten überkam mich, daß ich mich plötzlich entschloß, umzukehren; denn noch war es ja Zeit, noch hatte ich genug Geld, um in die Schweiz reisen zu können. Nach Krakau zurück, um mich dort auslachen zu lassen, daran hätte ich natürlich nicht gedacht; aber in der Schweiz wußte doch kein Mensch etwas von meinen wilden Reiseplänen. Also zurück zu den stillen, friedlichen Tälern meiner Heimat! Gerade hatte ich mich umgedreht, als das Wort „Vorwärts" mein Ohr traf. Wie ein elektrischer Strom durchrieselte es plötzlich meine Glieder. Ich blieb wie angewurzelt an der Stelle stehen und starrte den Beamten an, der vor mir stand und dessen Zurückkommen ich nicht bemerkt hatte. Auch er schaute mich etwas erstaunt an, und dann, mit mehr Freundlichkeit, als er bisher gezeigt, sagte er: „Gnädiges Fräulein, der Dampfer, mit dem Sie morgen fahren, heißt ‚Vorwärts'." Elisabeth, von diesem Augenblick an bin ich wieder mein altes, unternehmendes Selbst. Das Meer erschreckt mich nicht mehr, die fremde Menschenmenge schüchtert mich nicht mehr ein, ich fühle mich mit neuem Mut begeistert, denn ich glaube ganz bestimmt, daß Gott mir in diesem entscheidenden Augenblick seinen Befehl geschickt hat, vorwärts zu gehen. Mir scheint, als ob ich mich vor nichts mehr fürchten könnte, und ganz gewiß werde ich nicht mehr zögern. Vorwärts soll von nun an mein Losungswort sein!

An Bord des „Vorwärts", Adriatisches Meer, 16. Juli 1892.

Seit gestern mittag dampfen wir behaglich die Adria hinab. Das Meer ist wunderschön und so blau und spiegelglatt, daß ich mich frage, wie ich mich nur je davor habe fürchten können. Jetzt möchte ich den ganzen Tag in sein Blau hinunter träumen, wenn ich die dazu nötige Muße hätte. Daß ich das nicht kann, daran ist ein langer, hagerer, großkarierter Engländer schuld, der aus Karlsbad kommt und auf dem Weg nach Ägypten ist, wo er einen Posten bekleidet. Er ist der einzige seiner Nationalität an Bord und spricht oder versteht keine fremde Sprache, und da er außer mir niemanden entdecken konnte, der englisch spricht, muß ich nun ständig herhalten. Sogar am Tisch habe ich keine Ruhe, denn er hat sich einen Platz an meiner Seite ausgebeten, weil alle andern Passagiere nur italienisch sprechen. Wir haben einen sehr jovialen Kapitän, der uns die lustigsten Seegeschichten erzählt, und jedesmal, wenn wir lachen, was häufig vorkommt, zupft mich mein Engländer am Ärmel und fragt: „Was sagen sie?" Nun muß ich übersetzen; aber nachdem ich des Kapitäns italienischen Witz in mein Englisch übersetzt habe, ist nicht mehr viel Witz darin, wie du dir leicht denken kannst, und unser blonder Sohn Albions muß eine kuriose Idee von kontinentalem Humor bekommen.

Schon heute abend hoffen wir in Brindisi anzukommen. Ich bin die einzige Person, die dort aussteigt. Das Schiff wird sogar nicht ganz in den Hafen einfahren, sagt der Kapitän. Es lohne sich nicht die Mühe, wegen einer so kleinen Person so viel Zeit zu verlieren, meint er. „Man wird Sie und Ihren Koffer ganz einfach an einem Seil in ein Boot hinunterlassen und weiterfahren", belehrte er mich.

„Aber werden Boote dort sein, um mich aufzufangen?" fragte ich.

„O ja, daran wird es nicht fehlen: Fischerboote, Schmugglerboote und sogar Piratenboote, alles, was Sie wollen, wird sich vorfinden."

Die Perspektive, wenn ich den Kapitän ernst nehmen soll, ist nicht sehr angenehm, weder die Art und Weise des Herunterlassens noch die Schmuggler- und Piratenboote. Aber ich bin nicht ganz sicher, daß es ernst gemeint war. In jedem Fall versuche ich so auszusehen, als ob ich aquatischen Turnübungen und griechischen oder italienischen Piratenbanden vollkommen gewachsen wäre.

An Bord des „Ballarat", Mittelmeer, 20. Juli 1892.

Da bin ich auf dem Schiff, das mich an meinen Bestimmungsort bringen wird. Fünf lange Wochen werde ich nun reisen können, ohne an das Umsteigen oder Aussteigen denken zu müssen. Das ist ein Trost.

Der „Ballarat" war glücklicherweise schon im Hafen, als wir letzten Samstag in Brindisi ankamen, so daß ich also nicht wieder auf die Hotelsuche mußte. Der „Vorwärts" hielt wirklich ganz draußen auf offener See an;

aber an einem Seil wurde ich doch nicht heruntergelassen, sondern es wurde eine schmale, wackelige Treppe, oder eigentlich mehr Leiter, an die Schiffswand gehängt, und diese hinunter stieg oder, besser gesagt, bumste ich in das Boot, das unten meiner harrte. Ob es ein Schmuggler oder Pirat war, der mich auffing, weiß ich nicht, kümmerte mich auch nicht besonders um seine gesellschaftliche Stellung; denn ich wußte ganz gut, daß mir am lichten hellen Tag unter so vielen Schiffen und Menschen doch nichts Arges geschehen konnte.

Der „Ballarat", der einen ganzen Tag vor seiner Bestimmungszeit am Platze war, stationierte auch noch nicht am Landungsplatz, sondern ziemlich weit draußen im Hafen, so daß die Überfahrt von dem einen zum andern Schiff nicht sehr lang war. Hier mußte ich wieder eine wackelige Leiter hinaufsteigen, und zwar zu meinem großen Unbehagen vor einer Menge von Zuschauern; denn das Personal des „Ballarat" und sämtliche Passagiere hatten längst ihr Augenmerk auf das Fahrzeug mit dem kleinen Frauenzimmerchen und dem enormen Koffer gerichtet. Dutzende von Fern- und Operngläser waren auf uns gerichtet, und als es an das Hinaufklettern kam, lehnte alles, was nur einen Platz finden konnte, über die Brüstung hinaus, um das erhabene Schauspiel zu genießen. Daß es angenehm war, in einer so unwürdigen Weise in einer Gesellschaft zu debütieren, auf die man besonderen Eindruck machen möchte, kann ich nicht sagen; aber es mußte eben überstanden werden, wie so vieles andere.

Der „Ballarat" ist ein Koloß im Vergleich mit dem „Vorwärts". Ich bin jetzt schon den dritten Tag an Bord und verirre mich doch noch zuweilen. Das Schiffspersonal allein besteht aus 180 Mann. Was die Passagiere anbetrifft, so sind wir etwa 100 in der zweiten Klasse; ungefähr 30 sind in der ersten und vielleicht ein Dutzend in der dritten Klasse. Das Schiff könnte viermal so viele Passagiere aufnehmen, als es jetzt hat. Daß wir so wenige sind, kommt daher, daß in diesem Monat die Leute sich vor der furchtbaren Hitze des Roten Meeres fürchten und daher lieber einige Wochen warten oder um das Kap der Guten Hoffnung fahren. Mir ist es ganz recht, denn so haben wir doch Raum genug. Ich bin jetzt recht froh, dem Rat meiner Krakauer Freunde, die mich durchaus zur ersten Klasse überreden wollten, nicht gefolgt zu sein; nicht nur, weil ich dann nur die Hälfte des Weges hätte mitfahren können – denn die Reise erster Klasse von Europa nach Australien kostet über 2000 Franken –, sondern weil die zweite Klasse bei weitem die angenehmste und interessanteste ist. Unsere Gesellschaft besteht meistens aus englischen Offizieren, Ingenieuren, Ärzten und anderen Beamten, die sich auf ihre Posten nach Indien begeben. Wir sind nur wenige Frauen an Bord, einige indische Offiziers- oder Beamtenfrauen und ein halbes Dutzend Bräute, die nach Australien fahren, um ihre dort ansässigen Bräutigame zu heiraten. Was doch diese Engländer für kaltblütige Menschen sind! Die Erdkugel hat gar keine Entfernung, die zu groß für sie wäre, und von einer Reise von England nach China oder Australien machen sie viel weniger Wesens als wir Schweizer, wenn wir einmal einem Nachbarkanton eine Visite abstatten wollen. An meinem Tisch sind zwei Damen; die eine ist jung und auf dem Weg, ihren Verwandten in Neuseeland und auf den Fidji-Inseln einen Besuch zu machen; die andere ist eine alte Schottin, über 70 Jahre alt, welche kürzlich aus New York kam, wo sie eine Tochter besucht hatte, und nun auf dem Weg nach Melbourne ist, um zwei ihrer Söhne zu besuchen. Würde wohl außerhalb der Britischen Inseln eine so reiselustige alte Mutter zu finden sein! Noch reiselustiger finde ich eine alte Dame, die, obschon ebenfalls nahe den Siebzig, vor wenigen Monaten einem australischen Kolonisten die Hand zum Bunde reichte und nun freudig ihrem greisen Gemahl in die neue ferne Heimat folgt! Ich habe eine junge Bekannte in der Schweiz, die nicht den Mut hatte, dem Manne ihrer Wahl in einen anderen Kanton zu folgen; was würde sie zu der unternehmenden alten Engländerin sagen?

An Bord des „Ballarat", Rotes Meer, 23. Juli 1892.

Seit zwei Tagen sind wir in dem gefürchteten Roten Meer. Ich glaube, es war ein Franzose, Oscar Commettant, der uns in seinem Buch *Au pays des Kangourous* erzählt, daß selten ein Schiff durch das Rote Meer gelange ohne Todesfall. Bis jetzt ist uns noch niemand gestorben, und ich fange wirklich an zu glauben, daß die klimatischen Gefahren dieses Meeres sehr übertrieben worden sind. Wir haben allerdings Damen an Bord, die ein- oder mehrmals täglich in Ohnmacht fallen, und Herren, die aussehen, als ob sie jeden Augenblick der Schlag treffen könnte; aber beobachten wir die Diät dieser Leute, so müssen wir uns wundern, daß sie noch so gesund sind. Was da für Whisky zusammengetrunken wird! Es wäre für Grönland oder Lappland zuviel, nicht nur für das tropische Klima des Roten Meeres! Mein Tafelnachbar zur Linken, ein blutjunger englischer Offizier in indischen Diensten, verschlingt bei jeder Mahlzeit – das Frühstück ausgenommen – ein großes Bierglas voll

Whisky und Sodawasser; d. h. sehr viel Whisky und wenig Sodawasser! Was er zwischen den Mahlzeiten trinkt, das sehe ich natürlich nicht; aber daß er sich auch da noch von Zeit zu Zeit „erfrischt", kann ich mir denken. Natürlich ist er immer rotblau im Gesicht, befindet sich in einem ständigen Schweißbad und flucht den ganzen Tag über das verdammte Klima. Leider ist er nicht der einzige dieser Art an Bord; der mäßige Mensch scheint mir hier eine Ausnahme zu sein. Betrunken habe ich zwar noch keinen gesehen; dennoch trinken sie fast alle zuviel. Und was die in Ohnmacht fallenden Damen anbelangt, so trinken sie zwar nicht geistige Getränke, aber sie sündigen auf andere Weise gegen die Mäßigkeit. Mein Gegenüber, eine der australischen Bräute, trinkt während ihres Essens mehrere Gläser Eiswasser, und wenn wir Gefrorenes haben, was fast jeden Tag vorkommt, ißt sie oft drei Portionen! Ist es zum Erstaunen, daß sie dann krank wird? Was mich betrifft, so bin ich so weit noch ganz wohlauf und munter, habe aber, seit wir Brindisi verließen, kein anderes Getränk gekostet als heißes Wasser; das regt natürlich nicht auf, und daß ich zu viel davon trinke, ist auch keine Gefahr. Übrigens empfindet man im Roten Meer die Hitze nicht so sehr wie im Suezkanal, weil durch das schnelle Fahren des Dampfers doch ein Luftzug entsteht, während die Schiffe durch den Kanal nur gleiten dürfen, um nicht die Ufer zu schädigen. Vierundzwanzig Stunden dauerte die Kanalfahrt! Und welch uninteressante, melancholische Fahrt! Auf beiden Seiten nichts als öde, sandige Ebenen! In Port Said, am Eingang des Kanals, hielten wir mehrere Stunden, um Kohlen zu laden. Aber da es schon gegen Abend war und Port Said im Rufe steht, die schlechteste Stadt der Welt zu sein, erteilte der Kapitän uns Damen den väterlichen Rat, nicht an Land zu gehen.

Aden, 26. Juli 1892.

Endlich haben wir die Hitze des Roten Meeres hinter uns; denn von jetzt an, obwohl wir uns noch immer dem Äquator nähern, wird es kühler werden, weil ein starker Monsunwind von Indien herüberbläst; und bald werden wir ja auf der südlichen Halbkugel sein, wo es gegenwärtig Winter ist. Aden liegt ganz außerhalb der Straße Bab el Mandeb, schon an der Küste des Arabischen Ozeans, und soll, wie man sagt, die heißeste Stadt der Erde sein; aber heute hat sie das Nachwehen des Monsun und ist daher ganz erträglich. Mein Tafelnachbar zur Linken erzählte mir heute die folgende Anekdote, welche dir eine Idee von Adens Temperatur geben wird: Vor einiger Zeit starb hier ein englischer Soldat – Aden ist nämlich englisches Besitztum, und John Bull hält eine Garnison hier –, der kam in der Nacht nach seiner Beerdigung zu seinen Kameraden zurück und bat sie, in Lucifers Namen, ihm doch eine Wolldecke abzutreten, da es, nachdem man sich an Adens Hitze gewöhnt habe, in den Feuerregionen der Unterwelt unausstehlich kalt sei. Mir scheint es übrigens, als ob Aden Strafe genug wäre für den ärgsten Sünder; man brauchte ihn gar nicht weiter hinunterzuschicken. Einen traurigeren und unschöneren Ort hab ich nicht nur nie gesehen, sondern ich hätte gar nicht gedacht, daß er irgendwo, außer in Dantes Hölle, existieren könnte. Ein kahler rotbrauner Fels, auf dessen höchster Spitze das englische Garnisonsgebäude steht, und unten, zwischen das Meer und den Felsen gedrückt, einige Dutzend armselige Hütten: Das ist die Stadt Aden! Es regnet nur alle drei Jahre, und mitunter sogar das nicht einmal; man kann sich daher über den gänzlichen Mangel an Vegetation gar nicht wundern. Daß die Einwohner eines solchen Ortes nicht besonders blühend und jovial aussehen, kannst du dir denken. Braune, hagere, vertrocknete Gestalten mit großen, schwarzen, traurigen Augen, die zu fragen scheinen: Was haben wir getan, um nach Aden verdammt zu werden? Die einzigen heiteren Gesichter hier sind die der Taucher, eine ganz speziell adenische Industrieklasse. Sobald nämlich ein Schiff in den Hafen einläuft, wird es überflutet von zahlreichen nackten Knaben, die ein wahres Zetergeschrei erheben mit: *„Have a dive? Have a dive?"*, was sagen will: Soll ich für Sie tauchen? Wenn man einem Jungen dann ein Geldstück zeigt – aber nichts Geringeres als Silber – und es ins Meer wirft, wird er sich vom obersten Verdeck oder sogar einem Mast herunter dem Stück nachstürzen, einige Sekunden unter dem Wasser verschwinden und dann mit dem Geldstück zwischen den Zähnen wieder an der Oberfläche erscheinen. Natürlich behält er das Geld. Diese Tauchervorstellungen müssen ganz lukrativ sein, wenn man bedenkt, wie viele Schiffe da wöchentlich auf ihrem Weg von und nach Australien, Indien, China und Japan vorbeifahren und daß jeder der Passagiere einige Schillinge zwischen den Zähnen der jugendlichen Taucher zurückläßt. Ein vierzehn- oder fünfzehnjähriger Junge, den ich fragte, ob er viel verdient habe, zeigte mir das Geld in seiner Hand; er hatte 18 Schillinge, und die Vorstellung hatte noch nicht eine Stunde gedauert!

Der größte Teil unserer Passagiere hat uns heute verlassen, um von hier mit einem direkten Dampfer nach Bombay zu fahren. Mein whiskytrinkender Tischnachbar ist auch unter den Geschiedenen; aber ich weine ihm keine Träne nach.

Colombo, Ceylon, 2. August 1892.

„Die Königin der Inseln" wird Ceylon meist genannt. Ob ich nicht übermäßig davon entzückt bin, fragst du wohl. O ja, gewiß bin ich entzückt. Wer würde es auch nicht sein, der seit zwei Wochen, d. h. seit Triest, kaum etwas Grünes gesehen hat und der die ganze letzte Woche elendiglich von den Wellen des Arabischen Meeres behandelt wurde. Die Überfahrt von Aden bis Colombo war wirklich „höchst aufregend". Der große „Ballarat" war der reine Spielball in den Händen des übelgelaunten Neptun. Das Schiff krachte ständig in allen Fugen, und was mich betrifft, so war ich jeden Augenblick – ich sage nicht in Todesangst, aber – auf den Tod gefaßt. Daß wir mit heiler Haut, aber freilich mastenlos, davongekommen sind, ist ein Wunder; aber gerade darum ist es gewiß nicht zum Verwundern, daß man sich freut, wieder auf *terra firma* zu sein. Ich glaube sogar, Aden würde mir unter solchen Umständen schön vorkommen, wieviel mehr Colombo, das wirklich wunderschön aussieht in seiner tropischen Vegetation und Farbenpracht! Nur hab ich mich noch nicht genügend an das Exotische gewöhnt, um mich hier heimisch zu fühlen, und ich gestehe ganz offen, daß ich noch immer eine schöne Schweizer Tanne oder Eiche diesen himmelragenden Palmen vorziehe. Wo ist, ich bitte dich, der Schatten für uns Sterbliche, wenn die Äste und Blätter fast zur Sonne hinaufwachsen und dann von der ganzen Strecke von dort oben bis zu uns hinunter nichts als ein kahler, glatter Stamm bleibt? Ich weiß, es klingt furchtbar prosaisch, was ich da sage; wie kann ein nur einigermaßen poetisch angelegtes Wesen eine behäbige, spießbürgerliche Tanne oder Eiche einer stolzen, königlichen Palme vorziehen! Ich bin leider als erzprosaisches Geschöpf zur Welt gekommen und werde, allem Anschein nach, ditto daraus scheiden. Mir gefällt es immer am besten, wo es am gemütlichsten ist, und das ist Colombo gerade nicht: zu viele Grad Hitze, zu viele Schlangen und zu viele Bettler. Es gibt jedoch zwei Colombo: das Colombo der Engländer mit seinen hübschen Villen und den geschäftigen weißgekleideten Einwohnern, bei denen es mir auch ganz gut gefallen möchte, und das Colombo der Eingeborenen, über alle Maßen schmutzig und elend. Ich ging heute vormittag mit einigen meiner Mitpassagiere auf den Markt. Einen großen Korb am Arm – man tut nämlich in Colombo, was man in Bern oder Neuenburg nicht tun würde –, wanderte ich ganz hausfrauenmäßig durch die sonnigen, belebten Straßen Colombos, um Einkäufe von allen mir unbekannten Früchten zu machen. So lange wir im englischen Teil der Stadt waren, ging die Sache noch so, obwohl wir schon da von zu vielen Bettlern aufgehalten wurden. Sobald wir aber in die wirkliche Singalesenstadt kamen, da waren wir kaum unseres Lebens sicher. Wir wurden buchstäblich von Bettlern umschwärmt; nicht nur haben sie uns angebettelt, sondern sie haben uns an den Kleidern gefaßt, uns die Broschen und Uhrketten abnehmen wollen. Ja, sogar Steine haben sie nachgeworfen, wenn wir nichts geben wollten oder nichts mehr zu geben hatten. Sie betteln englisch natürlich, aber immer in derselben Phrase: *„Me no father, me no mother"*, d. h. ich habe keinen Vater, keine Mutter; auch Männer, die aussehen, als ob sie Urgroßväter sein könnten, strekken die Hände aus mit einem pathetischen „Ich kein Vater, ich keine Mutter!" Auf dem Markt wäre es mir erst recht schlecht ergangen, wenn ich nicht schon in Brindisi auf den Rat unseres fürsorglichen Kapitäns – der mich jedenfalls für viel jünger und dümmer hielt, als ich wirklich bin – das wenige Geld, das mir übrig blieb, dem Zahlmeister zum Aufheben gegeben hätte. Ich hatte mir in der Frühe einige Schillinge von ihm erbeten; aber obwohl ich kaum ein halbes Dutzend Früchte gekauft, die noch dazu fast nichts gekostet, habe ich doch den Markt ohne einen Kreuzer in der Tasche verlassen. Das Geld wurde uns ganz einfach aus den Händen gerissen, sobald der Geldbeutel zum Vorschein kam. Der neapolitanische Lazzaroni ist ein Engelchen im Vergleich zu seinem indischen Bettelbruder, dem Singalesen! Das alles mag ungemein interessant und malerisch sein für den Künstler. Aber für mich hat es nicht den geringsten Reiz, und mag man Ceylon hundertmal das Paradies der Welt nennen, ich würde dennoch behaupten, daß es in der Heimat schöner ist.

Was die Früchte anbelangt, so waren sogar die eine Enttäuschung. Von all den schönen, saftigen Früchten war keine genießbar für meinen uneingeweihten Gaumen außer der Ananas. Die anderen waren alle entweder viel zu süß oder sie hatten einen widerlichen Geschmack. Um wieder Vergleiche zu ziehen: Mögen die Früchte hier auch noch so schön und goldig aussehen, ich würde doch immer einem saftigen europäischen Apfel den Vorzug geben.

Adelaide, Südaustralien, 18. August 1892.

Gestern früh um fünf Uhr wurde ich durch ein Poltern an unsere Kabinentür und den lauten Befehl unseres Stewards geweckt. „Meine Damen, stehen Sie auf und kommen Sie Ihre Zungen zeigen!" lautete dieser sonderbare Befehl. Gehorsam, wie ich immer bin gegen alles, was Gesetz heißt, sprang ich aus meinem Bett und fing eiligst an, Toilette zu machen, obwohl ich nicht die entfernteste Idee hatte, was eigentlich Barnes mit seinem „Kommen Sie Ihre Zungen zeigen!“ sagen wollte. Meine Kabinengenossin, Miß S., hätte mich wohl darüber aufklären können, aber sie schien eine Ewigkeit nicht aufwachen zu wollen. Als sie sich endlich etwas streckte und ein Auge öffnete, fragte ich sie schnell, was es heißen wolle, wenn man an Bord den Befehl erhalte, seine Zunge zu zeigen. „Das heißt, daß wir uns Adelaide nähern und daß die Gesundheitskommission uns entgegenkommt, um zu sehen, ob wir alle gesund sind.“

„Und was geschieht, wenn wir nicht gesund sind?“ fragte ich.

„Well, die Kranken müssen zwei oder drei Wochen hier in Quarantäne bleiben“, anwortete sie, drehte sich um und fing wieder zu schnarchen an, ohne zu ahnen, in was für eine Todesangst sie mich mit ihrem letzten Satz versetzt hat. Es steht nämlich in dem Kursbuch der Kompanie unter anderem: „In dem Falle, wo ein Passagier in Quarantäne bleiben muß, geschieht dies auf seine eigenen Kosten.“ Nun wußte ich ganz genau, daß ich nicht gesund aussah und daß meine Zunge bei weitem nicht die richtige Farbe haben konnte; denn der Indische Ozean behandelte uns eben so schlecht, wie es der Arabische getan, und dazu kam ich krank an Bord in Colombo. Da ich nämlich dort so viel wie möglich sehen wollte, raste ich den ganzen Tag, ohne auch nur daran zu denken, meinen Schirm zu öffnen, in der brennenden indischen Augustsonne herum, so daß ich einen leichten Sonnenstich davontrug und die ganzen zwei letzten Wochen an Kopfweh und Appetitlosigkeit litt. Was wird nun aus mir werden, wenn ich in Quarantäne bleiben muß? Ich habe gerade noch fünf Pfund Sterling, die zwei Wochen Quarantäne mehr als verschlingen würden, und würde dann fünf Wochen von der Heimat in einem neuen Kontinent, wo ich keine Seele kenne, ohne einen Kreuzer in der Tasche dastehen! Welch grauenhafte Aussicht! Hätte ich mit meiner Kabinengenossin, als sie schließlich wirklich aufwachte, darüber gesprochen, wieviel Angst und Sorge wäre mir erspart worden! Aber es widerstrebte mir, mit einer Fremden über meine Geldangelegenheiten zu sprechen, und, um es aufrichtig zu gestehen, ich fürchtete, sie möchte im Falle der Quarantäne eine Sammlung für mich machen, wenn sie wüßte, wie arm ich bin. Ich sagte also nichts zu ihr, sondern litt stillschweigend, bis es Zeit war, zur Inspektion auf das Verdeck zu kommen. Der Arzt beschaute eben die Zungen der Schiffsmannschaft, als ich hinaufkam. Wäre ich nicht so zum Sterben traurig gewesen, ich hätte laut aufgelacht beim Anblick der langen Reihe von Männern, die alle die Zungen ellenlang herausstreckten. Die Passagiere standen auf der andern Seite des Verdeckes. Ich nahm zitternd meinen Platz zwischen zwei meiner längsten und breitesten Freundinnen ein. Bald kam der Arzt zu uns herüber, fixierte die erste, zweite, dritte Person, aber ohne nach der Zunge zu fragen. Mir wurde etwas wohler zumute. Aber gewiß würde er die meine sehen wollen, denn ich sehe diese Tage so totenbleich aus. Näher und näher kam der Gefürchtete, lauter und lauter hämmerte mein armes Herz. Endlich war er da, schaute Miß B. zu meiner Rechten an, dann Miß M. zu meiner Linken und dann nur ganz flüchtig mich zwischen den beiden und ging weiter. Ich wollte gerade aufatmen, als er sich eines anderen zu besinnen schien, zurückkam, mich genauer fixierte, während ich fast in Ohnmacht fiel vor Schreck, und dann mit einem Lächeln auf seinem breiten Gesicht weiterging. Ich war gerettet!

Wie ich dann später dem Schiffsarzt die ausgestandene Angst erzählte, verfiel er in ein unbändiges Lachen und rief aus: „Sie sind aber ein Kind! Wissen Sie denn nicht, daß die Quarantäne nur für ansteckende Krankheiten ist?"

Gestern nachmittag zwischen drei und vier Uhr betrat ich zum erstenmal australischen Boden. Ein wundervoller Tag war es, so sonnig und so mild. Es ist zwar Winter hier, aber ein süditalienischer Winter, wo Rosen blühen auf Söllern und Balkonen. Hast du dir Australien je als schön gedacht? Ich nicht; der große Name rief in mir immer traurige Bilder von öden Sandwüsten herauf. Wie angenehm bin ich daher überrascht, diese üppige Vegetation, diese Blumenpracht zu sehen! So weit das Auge reicht, scheint alles ein Garten zu sein. Und was für eine schöne Stadt Adelaide, die Hauptstadt Südaustraliens, ist! Großartige Gebäude, prachtvolle Parks und Gärten und Straßen, die Boulevards ähnlich sehen, so breit und schön sind sie. Dabei ist alles, man mag hinsehen, wo man will, makellos rein. Hier gibt es keine jener schmutzigen Stadtviertel, wo Armut und Elend aufeinandergehäuft sind; auch wo die arbeitende Klasse wohnt, sieht man überall kleine, saubere Häuschen, von einem Gärtlein umgeben, und überall Blumen, überall gewaschene, gekämmte und geschäftige weiße Menschen. Wie erquickend nach Colombo!

Adelaide ist natürlich noch ganz jung, wie alle australischen Städte, erst im Jahre 1837 gegründet. Aber es ist eine kleine Musterstadt, nicht nur was Reinlichkeit und Ordnung, sondern auch was seine öffentlichen Institutionen anbelangt. Sogar eine Universität fehlt nicht. Die Stadt ist aber auch fast nur von Engländern und Deutschen bewohnt. Daher darf man sich über ihren Fortschritt kaum wundern.

Südaustralien, das eigentlich Mittelaustralien genannt werden sollte, da es sich vom Südlichen bis zum Indischen Ozean erstreckt, ist die Wein und Getreide erzeugende Kolonie Australiens. Die ganze Gegend vom Meer bis ans Gebirge, das den fruchtbaren südlichen Teil von den Sandebenen des Innern trennt, ist schön bebaut. Viele der kleinern Farmer sind Deutsche; ja es gibt sogar ganze Dörfer, die nur von Deutschen bewohnt sind und deutsche Namen haben. Da ist ein Blumberg, ein Rosenthal, ein Grünthal, ein Hohendorf und noch andere, deren Namen ich vergessen habe. Der Wein soll hier ganz besonders gut gedeihen; aber da die Australier, wie so viele Leute zu Hause, auch mehr das Fremde als das Einheimische schätzen, muß der Wein zuerst nach Frankreich geschickt werden, von wo er dann als Bordeaux wieder zurückkommt und teuer bezahlt wird. Die Menschheit der Antipoden scheint der europäischen Menschheit merkwürdig ähnlich zu sein!

Melbourne, 20. August 1892.

Wenn ich vor einigen Tagen sozusagen mit offenem Mund eine neue Wunderstadt anstaunte, so bin ich heute erst recht verblüfft, nachdem ich Melbourne gesehen! Nicht daß Melbourne an Schönheit Adelaide überträfe, denn was Schönheit, Reinheit und Gemütlichkeit anbetrifft, so steht, nach meiner Ansicht, Adelaide viel höher. Aber ich bin erstaunt, in einem so neuen Land, und hier bei den Antipoden, eine so fieberhaft pulsierende Großstadt zu finden. Melbourne hat eine halbe Million Einwohner und ist kaum ein halbes Jahrhundert alt! Da scheinen die Städte nur so aus dem Boden zu springen, wie Schwämme nach dem Regen! Melbourne soll ganz besonders stolz sein auf seine großen Gebäude und seine breiten Straßen. In Sydney, so hat man mir erzählt, fragt man den eben angekommenen Fremden: „Nun, was sagen Sie zu unserem Hafen?“ In Melbourne: „Was sagen Sie zu unseren Straßen?“

Da ich hoffe, später einmal auf längere Zeit hierher zu kommen, so will ich gar nicht versuchen, heute, nach so kurzer Bekanntschaft mit der antipodischen Metropolis, mehr darüber zu schreiben. Es boten sich mir übrigens schon zwei Gelegenheiten, gleich hierzubleiben, denn ich machte die Bekanntschaft einer sehr netten Melbourne-Familie von polnischer Abstammung, bei denen ich heute zu Tisch war und die mir sehr rieten, mich hier als Sprachlehrerin niederzulassen. Ferner ist das 70jährige Brautpaar hier ausgestiegen und hat mich eingeladen, mit zu seinem Heim zu kommen. Natürlich habe ich abgelehnt. Es ist besser, wenn ich ganz ungebunden bin in meinem Kampf ums Dasein!

Fast alle unsere Passagiere sind hier ausgestiegen; wir sind nur noch vier Damen und ungefähr ein Dutzend Herren an Bord. Es wird mir ganz traurig zumute, wenn ich bei mir denke, daß schon in zwei Tagen auch ich dem „Ballarat“, der für mich immer noch ein Stück Europa repräsentiert, Lebewohl sagen muß. So lange ich noch an Bord bin, fühle ich mich irgendwo zu Hause und unter gutem Schutze. Du hast gar keine Idee, wie man so ein Schiff liebgewinnen kann und mit welchem Vertrauen man zu einem weisen, guten und tapferen Kapitän, wie unser Kapitän Ashdown einer ist, aufschauen lernt. Wie oft und gerne lauschte ich nicht in der Nacht der beruhigenden Parole, die sich die Wachtposten auf dem Verdeck von Zeit zu Zeit zurufen: *„All is well!"* (Alles gut!) Mochte es draußen noch so schwarz und stürmisch sein, dieses *All is well* beruhigte mich vollständig; ich drehte mich auf die andere Seite und schlief zuversichtlich wieder ein! Ja, jetzt bin ich noch nicht allein; erst wenn ich lande, werde ich mich einsam und verlassen fühlen. Doch ich will nicht traurig werden; es ist ja bis dahin alles so gut gegangen; warum sollte es nicht auch ferner gut gehen? Nur vorwärts und wohlgemut!

Sydney, 24. August 1892.

Da bin ich nun am Ende der Reise, die ich am 12. Juli angetreten habe! Gestern nachmittag um vier Uhr lenkte der „Ballarat" in den schönsten Hafen der Welt ein, und um sechs Uhr sagte ich meiner schwimmenden Heimat adieu.

Ich wohne bei einer Familie, deren Adresse mir eine meiner englischen Freundinnen gegeben hat. Es ist ein Glück für mich, daß ich nicht in einem Hotel habe absteigen müssen, denn da wäre mein kleiner Geldvorrat bald erschöpft. Hier bezahle ich nur ein Pfund wöchentlich für Kost und Logis. Das soll sehr wenig sein für Sydney, aber für jemand, der weniger als fünf Pfund in der Tasche hat und sechs Wochen von der Heimat entfernt ist, ist es immerhin noch zu viel; denn man hat ja sonst auch noch massenhaft Ausgaben, mit denen man gar nicht gerechnet hat. Wenn ich auch die größte Sorgfalt anwende, werden meine Mittel nicht länger als drei Wochen ausreichen. Doch hoffe ich vor dieser Frist Arbeit zu finden. Ich bereite mich jetzt schon tüchtig auf meinen Feldzug vor, habe mir nämlich einige Zeitungen, einen Führer und einen Plan von Sydney gekauft, und mit diesen hoffe ich die Stadt zu erobern. Aus den Zeitungen schreibe ich die Adressen von Privatschulen ab – denn an Staatsschulen könnte ich natürlich ohne australisches Diplom keine Anstellung finden – und studiere dann den Plan, um herauszufinden, wo diese Schulen gelegen sind, damit ich nicht zu viel Zeit und Geld mit Herumfahren verliere. Morgen werde ich mich also so sorgfältig und elegant wie möglich anziehen – ich glaube nämlich an das alte Sprichtwort: Kleider machen Leute –, mein Lehrerindiplom in die Tasche stecken und mich auf den Weg machen, den Schulvorsteherinnen von Sydney meine Dienste anzutragen. Wenn ich im Verlauf von zwei Wochen nichts als Lehrerin gefunden habe, kleide ich mich in ein bescheidenes, aber nettes schwarzes Kostüm und stelle mich den Hausfrauen von Sydney als Stubenmädchen zur Verfügung. Die Frage ist nun, welches der zwei Kostüme den Sieg davontragen wird. Hoffentlich das erstere! Und wenn ich gar nichts finden würde, was dann? Aber nein, daran will ich gar nicht denken. Es muß mir gelingen! „Dem Mutigen hilft Gott", heißt es, und wenn ich auch mitunter ein arger Feigling bin, so kann man mir doch gerade jetzt Feigheit nicht vorwerfen, denn ich sehe ganz tapfer dem kommenden Kampf entgegen, meiner Eroberung der schönen Stadt Sydney! Daß ich traurig und heimwehkrank bin, das ist zwar wahr; wie könnte es anders sein mit allem, was ich liebe auf der andern Halbkugel, mit keiner bekannten Seele in dieser großen Stadt. Denn selbst meine Ballarat-Bekannten sind entweder früher schon ausgestiegen oder sind weiter nach Neuseeland oder anderen Inseln gefahren; aber ich bekämpfe meinen Schmerz, so gut es eben geht.

Daß ich dir jetzt schon von Sydney oder den Sydneyanern erzähle, wirst du wohl kaum erwarten. Ich habe sozusagen noch nichts von der Stadt gesehen, und was die Einwohner betrifft, so bin ich noch gar nicht mit ihnen in Berührung gekommen. Es hat mich sogar noch niemand gefragt: „Wie gefällt Ihnen unser Hafen?" Die Leute, bei denen ich wohne, sind selbst erst unlängst aus England gekommen und scheinen ganz und gar nicht von Australien entzückt zu sein. Sie haben eben Fiasko gemacht, die Ärmsten! Der einzige Sydneyaner, mit dem ich ein Wort gewechselt, war ein Zollbeamter, den ich heute vormittag wegen meines Koffers sprechen mußte. Er war so nett und höflich, wie nur möglich, verlangte nicht einmal, daß ich den Koffer öffne, sondern fragte nur, ob ich etwas Verzollbares mitführe.

„Was ist verzollbar?" fragte ich.

„Silber, Gold, solche Sachen."

Gold! Ich konnte nicht umhin zu lachen; denn die Annahme, daß eine arme Schweizerin Gold in das Land der Goldminen schmuggeln könnte, schien mir auch gar zu lächerlich! „Gold? Nein, das hab ich nicht; das kam ich mir hier holen", antwortete ich ihm. Er lachte nun auch, sagte *all right*, und die Sache war abgetan. So endete mein erstes Gespräch mit einem Sydneyaner.

Sydney, 7. September 1892.

Gesiegt! Ich möchte wissen, ob Wellington nach der Schlacht bei Waterloo den Engländern seinen Sieg mit mehr Stolz mitteilte als ich dir heute den meinigen. Ich habe eine Stelle, und zwar als Lehrerin! Wie stolz und glücklich ich bin! Ja ich habe gesiegt, aber der Kampf war bitter; ich möchte die letzten zwei Wochen nicht gern noch einmal durchleben. Elisabeth, kannst du dir vorstellen, was es heißt, von Türe zu Türe zu wandern, um Arbeit zu suchen und nichts als ablehnende Anworten zu erhalten, sich dann mutterseelenallein auf der Gasse zu sehen in einem fremden Lande, wo man nie einem bekannten Gesicht begegnet, nie einen freundlichen Gruß empfängt, wo man kein Heim hat, keine liebe Seele, der man sein Herz ausschütten kann, allein, fremd, arm! Nein, du kannst es dir nicht vorstellen; man muß es durchgemacht haben, um wissen zu können, was es heißt, dieses schauerliche Gefühl des Verlassenseins! Nie werde ich mehr etwas anderes als Mitleid fühlen für meine unglücklichen Schwestern, die stolpern und fallen in ihrem Kampfe um das Dasein. Ich habe in diesen zwei Wochen vieles verstehen und entschuldigen gelernt; und doch war ja das, was ich durchgemacht, noch nichts im Vergleich zu dem, was Tausende leiden müssen; denn ich habe nie weder Hunger noch Kälte gekannt. Ich bin mit einer Ausnahme stets behandelt worden wie eine Dame der guten Gesellschaft; ich habe kein liebes Wesen mit mir leiden sehen; ich bin nie krank gewesen.

Laß dir meinen Feldzug genauer beschreiben! Ich ging also von Schule zu Schule, wie ich mir vorgenommen hatte, stellte mich den Vorsteherinnen vor, sagte ihnen, warum ich gekommen, und bat sie, mein Diplom anzusehen. Meist war man ungemein liebenswürdig.

Überall wurde mir prophezeit, daß ich mit einem solchen Diplom Erfolg haben müsse; denn obwohl es in Sydney buchstäblich von unglücklichen Fremden wimmle, die aus Mangel an etwas Besserem zum Unterricht in ihrer Muttersprache ihre Zuflucht genommen, so fehle es doch an wirklichen Lehrern. Leider war man aber überall, wo ich hinkam, mit Lehrern versehen, so daß ich mich mit guten Worten begnügen mußte. Viele dieser Privatschulen in Sydney sind sehr klein, haben kaum ein Dutzend Schüler, und die Vorsteherin lehrt alles selbst. Hier, wie in England, ist es nicht notwendig, daß eine Frau das Lehrerinnen-Examen macht, um eine Schule gründen zu dürfen, und da unter allen weiblichen Professionen die der Lehrerin allein als standesgemäß für eine Dame betrachtet wird, so will natürlich alles lehren, ob sie selber was können oder nicht. Nun ist es natürlich sehr schwer für eine Person, die keine Examen gemacht hat, an einer Schule angestellt zu werden, und so eröffnen sie dann eine eigene. Man bezahlt sehr wenig in solchen Pensionen; aber man lernt auch wenig oder nichts. In keinem Land, ausgenommen England und seine Kolonien, könnten solche Schulen existieren, weil man es nirgends sonst als eine Schande ansieht, seine Kinder in die Volksschulen zu schicken; aber die Engländer wollen lieber ihre Kinder in Privatschulen schicken, wo sie nichts lernen, nur um sagen zu können, daß sie in einer Pension und nicht etwa mit dem gemeinen Pöbel erzogen worden seien. So dumm ist noch das aufgeklärte England!

Jeden Tag, den Sonntag ausgenommen, begab ich mich auf die Wanderschaft und immer mit demselben Erfolg oder, besser gesagt, Nichterfolg. Gott, wie traurig, niedergeschlagen und müde ich oft nach Hause kam! Ich ging nämlich sehr viel zu Fuß, um ja nicht zu viel Geld auszugeben, und, so fremd es auch klingen mag, in dieser schönen Stadt Sydney gibt es außer dem botanischen Garten und dem Centennialpark, die aber auswärts liegen, kein Gärtlein, wo ein respektabler Fußgänger ausruhen könnte. Wohl gibt es einen Hydepark und einen Gemeindepark, welche ganz in der Stadt liegen; aber sie scheinen ausschließlich für Vagabunden reserviert zu sein. Nicht nur jede Bank ist von einem verlumpten oder betrunkenen Subjekt, Mann oder Frau, in Besitz genommen, sondern auch der Rasen ist von schlafenden, trinkenden, rauchenden Männern besät. Wie wäre es da möglich, sich hinzusetzen! Glücklicherweise habe ich aber doch einen Ruheplatz gefunden. Zwischen der Stadt und Darlinghurst, wo ich wohne, ist nämlich eine katholische Kirche, welche nach altem, gutem katholischem Brauch immer offen steht. Dorthin habe ich mich jeden Tag auf meinem Heimweg auf einige Minuten geflüchtet, nicht nur um auszuruhen, sondern ganz besonders um den lieben Gott um seinen Schutz und seine Hilfe und um mehr Kraft zu bitten. Warum können wir Protestanten dem schönen Beispiel unserer katholischen Brüder nicht folgen und auch unsere Kirchen offen lassen als einen Zufluchtsort für die Trostbedürftigen?

Doch um auf meine Wanderungen zurückzukommen: Heute machte ich zugleich die schlechteste und die beste Erfahrung. Ich besuchte diesen Nachmittag nicht weniger als fünf Schulen. Überall war man, wie immer, ganz nett; nur als ich in die zweitletzte kam, wurde ich unfreundlich behandelt. Entweder traf ich die Vorsteherin in einer furchtbar schlechten Laune, oder sie ist von Haus aus eine grobe, ungebildete Person; nicht nur, daß sie mich gar nicht einlud einzutreten, sie hätte mit einem zudringlichen Hausierer nicht unfreundlicher sprechen können, als sie mit mir sprach. Wenn du wüßtest, wie mir da zumute war, wie ich wieder auf die Straße hinauskam; ich hätte laut aufweinen mögen. Auch fühlte ich nicht mehr den Mut, mich heute noch einer abschlägigen Antwort auszusetzen; ich wollte nach Hause gehen und die andere Schule auf morgen aufsparen; doch sagte ich mir gleich wieder, daß es feige sei, so schnell die Waffen niederzulegen, und so wanderte ich denn weiter, um den bitteren Kelch bis auf den Grund zu leeren. Ich fand die Schule auch bald; von einem freundlichen Stubenmädchen wurde ich in den Salon geführt, wo eine noch junge, elegante Dame gerade beschäftigt war, sich eine Tasse Tee einzugießen. Mit einer höflichen Bewegung lud sie mich ein, Platz zu nehmen, und bot mir die Tasse Tee an, die sie eben in der Hand hielt. Ich fing nun an, ihr zu erzählen, wer und was ich sei und warum ich gekommen, und bat sie, mein Diplom anzusehen. Sie las es durch, sah mich nachdenklich an und sagte dann: „Merkwürdig! Meine französische Lehrerin ist vorige Woche abgereist, und obwohl die Schule schon in einigen Tagen wieder anfängt – sie haben nämlich gegenwärtig ihre Frühlingsferien hier –, habe ich noch keinen Finger gerührt, um eine andere zu finden, so sicher war ich, daß die rechte sich selbst melden würde." Ich wurde also auf der Stelle engagiert. Jeden Tag, ausgenommen Samstag – den Samstag haben alle australischen Schulen frei –, muß ich von 9 bis 12 Uhr in der Schule Französisch unterrichten; dafür bekomme ich freie Kost und Logis nebst einem Pfund Sterling wöchentlich. Die Nachmittage habe ich frei und kann auswärts Stunden geben, wenn ich will und solche finde. Glänzend sind diese Bedingungen allerdings nicht für ein Goldland, aber ich bin dennoch ganz übermäßig glücklich; denn nun bin ich doch aufgehoben; habe ein, wenn auch bescheidenes, doch sicheres Auskommen und dazu noch das stolze Bewußtsein, gesiegt zu haben!

Sydney, 9. November 1892.

Es ist heute der Geburtstag des Prinzen von Wales und ein allgemeiner Feiertag in den australischen Kolonien. Soviel ich mich erinnere, feiert England diesen Tag nicht, aber die Australier sind ein so feiertagliebendes Völklein, daß sie jedenfalls ganz gern bereit wären, die Geburtstage sämtlicher Basen und Vettern des englischen Königshauses zu feiern. Leute, die sich besser zu unterhalten wissen – und meist draußen im Freien – als die Sydneyaner, gibt es wohl nicht. Da ist immer etwas los: Fußball- und Cricketspiele, Pferde- und Bootrennen, Gartenfeste und Landpartien. Doch muß man ihnen wirklich etwas nachsehen; wer könnte auch in einer so schönen Gegend leben und sie nicht genießen wollen! Alles ruft hier den Menschen ins Freie: die Sonne, die Luft, das Meer, die Bäume, die Blumen. Überall wo man nur hinsieht, ist es bezaubernd schön. Sydney ist wunderschön gelegen, teilweise auf grünen Hügeln, die den unvergleichlich lieblichen Hafen übersehen. Die Kolonisten haben ihre englische Vorliebe für geräumige, bequeme Häuser und schöne Gärten nach den Antipoden verpflanzt; man sieht kaum ein Haus, das nicht in einem Gärtchen steht, und die Reichen haben wahre Parke um ihre Villen herum, so daß die Stadt, welche fast eine halbe Million Einwohner zählt, mehr einem ungeheuren Garten als einer gewöhnlichen Stadt ähnlich sieht. Statt die *five o'clock* und die *jours fixes* zwischen vier Wänden zu halten, empfangen die Sydney-Damen ihre Gäste in Gärten oder auf schattigen Altanen. Auch zu unserer Schule gehört ein sehr schöner Garten, der sich bis hinunter ans Meer erstreckt; von unserer Veranda aus sehen wir alle Schiffe, die in den Hafen oder aus demselben fahren, und nicht sehr weit von hier stationieren die fremden Kriegsschiffe; Deutsche sind oft hier, und ich habe schon mehr als einmal an stillen Abenden „Die Wacht am Rhein" und andere wohlbekannte deutsche Melodien bis zu uns herüber dringen gehört. Sie haben auf mich fast dieselbe Wirkung wie das Alphorn auf die Schweizerwache in Straßburg; denn obwohl ich dir so vieles Schöne von Sydney sage, mußt du nicht etwa glauben, daß ich mich schon ganz hier eingelebt habe und nie an Heimweh leide. „Ist's auch schön in fremdem Lande, doch zur Heimat wird es nie."

Nun komme ich zu den Schattenseiten meines Sydneybildes. Wenn ich sage, daß die Kolonisten ein ganz besonderes Talent haben, sich zu unterhalten, so will das nicht heißen, daß sie nie traurig und melancholisch aussehen können, und jetzt gerade haben sie vollen Grund zum Melancholischsein; denn dieses ist in finanzieller Hinsicht das schlechteste Jahr, das die Australier je gehabt. Es ist nicht mehr die Zeit, wo Frauen in purem Übermut sich das Haar mit Banknoten kräuselten und die Männer ihre Pfeifen mit Zehnpfundnoten ansteckten. Man hört von nichts als Bankrotten, wo man zwei Menschen miteinander sprechen hört, ist meist von den schlechten Zeiten die Rede. Fast jeden Tag hört man von einer Bank, die ihre Zahlungen eingestellt hat, oder von Geschäftshäusern, die geschlossen haben. Ja, sogar die Regierung hat sich einschränken müssen und hat Hunderten von Beamten einen unerwarteten Abschied gegeben. Wieviel Elend da entstanden ist, kann man sich denken; darum gibt es jedenfalls so viele kleine Privatschulen in Sydney. Wenn die Männer nichts mehr verdienen können, müssen sich die Frauen und Töchter nach einem Broterwerb umsehen. Zu dem allem machen die Arbeiter noch einen Streik. Sie verlangen zwölf Schillinge für acht Arbeitsstunden. Jedenfalls sind ihre Forderungen gerecht; denn in einem Lande, das fast keinen Klimawechsel hat, sind acht Arbeitsstunden gewiß lang genug. Aber mir scheint, es sei eine schlechte Zeit zum Streiken, wenn die Brotherren bankrottieren. Der australische Arbeiter macht übrigens keinen guten Eindruck auf den Fremden. Ein respektabler europäischer Arbeiter würde sich schämen für seinen australischen Bruder, wenn er ihn sehen könnte, wie er in lärmenden Prozessionen in der Stadt herumzieht und auf die unverschämteste Weise alle anbettelt, die nicht in Lumpen gehen. Sie sehen gerade aus wie eine Bande Vagabunden. Und wenn man sie, was selten genug vorkommt, an der Arbeit sieht, welcher Schlendrian! Sie rauchen bei allem, und alle halbe Stunde ruhen sie aus, um sich die Pfeife zu stopfen, was bei ihrer Gemütlichkeit wohl eine Viertelstunde dauert. Dazu sind sie grob und anmaßend und verfolgen aufs bitterste alle diejenigen, die von auswärts kommen, um die Arbeit zu tun, die sie selbst nicht tun wollen. Sie liegen zu Tausenden in den öffentlichen Gärten umher, schicken ihre Frauen und Kinder betteln und nennen sich dann pathetisch Arbeitslose. Kürzlich hat die Regierung ausschreiben lassen, daß so viele hundert Arbeiter nötig seien, um eine Straße irgendwo zu bauen: Es haben sich sechs gemeldet! Ist es da ein Wunder, daß Australien keine Fabriken hat? Hier gibt es kein braunes oder schwarzes Volk, wie in Indien und Afrika, das für den Weißen arbeitet; denn die eingeborenen Australier flüchten sich vor der Zivilisation in ihre Wälder, wo sie von der Jagd leben. Alles, was man hier in den Läden sieht, kommt aus Europa oder Amerika; sogar die australische Wolle wird nach England geschickt und kommt dann von dort als Tuch zurück. Ich habe, so lang ich da bin, nur zwei Fabriken gesehen, und das waren Zigarrenfabriken, die jedenfalls nur deshalb existieren können, weil in ihnen meistens Frauen und Kinder die Arbeiten ausführen. Warum man hier Zigarrenfabriken braucht, sehe ich gar nicht ein, da ja niemand Zigarren raucht. Die Australier scheinen leidenschaftliche Raucher zu sein: Sie rauchen immer und überall, aber nichts als Pfeifen. Männer in Zylinderhüten und nach der letzten Londoner Mode gekleidet, gehen in den Straßen umher mit einer plumpen, häßlichen Pfeife im Munde. Wie da die Wege aussehen, kannst du dir vorstellen! Ich bin doch schon viel gereist im Leben; aber so ekelhafte Trottoirs wie in Sydney und Melbourne habe ich nirgends gesehen. Die Gesundheitskommission sollte da einschreiten und Ordnung machen!

Sydney, Weihnachten 1892.

Weihnachten mit einer Temperatur von 36 Grad Celsius im Schatten kann mich nicht in eine richtige Weihnachtsstimmung versetzen. Sogar die Christbäume, die ich in den Fenstern sehe, lassen mich kalt oder, besser gesagt, warm; denn es sind ja doch keine Tannenbäume – hier gibt es keine Tannen –, und das weiße Zeug, das auf den Ästen liegt, ist ja doch nur Watte. Arme australische

Kinder, die den Schnee nur als Watte kennen! Ich möchte ihr Erstaunen sehen, wenn sie einmal so über Nacht nach Nordeuropa versetzt würden und beim Aufwachen die Welt im weißen Kleid sehen könnten.

Wir haben jetzt Ferien, unsere langen Sommerferien, welche zwei Monate dauern werden. Sobald die letzte Pensionärin abgereist war, mußten auch wir Lehrerinnen unser Bündel schnüren. Das ist nicht gastfreundlich von unserer Vorsteherin, wie? Sie sagt, sie wolle keine überflüssigen Haushaltungskosten haben während der Ferien, und versichert mich, daß keine Schulvorsteherin hier anders handeln würde. Wenn dem so ist, so ist Australien ein noch ungünstigeres Land für Lehrerinnen, als ich gedacht habe. Rechnen wir nur einmal zusammen! Das australische Schuljahr wird in Quartale von je zehn Wochen geteilt. Nach jeder dieser Perioden kommen Ferien, so daß auf 52 Wochen zwölf Ferienwochen fallen. Natürlich wird man nur für die Schulwochen bezahlt. Nun nehmen wir an, daß eine Lehrerin kein Heim hat auf der südlichen Halbkugel, wie dies z. B. bei mir der Fall ist. Sie muß sich also während zwölf Wochen, während denen sie nichts verdienen kann, selbst verköstigen, und da sie als Lehrerin immer einen gewissen Anstand wahren muß – besonders bei den Engländern –, so kann sie kein Kosthaus unter einem Pfund Sterling wöchentlich finden, und es kommen immer noch andere Ausgaben wie Wäsche etc. dazu. Nehmen wir weiter an, daß eine solche Lehrerin nur ein wöchentliches Gehalt von einem Pfund, d. h. 40 Pfund jährlich hat, und du kannst ausrechnen, wieviel der Armen am Ende des Jahres übrigbleibt. Es gibt allerdings Lehrerinnen, die besser bezahlt sind, aber nicht viele, wie man mir sagt, und nur solche, die in großen, gediegenen Anstalten angestellt sind; deren gibt es aber auch nicht viele, während es von kleinen Pensionen buchstäblich wimmelt. Keine der Lehrerinnen, mit denen ich in den vier Monaten meines Hierseins bekannt geworden bin, hat mehr als 60 Pfund, und sie müssen dabei ungeheuer arbeiten, da sie alle in unendlich vielen Fächern unterrichten müssen. Die Gouvernanten scheinen auch nicht besser daran zu sein. Man liest täglich Annoncen wie die folgende: „Werden gewünscht: Einige Hauslehrerinnen, die alle englischen Fächer nebst Musik, Malen, Französisch, Deutsch und Lateinisch unterrichten können. Saläre von 25 bis 40 Pfund."

Natürlich brauchen die Hauslehrerinnen nicht in die Ferien zu gehen, wenn sie nicht wollen, und werden jedenfalls besser genährt als wir Pensionslehrerinnen; aber immerhin wäre es eine arge Enttäuschung für eine Europäerin, wenn sie in das Goldland Australien käme in der Hoffnung, als Lehrerin ein Vermögen zu machen. Für eine Köchin, ein Stubenmädchen und ganz besonders für eine Kellnerin, wenn sie hübsch ist, würde es weniger schwer sein; aber den Lehrerinnen rate ich, zu Hause zu bleiben!

Ich höre euch untereinander fragen: „Wie wird die Lina je von Australien wegkommen, wenn sie nur genug verdient, um von der Hand in den Mund leben zu können?" So wie die Sache bis jetzt stand, wäre wenig Aussicht vorhanden, daß ich je über die Grenzen von Neu-Südwales herauskäme; aber mein Glücksstern ist im Steigen. Meine Wanderungen von Tür zu Tür sind nämlich fruchtreicher ausgefallen, als ich damals gedacht. Es scheint, daß einige der Schulvorsteherinnen, die ich besucht, sich noch meiner erinnern; denn kürzlich erhielt

Miß H. (unsere Prinzipalin) Briefe von zweien, die sich nach mir erkundigten und die mich nachher baten, sie zu besuchen. Ich bin dann auch wirklich von beiden angestellt worden, so daß im nächsten Schuljahr auch meine Nachmittage gefüllt sein werden. Die eine dieser Schulen, eine der größten Sydneys, wo Hunderte von Studentinnen sind, wird mir 40 Pfund jährlich, die andere 20 bezahlen, welche, mit den 40, die ich hier habe, die für eine Lehrerin ganz unerhörte Summe von 100 Pfund ausmachen werden. Ich schaue also der Zukunft mit mehr Behagen entgegen; ja, ich schäme mich fast, daß es mir, der unlängst Angekommenen, so gut geht, wenn ich die zahllosen Engländerinnen, Französinnen und Deutschen sehe, die schon jahrelang da sind und kaum ihren Lebensunterhalt finden. Sie fragen mich alle: „Wie stellen Sie es nur an, um solche Erfolge zu erzielen? Haben Sie Protektion in hohen Kreisen?"

„Keinen Menschen habe ich gekannt, wie ich hier landete, und keiner hat sich meiner angenommen. Ich bin ganz einfach von Türe zu Türe gegangen wie ein Hausierer und habe meine Ware angetragen", ist natürlich meine ständige Antwort auf diese Fragen. „Das könnte ich nicht", sagt eine jede, „das ist ja furchtbar unelegant und demütigend." Das ist nun eben meine Methode; aber sie ist nichtsdestoweniger vollkommen ehrlich und auch, wie es scheint, wirksam. Im Kampf denkt der Soldat wohl nicht daran, seine Uniform zu schonen. Er denkt an den Sieg, und so dürfen wir auch im Kampf mit dem Dasein nicht zu superfein sein.

Ich bin während der Ferien wieder bei meiner alten Familie in Kost und Logis, und trotz der Magerkeit meines Geldbeutels unterhalte ich mich ganz gut. Während der heißesten Stunden des Tages verstecke ich mich mit einem Buch in einer der schattigen Bays, an denen der Sydneyhafen so reich ist, und wenn es kühler wird, gehe ich auf Entdeckungsreisen zu Fuß, um die Stadt besser kennenzulernen. Einmal wöchentlich erlaube ich mir den Luxus eines Orgelkonzertes im Rathaus. Der Eintritt kostet nur 6 Pence, d. h. 60 Rappen, und der Genuß ist so viele Franken wert, denn die Orgel von Sydney ist eine der schönsten der Welt und der Organist ein wirklicher Künstler, Monsieur Wiegand, ein Belgier. Die Musik scheint in Sydney ganz in französischen Händen zu sein, während die Melbourner mehr für deutsche Musiker schwärmen. Madame Charbonnet-Kellermann, Monsieur Wiegand, Monsieur Poussard und Monsieur Henri Kowalski sind die Sterne am Musikhimmel von Sydney.

Sydney, 16. Mai 1893.

Heute ist der österreichische Thronerbe, Erzherzog Ferdinand von Este, der auch auf einer Weltreise ist, hier angekommen. Wie die hiesigen Zeitungen melden, hat ihn der Kaiser auf diese Reise geschickt, um ihn daran zu hindern, eine Mesalliance zu machen. Ob wohl eine Welttour ein wirksames Mittel gegen Liebe ist? Alexander Dumas sagt, daß die Entfernung für die Liebe das sei, was der Wind für das Feuer. Ist das Feuer groß, so facht der Wind es zu einem Brand; ist es aber klein, so bläst er es vollständig aus.

Die „Kaiserin Elisabeth" dampfte ganz nahe an unserem Hause vorüber. Ich hißte die österreichische Fahne, die ich mir selbst aus einem alten schwarzen Kleid und einem Stück gelben Seidenzeugs fabriziert habe. Ich hoffe nur, seine kaiserliche Hoheit hat sie gesehen und gewürdigt.

Die Zeitungen von Sydney haben sich ganz ungeheuer mit diesem Besuche beschäftigt, und ganz besonders war es die Frage: „Wie soll der Prinz empfangen werden?", die allerseits behandelt wurde. Die Königin Viktoria hat nämlich den Befehl geschickt, daß der Gouverneur den Erzherzog in vollem Staat empfangen soll, d. h. daß er seine allerbeste Uniform anziehen und dem Prinzen bis an den Landungsplatz entgegengehen soll. Nun ist aber Neusüdwales für den Augenblick ohne Gouverneur, da Lord Jersey, der um seinen Abschied gebeten hat, schon weg ist und sein Nachfolger gegenwärtig wohl auf den Wellen des Indischen Ozeans gewiegt wird, aber vor zwei Wochen nicht hier sein kann. Während des Interims bekleidet der Lordoberrichter, Sir Frederik Darley, den Gouverneursposten, und sein Staatskleid ist natürlich die lange schwarzseidene Toga und die weiße Perücke der englischen Richter, die ja sonst außer dem Gerichtssaal nicht getragen wird.

Daß ein solches Kostüm sich etwas komisch ausgenommen hat am Landungsplatz und auf den Prinzen, der auf einen richterlichen Empfang gewiß nicht gefaßt war, einen sonderbaren Eindruck gemacht haben muß, kann man sich denken. Ich bin sicher, daß viel mehr Leute hingegangen sind, um den Lordrichter zu sehen als den Prinzen. Die Tochter von Sir Frederik, die meine Schülerin ist, sagte gestern weinend zu mir: „Denken Sie sich nur, wie lächerlich mein armer Papa aussehen wird, wenn er in Toga und Perücke am Landungsplatz stehen und sich von einer gaffenden Menge auslachen lassen muß." Ich hoffe, Sir Frederik hat die Sache leichter genommen als sein Töchterlein. Wie dem nun aber auch sei, die schwere Stunde ist überstanden; der Prinz diniert diesen Abend mit dem Lordoberrichter; und hoffentlich erlaubt ihm die Königin, ohne Perücke am Tisch zu sitzen.

Melbourne, Viktoria, 14. Juli 1893.

Seit vier Wochen bin ich in Melbourne, als Gast meiner neuen polnischen Freunde, den Woinarski. Du weißt, wie sehr man im Pensionsleben das Familienleben würdigen lernt; daher brauche ich dir kaum zu versichern, daß ich glücklich bin.

Ich kam per Eisenbahn von Sydney herüber, nicht nur, weil die Reise viel weniger lang dauerte als per Wasser – nur 18 Stunden –, sondern ganz besonders, um das australische Eisenbahnreisen kennenzulernen. Ganz angenehm überrascht war ich, als ich herausfand, daß hier Lehrer wie Schüler um den halben Preis Eisenbahn fahren können, wenn es sich um eine weite Strecke handelt. Der Staat – die Eisenbahnen hier gehören dem Staat – weiß jedenfalls, wie schlecht die Lehrerinnen in Privatschulen bezahlt werden! Nur, glaube ich, will man dann an Kohle sparen, was man den Lehrern geschenkt; denn die Züge in diesem doch meist flachen Lande gehen mit einer wahrhaft schweizerischen Langsamkeit. Man erzählt die Geschichte von einem gutmütigen Zugführer, der, als er einst ein altes, schwerbeladenes Mütterchen die Landstraße entlang hinken sah, den Zug anhielt und es einlud, mitzufahren. „Nein, danke", antwortete die Alte, „ein andermal; heut bin ich pressiert." Die Anekdote ist zwar nicht australischen Ursprungs; ich habe sie früher schon gehört; aber man wendet sie hier an, und nicht mit Unrecht.

Was das Reisen von einer Kolonie in die andere auch ziemlich unangenehm macht, sogar für Leute mit einem ganz reinen Gewissen, das sind die Zollämter. Denke dir nur, die australischen Kolonisten, die alle derselben Nation angehören, dieselbe Sprache sprechen und meist unter sich verbrüdert und vervettert sind, taxieren sich gegenseitig für die Geschenke, die sie einander bringen! Ist das nicht absurd? Wie amüsant eine Reise durch die Schweiz sein würde, wenn jeder unserer 22 Kantone ein Zollamt hätte! Das radikalste Mittel, die Fremdenindustrie zu töten, sollte ich denken.

Nein, viel Einigkeit existiert unter den australischen Brüdern und Schwestern nicht! Es lebt in Sydney ein alter, ehrwürdiger Staatsmann – den australischen Gladstone nennt man ihn –, Sir Henry Parkes, der fast sein ganzes Leben lang für einen australischen Bundesstaat gearbeitet hat; aber sein Ideal scheint noch in weiter Ferne zu liegen; ich glaube, sie möchten lieber noch mehr getrennt sein. Viktoria und Neusüdwales sind ganz besonders feindlich gegeneinander gesinnt; Melbourne und Sydney sind die Montecchi und Capuletti der südlichen Halbkugel. Will man Freunde haben in einer dieser zwei Städte, so darf man ja nichts Gutes über die andere sagen. Einmal gehörten die zwei Kolonien zusammen; aber im Jahre 1851 hat sich Viktoria von Neusüdwales getrennt, und seither lieben sie sich gar nicht mehr. Es existiert zwischen ihnen eine mir ganz unverständliche Eifersüchtelei. Sydney bildet sich etwas drauf ein, einige Jahrzehnte älter zu sein. Melbourne brüstet sich furchtbar gerne damit, daß es nie eine Verbrecherkolonie gewesen. Wenn Sydney ein neues öffentliches Gebäude errichtet, so muß Melbourne gleich auch ein noch viel größeres und kostbareres haben. Daher kommt es jedenfalls auch, daß Melbourne so reich an großartigen Gebäuden ist. Nur eines kann ich nicht verstehen, nämlich daß Melbourne seiner Nachbarin nicht durch einen schöneren Bahnhof zu imponieren sucht; denn das sieht man ja doch immer zuerst, und der Melbourner Bahnhof ist der häßlichste und unbequemste aller Bahnhöfe, die ich kenne. Was sonst die öffentlichen Gebäude und die Straßen betrifft, ist allerdings Melbourne schöner als Sydney. Aber seine Lage kann gar nicht mit der Lage Sydneys verglichen werden. Erstens liegt Melbourne nicht ganz am Meer – Port Philip, der Hafen von Melbourne, ist einige englische Meilen von der Stadt entfernt –, und zweitens ist die Stadt so flach, daß sie monoton wird, wenn man viel umhergeht. Ich gebe daher ganz entschieden Sydney den Vorzug. Man sagt nun freilich, das Leben hier sei viel angenehmer, weil die Melbourner geistig aufgeweckter, unternehmender und gar nicht kleinstädtisch seien. Ich bin nicht lange genug hier gewesen, um mich von ihrer geistigen Überlegenheit überzeugen zu können; aber daß sie unternehmender sind, muß ich zugeben. Die fieberhafte Geschäftigkeit, die überall herrscht, zeugt von ihrem unternehmenden Geist. Melbourne ist mehr so, wie ich mir eine amerikanische Stadt denke, während Sydney den Eindruck einer ganz englischen Stadt macht. Was ganz amerikanisch, d. h. demokratisch ist in Melbourne, das ist eine große, reiche Bücherhalle, in der man alle Bücher, von der frivolsten modernsten Novelle bis zu den wissenschaftlichsten und klassischsten Werken, umsonst lesen kann. Es ist nicht etwa eine Bibliothek in unserem Sinne, wo nur die Abonnenten sich Bücher holen dürfen, sondern es ist eine große Halle, die den ganzen Tag für jeden offen steht, wo man ein- und ausgeht, sich Bücher wählt oder nur Umschau hält ohne die geringste Kontrolle. Natürlich soll man die Bücher nicht wegtragen, ohne sie einschreiben zu lassen, aber an Ort und Stelle kann man den ganze Tag lesen, ohne daß man mit jemand über die Wahl der Bücher zu sprechen braucht. Ich habe gefragt, ob nicht oft Bücher abhanden kommen. „Höchst selten", bekam ich zur Antwort. Einige Stunden des Tages spielt auch Musik dort, so daß man nicht einmal Bücherwurm zu sein braucht, um gern hinzugehen. Natürlich sind Beamte da, die nachsehen, daß keine Unordnung entsteht. Trotz des freien Eintritts glaube ich nicht, daß es einem Betrunkenen erlaubt wäre, dort seinen Rausch auszuschlafen, aber sonst herrscht die idealste demokratische Freiheit. Ja, was ich in Melbourne am meisten bewundere, mehr als seine breiten Straßen, mehr als seine Paläste, das ist entschieden seine Bücherhalle!

Sydney, 16. August 1893.

Als ich kürzlich von Melbourne zurückkam, fand ich hier, zu meiner großen Freude, ein ganzes Paket europäischer Briefe, darunter auch den deinigen. Wenn du wüßtest, was für ein glücklicher Tag der Posttag für mich ist, du würdest gewiß öfter schreiben. Ich lebe nur an diesem einen Tag in der Woche. Was für ein Glück es für mich ist, daß jede Woche eine europäische Post ankommt und nicht, wie es vor einigen Jahren der Fall war, nur einmal monatlich! Ich weiß nicht, wie ich das Leben ohne Briefe von zu Hause von einem Monat zum anderen ertragen könnte.

Du machst mir in deinem letzten Brief Vorwürfe,

daß ich so gar nichts über mein Leben hier in der Schule sage. Errätst du nicht, daß ich, wenn es angenehm wäre, längst darüber geschrieben hätte? Aber das ist es leider nicht, und ich glaube, daß man das Unangenehme am besten erträgt, wenn man so wenig wie möglich daran denkt und gar nicht davon spricht; deswegen habe ich geschwiegen. Da es dich aber so riesig – wie du sagst – interessieren würde, so will ich dich heute in mein Alltagsleben einführen.

Es schickt sich, daß ich mit der Beschreibung unserer Prinzipalin anfange. Gewöhnlich halte ich es zwar für das beste, nicht über Leute zu sprechen, von denen man nicht viel Gutes zu sagen hat. Aber das Glück einer Lehrerin hängt so sehr von der Vorsteherin ab, daß ich unmöglich ein richtiges Bild von meinem Leben hier geben könnte, ohne meiner Prinzipalin den ersten Platz im Vordergrund anzuweisen. Miß H. ist eine Engländerin, die wohl in der Heimat Verluste erlitten hat und vor zwei Jahren nach Australien gekommen ist, um mit einer Pension schnellstens wieder ein Vermögen zu machen. Sie hätte, was ihr Äußeres anbetrifft, jede Eigenschaft zur erfolgreichen Pensionsvorsteherin, denn sie ist vom Scheitel bis zur Sohle eine große Dame, und das imponiert ja den Engländern sehr. Sie ist noch jung, 35 Jahre alt, nicht hübsch, hat aber ein so liebes und angenehmes Gesicht und in Gesellschaft so unvergleichbar feine und einnehmende Manieren, daß sie geradezu unwiderstehlich sein kann. Entweder hat sie sich ihr ganzes Leben in der besten Gesellschaft bewegt, oder sie ist die geschickteste und schlaueste Abenteurerin, die je die Leute an der Nase herumgeführt hat. Ich glaube aber mehr das erstere; denn eine Abenteurerin von Profession würde praktischer sein und einsehen, daß man so, wie sie es treibt, nicht lange Schülerinnen bekommt. Sie scheint sich nämlich für ihre Schule ganz und gar nicht zu interessieren, denn sie erscheint nie im Schulzimmer, außer wenn sie etwas zu rügen hat. Am Tisch sehen wir sie fast noch seltener; denn sie nimmt ihr Frühstück im Bett, ihren Lunch oft in der Stadt und diniert allein wie ihre Majestät Königin Viktoria. Mit einem Wort, sie spielt die große Dame und bildet sich ein, dadurch den Australiern Sand in die Augen streuen zu können. Bis zu einem gewissen Grad ist es ihr auch gelungen, denn wir haben Töchter aus den besten Häusern in der Schule. Aber lange wird die Schule, wenigstens als Pension, nicht bestehen können, denn es ist ein zu kapriziöses, zu unkonsequentes Regiment im Hause, und wir werden zu schlecht ernährt. Überall muß gespart werden, damit Madame die große Dame spielen kann. Soll ich dir einen unserer Speisezettel geben? Das Frühstück, welches wir, d. h. Lehrerinnen und Schülerinnen, um acht Uhr haben, besteht aus Tee, Brot und Butter. Es ist auch vorgekommen, daß man uns die Butter verweigerte. Kürzlich bekam z. B. eines unserer Mädchen einen Krug Honig von zu Hause, und damit wir alle davon genießen könnten, brachte sie ihn auf den Tisch. Am nächsten Morgen hatten wir keine Butter. Ich schickte die Magd, um solche zu holen, aber sie kam bald zurück mit der impertinenten Antwort: „Madame sagt, Sie brauchen keine Butter, wenn Sie Honig haben."

Unser Mittagsmahl haben wir um ein Uhr. Es besteht aus einem Fleischgericht – Suppe haben wir nie – Gemüse und Pudding, wie die Engländer alle Mehlspeisen nennen. Über dieses Mahl kann ich mich nicht beklagen, denn die Speisen sind gut und in reichlicher Menge vorhanden. Nachmittagstee bekommen wir keinen. Die

Gnädige läßt sich solchen im Salon servieren, und wenn sie auf eine der Lehrerinnen böse ist, ladet sie die andere dazu ein. Aber wenn sie auf beide oder gar nicht bös ist, trinkt sie ihn allein. Um sechs Uhr bekommen wir das Abendessen, das unveränderlich aus Tee, kaltem Fleisch – meist Schaffleisch – und Butterbrot besteht. Keinen Salat, keine Radieschen, nichts, um das kalte Fleisch ein wenig genießbarer zu machen. Hätte ich ein Feld gepflügt oder sonst draußen in der freien Luft gearbeitet, so wäre mir kaltes Schaffleisch vielleicht ganz angenehm; aber wenn man den ganzen Tag im Schulzimmer sitzt, wird man zwar hungrig, aber es ist nicht jener gesunde Wolfshunger, der einem alle Speisen würzt, und ich stehe daher sehr oft hungrig vom Tisch auf. Dazu müssen wir uns noch immer mit dem Abendessen beeilen, weil man den Tisch decken muß für die Mahlzeit der Gnädigen. Sie läßt sich ein vollständiges Diner servieren; wir sehen die Kuchen und die Früchte für das Dessert auf dem Büffet und riechen die guten Sachen, die draußen in der Küche braten, während wir unser trockenes kaltes Fleisch verzehren.

Um neun Uhr gehen die Mädchen ins Bett; um zehn Uhr wird das Gas ausgelöscht. Wer noch länger Licht will, muß sich selbst solches anschaffen. Ich leide gar nicht unter dieser Regel, denn ich gehe gewöhnlich sehr früh zu Bett, damit ich nicht zu hungrig werde.

Du fragst wohl, wie es die Pensionärinnen aushalten und wie die Eltern sie hierlassen können. Es sind eben meist Leute, die weit von hier wohnen, und vielleicht gehören sie zu jener vernünftigen Klasse von Eltern, die nicht zu viel Gewicht legen auf das, was die Kinder über Pensionskost sagen. Ich glaube aber nicht, daß nächstes Jahr eine von ihnen zurückkommen wird.

Zum Schluß muß ich noch hinzufügen, daß Miß H. mich seit Weihnachten nicht bezahlt hat und mich wahrscheinlich nie bezahlen wird. Warum ich das alles so gutmütig ertrage, fragst du wohl. Ich bin eben oft so unglücklich, daß meine ganze Tatkraft dadurch gelähmt wird. Ich habe nicht die Energie, für mein Recht einzustehen. Bis Weihnachten werde ich es wohl aushalten können; erst in den langen Ferien werde ich wechseln. Ich hoffe nur, die zehn Jahre meiner freiwilligen Verbannung werden nicht alle so schlecht sein wie das erste. Natürlich bin ich oft heimwehkrank, trotz der vielen Arbeit, und ich gestehe ganz aufrichtig, hätte mir jemand diese Reise angeraten oder mich dazu überredet, ich würde oft die bittersten Anklagen gegen diese Person oder Personen schleudern. Aber wenn ich unglücklich bin, so ist es meine eigene Schuld. Ich habe es so gewollt, und so muß ich die Folgen auch allein tragen! Ich kann mir in meinen reuevollen Augenblicken nur Selbstvorwürfe machen und mit Molières traurigem Helden ausrufen: *„Tu l'as voulu, George Dandin; tu l'as voulu!"*

Hazelbrook im Blauen Gebirge, 28. September 1893.

Schon wieder Ferien! Du wirst bald glauben, daß wir hier ständig Feiertag machen. Einst hab ich mich selbst über die vielen Ferien beklagt; aber jetzt bin ich jedesmal sehr froh, wenn ich der drückenden Schulatmosphäre auf einige Zeit entrinnen kann.

Diesmal bin ich in den Blauen Bergen, und ich bin entzückt davon. In Sydney herrscht jetzt schon, obwohl es erst Frühling ist, eine fast unerträgliche Hitze. Hier ist es dagegen ganz angenehm kühl. Wie Sydney ohne diese

Blauen Berge bestehen könnte, weiß ich wirklich nicht, denn sie sind im Sommer der einzige Zufluchtsort für die von Hitze und Mosquitos geplagten Sydneyaner. Die Leute zwar, die reich genug sind und Seereisen nicht scheuen, gehen im Sommer mit Vorliebe nach Tasmanien und Neuseeland; aber für solche mit bescheidenen Mitteln oder die geschäftshalber sich nicht lang entfernen können, ist das Blaue Gebirge ein idealer Sommeraufenthalt. Es ist nur eine Eisenbahnreise von drei Stunden, so daß manche Geschäftsleute, die ihre Familien hier haben, täglich hin und her fahren. Das Gebirge ist ganz besät mit Sommervillen, die jetzt schon fast alle besetzt sind. Sonderbarerweise ist der Lebensunterhalt hier billiger als in Sydney, obwohl alles von dort hergebracht werden muß. Es gibt massenhaft Pensionen, in denen man für ein Pfund Sterling die Woche ein viel besseres Unterkommen findet als zu demselben Preis in Sydney. Ein glücklicher Zufall brachte mich in das Haus einer sehr netten Frau Diethelm, die eine geborene Italienerin, aber mit einem Schweizer verheiratet ist. Leider ist Herr Diethelm gerade in Queensland, so daß ich vielleicht seine Bekanntschaft nie machen werde. Schade, denn es hätte mich so gefreut, wieder einmal einem Landsmann die Hand zu drücken. Bisher bin ich nämlich noch gar keinen Schweizern hier begegnet und habe auch von keinen gehört. Es ist schwerer, sie ausfindig zu machen als alle andern Nationen, weil wir keine Landessprache haben. Diejenigen, die französisch sprechen, werden von den Engländern als Franzosen klassiert und die deutschen Schweizer als Reichsdeutsche. Ein Zufall allein könnte mich also mit meinen Landsleuten zusammenführen.

Doch ich will auf mein Thema, d. h. die Blauen Berge, zurückkommen. Ich sagte oben, daß ich entzückt davon sei. Am Tage meiner Ankunft war ich aber furchtbar enttäuscht, und gewiß würden sie für jeden eine Enttäuschung sein, der sie nur vom Eisenbahnfenster aus sieht. Die Australier sind nämlich weniger diplomatisch als wir Schweizer. Sie verstehen es nicht, ihre Eisenbahnen so zu bauen, daß der durchreisende Tourist die Schönheiten des Landes bequem von seinem Coupé aus bewundern kann. Hier sieht der Durchreisende nichts als blaublätterige, schattenlose, monotone Eukalyptuswälder, massenhaft Sand und Staub, hie und da ein Dorf, das aus lauter Sommervillen besteht und daher nichts Charakteristisches hat, und auf dem höchsten Gipfel – 3400 Fuß über dem Meeresspiegel – eine wirkliche Stadt, Katoomba, die Metropolis der Blauen Berge, die sich nicht genügend von anderen australischen Städtchen unterscheidet, um interessant zu sein. Erst wenn der Zug auf die andere Seite des Berges kommt, wo er langsam ein imposantes und halsbrechendes Zickzack hinunterschleicht, lohnt es sich der Mühe, aus dem Fenster zu gucken. Sonst schlafe man nur ganz gemütlich; man verliert nichts. Die Schönheiten des Blauen Gebirges sind durchtriebene Koketten. Sie verlangen, daß man sich um sie bemühe, und halten sich nicht in der Nähe von banalen Bahnhöfen auf. Keinen Reisenden wird es aber je gereuen, wenn er einen Zug überspringt, um den Bergmajestäten seine Aufwartung zu machen. Etwas Imposanteres als die Wasserfälle von Leura, Wentworth und Katoomba findet man selbst in der Schweiz nicht. Die Großartigkeit besteht nicht in der Wassermasse, sondern in der schwindeligen Tiefe und der wilden, grandiosen Umgebung. Wie ein feiner Staubbach fällt das Wasser über einen mit Moos und Farnkräutern bewachsenen Felsen tausend und mehr Fuß tief, wo es spurlos verschwindet in einem Urwald von Eukalyptus- und Farnbäumen, der nie von einem lebenden menschlichen Fuß betreten worden, denn das Talbecken ist von hohen, steilen Felsen umgeben und scheint keinen Ausgang zu haben. Mich erfaßt jedesmal ein Schauder, wenn ich in die stille, grüne, bewegungslose Tiefe hinuntersehe; ja, es ergreift mich so, daß ich fast krank werde. Ich verliere den Appetit und wache nachts mehrmals auf, weil mir träumt, ich falle hinunter, und doch, sobald der Morgen graut, mache ich mich wieder auf den Weg dorthin; eine so unwiderstehliche Anziehungskraft haben diese „gruseligen" Naturschönheiten für mich. Wenn ich nicht bald von hier wegführe, würde es mir gar ergehen wie dem Rheinschiffer, der sich von der Loreley in den Tod singen ließ.

Die Wasserfälle sind aber nicht das einzige Bewunderungswürdige in diesen Bergen; ganz besonders glücklich würde sich der Botaniker hier fühlen, denn die wilde Flora ist bezaubernd. Blumen, so verschieden von allem, was ich kenne, von so schönen Formen und Farben – obwohl geruchlos, wie die meisten australischen Blumen –, daß ein Spaziergang durch den Wald ein wahrer Hochgenuß ist. Ich lege eine Sammlung von australischen Blumen an, obwohl ich leider nichts von Botanik verstehe, und ich habe hier schon eine reiche Ernte gemacht, trotz der Schwierigkeiten, die mir dabei in den Weg traten. Um die Bergflora vor dem Vandalismus der Städter zu schützen, hat nämlich die Regierung ein Gesetz ergehen lassen, welches das Pflücken der wilden Blumen hier verbietet. Drei Pfund Sterling ist, glaube ich, die geringste Strafe für dieses Vergehen. Nun wußte ich aber nichts von diesem Gesetz, und in den ersten Tagen, da ich herkam, pflückte ich dennoch auch Blumen – aber immer nur eine von derselben Sorte –, wo ich nur solche fand. Eines Tages wurde ich aber beim Wentworthfall, wo ich eine ganze Handvoll gepflückt hatte, von einem raubritterähnlichen Mann in Hemdsärmeln also angeredet: „Fräulein, Sie haben sich einer großen Strafe schuldig gemacht durch das Pflücken dieser Blumen."

„Ah wirklich? Wieso das? Das sind ja wilde Blumen!" gab ich natürlich ganz unschuldig zur Antwort.

„Sie müssen aber ganz gut wissen, daß das Pflücken von Blumen, wild oder nicht wild, hier streng verboten ist."

„Nein, das hab' ich nicht gewußt; wie könnte ich es wissen, da mir niemand etwas davon gesagt hat?"

„Können Sie denn nicht lesen?" fragte der Mann etwas barsch, indem er mit seinem Stock auf einen nahestehenden Gummibaum zeigte, wo ein Verbot angenagelt war.

„Ja, ich kann lesen und sogar schreiben", sagte ich, „aber Sie können nicht verlangen, daß man, angesichts einer solchen Natur" – ich deutete nun meinerseits auf das unvergleichlich schöne Jamesontal, das vor uns lag – „diese alten, häßlichen Gummibäume ansehen soll."

Der strenge Ausdruck verschwand aus dem Gesicht des Mannes; er wandte sich um, ich glaube gar, um ein Lächeln zu verbergen, und rief mir über die Schulter zu: „Nun, für dieses Mal mag es Ihnen hingehen; aber tun Sie es nicht wieder!"

Die Blumen hat er mir gelassen, und ich werde ihnen einen ganz besondern Platz in meinem Album anweisen. Leider hat mich diese Erfahrung nicht klug gemacht, und ich bin heute durch meine Blumenmanie in eine noch heiklere Lage geraten. Es sind nämlich hier unten im Wald von Hazelbrook einige wunderschöne Gattungen, die ich für mein Leben gern haben wollte. Natürlich begegnete ich jetzt den Verboten auf jedem Schritt und Tritt; aber hat man je gehört, daß ein Verbot einen Wunsch stillte? Ich dachte in den letzten Tagen ständig darüber nach, wie ich auf eine geschickte Weise das Gesetz hintergehen könne. Heute endlich kam ich auf eine brillante Idee. Da ich die Blumen doch nur zum Pressen wollte, so konnte ich ein Buch mit in den Wald nehmen; kein Mensch würde etwas Verdächtiges darin sehen. Gesagt, getan! Gleich nach dem Frühstück wanderte ich schön sittiglich mit einem Buch unter dem Arm in den Wald hinunter, und jedesmal, wenn ich eine Blume sah, die ich noch nicht hatte, ließ ich sie zwischen den Blättern meines Buches verschwinden. Nach einer Weile setzte ich mich auf einen gefällten Baumstamm und zählte meine Schätze. Plötzlich sah ich in einer gar nicht großen Entfernung einen Herrn, der direkt auf mich zuzukommen schien. Schnell vertiefte ich mich in das Lesen meines Buches und bemühte mich auszusehen, als ob für mich weder Blumen noch Männer einen Wert hätten. Als der Mann ganz nahe war, blieb er stehen, lüftete grüßend den Hut und sagte: „Entschuldigen Sie, mein Fräulein, daß ich Sie in Ihrer Lektüre unterbreche; aber ich möchte Sie bitten, vorsichtig zu sein, denn diese gefällten Baumstämme sind die Lieblingswohnungen der Schlangen." Mit einem Schrei sprang ich von dem Stamm herunter und fast dem Fremden in die Arme. Er war nun gezwungen, etwas Beruhigendes zu sagen, und so kam es, daß er neben mir herging und wir in ein ganz animiertes Gespräch verfielen. Er fragte mich, was ich lese, und da ich es selbst nicht wußte, besah ich lachend den Titel meines Buches und erzählte ihm ganz aufrichtig, daß ich gar nicht zum Lesen ein Buch mitführe auf meinen Waldpromenaden. Ich zeigte ihm die Blumen, die ich gestohlen, erzählte ihm mein Abenteuer am Wentworthfall und fragte ihn ganz naiv, ob er mir nicht raten könne, wie ich hölzerne Birnen – die australischen Birnen sind nämlich von Holz und ungenießbar – und Waratahs – die Nationalblume von Neusüdwales – unbemerkt wegtragen könnte, da beide zu groß und hart seien, um sie in einem Buch verstecken zu können. Lachend sagte er, im Blumenraub sei er gar nicht bewandert, und gab dem Gespräch eine andere Wendung, indem er mich fragte, wie es mir hier gefalle, ob ich lange zu bleiben gedenke, ob ich von weit her komme usw. Als er herausgebracht hatte, daß ich Schweizerin sei, fing er gleich an, höchst enthusiastisch von unseren politischen Einrichtungen zu sprechen, und stellte unzählige Fragen an mich, die ich natürlich nicht beantworten konnte; denn Politik ist die schwächste meiner vielen schwachen Seiten. Er begleitete mich bis in die Nähe unseres Hauses und ging dann den Weg, den wir gekommen, zurück.

Man wollte sich gerade zu Tische begeben, als ich in das Haus trat, und jeder fragte mich, wo ich denn so lange allein gesteckt habe. Ich sagte ihnen, daß ich gar nicht allein, sondern mit einem sehr netten Herrn, der mir das Leben gerettet habe, im Walde spazieren gegangen sei. Nun wurde ich natürlich mit Fragen bestürmt, wer der Herr gewesen, wie er aussehe, was er gesagt, was ich gesagt usw. Ich sagte ihnen, daß ich seinen Namen nicht wisse, daß ich es nicht für nötig halte, daß ein Mann, der mir das Leben gerettet habe, sich vorstelle, um mit mir spazieren und sprechen zu dürfen. Mehr wollte ich nicht sagen, trotz der Fragen und Neckereien der ganzen Tischgesellschaft, sondern schaute nachdenklich zum Fenster hinaus, das mir gegenüber war, und blieb stumm und geheimnisvoll wie eine Sphinx. Da plötzlich, wen sah ich durch die Gartentüre hereinkommen mit einem enormen Bouquet Holzbirnen und Waratahs? Meinen neuen Freund! „Dort ist der Mann!" rief ich, indem ich vor Erstaunen vom Stuhl aufsprang. Augenblicklich richteten sich aller Augen auf das Fenster. „Ach, das ist ja der Besitzer von Hazelbrook", sagte Frau Diethelm sogleich. Der Besitzer von Hazelbrook! Und ich hatte mich in seiner Gegenwart groß gemacht mit der geschickten Art und Weise, wie ich seine Blumen stehle! O Einfaltspinsel, der ich bin! Draußen hörten wir den Herrn zum Jungen, der ihm die Türe öffnete, sagen: „Geben Sie dieses Bouquet mit meinem Kompliment der fremden Dame, die in Ihrem Hause wohnt!" Nun mußte ich natürlich hinaus, um ihm zu danken; aber wieviel ungelenkiger da meine Zunge war als vor einer Stunde! Ich stammelte einige unverständliche Worte des Dankes; aber das Hochrot der Waratahs war gewiß nichts im Vergleich zum Rot meines Gesichtes. Seitdem bleibe ich in meinem Zimmer eingeschlossen, so furchtbar schäme ich mich. Was habe ich doch in meinem Leben nicht schon gelitten durch meine Dummheit!

Sydney, 2. November 1893.

Mir ist, als hätte ich schon ein halbes Jahrhundert nicht mehr mit dir geplaudert, und doch ist der Brief, den ich dir vor vier Wochen aus den Blauen Bergen schrieb, noch nicht einmal in deinen Händen. So unendlich lang kann mitunter ein Monat scheinen! Wie vieles ist aber auch in den letzten vier Wochen vorgefallen! Denke dir, ich habe Miß H. verlassen! Der Bruch zwischen uns kam plötzlich und ganz unerwartet. Ich mußte nämlich einige Tage vor Beginn ihrer Schule nach Sydney zurückkommen, weil meine anderen Schulen früher anfingen. Wie wir Lehrerinnen aber nicht eine Stunde länger bleiben dürfen, sobald die letzte der Pensionärinnen ihren Abschied genommen, so dürfen wir auch keinen Tag vor ihrer Ankunft eintreten, und so ging ich denn auf einige Tage in mein altes Kosthaus. Am zweiten Tage nach meiner Rückkehr erhielt ich von Miß H. einen Brief, in dem sie mir sagte, daß sie im kommenden Quartal gar keine Pensionärinnen haben werde – kein Wunder! – und daß sie daher auch keine Lehrerin mehr im Hause brauche; ferner, daß sie mir auch kein Salär mehr geben könne. „Aber", fügte sie großmütig hinzu, „wenn Sie sonst kein Unterkommen finden, können Sie ja zu mir kommen, und ich werde Ihnen gegen drei Stunden täglichen Unterricht in der Schule freie Kost und Logis geben."

Natürlich dachte ich keinen Augenblick daran, ihr „großmütiges" Anerbieten anzunehmen, obwohl mir dieser Abschied einen argen Strich durch die Rechnung machte, weil ich gehofft hatte, bis Weihnachten genug Geld zu haben, um in eine andere Kolonie oder wenigstens in eine andere Stadt ziehen zu können. Nun würde aber das, was ich in der anderen Schule verdiene, nicht einmal für meinen Lebensunterhalt ausreichen, und ich müßte die paar Pfund, die ich mir erspart, opfern, so daß ich zu Weihnachten gerade so arm dastehen würde, wie ich vorige Weihnachten war. Eine andere Stelle zu finden, jetzt, da schon die meisten Schulen das neue Quartal angefangen hatten, durfte ich nämlich nicht hoffen. Das hat eben Miß H. auch gewußt. Sie muß vor den Ferien gewußt haben, wie ihre Geschäfte stehen, hat aber nichts verlauten lassen, weil es mir dann leicht genug gewesen wäre, ein anderes Engagement zu finden. Daß sie mich nämlich ernstlich loszuwerden versuchte, daran glaubte ich keinen Augenblick; denn sie weiß zu gut, daß ich meine Pflichten stets mit der größten Pünktlichkeit erfülle, und zwar weder aus Furcht noch aus Liebe, sondern einzig meiner Selbstachtung wegen; sie kann daher ruhig ihrem Vergnügen nachgehen. Und dazu bin ich bisher ein so außerordentlich gutmütiges, sagen wir dummes Geschöpf gewesen, daß sie natürlich anfing, mich als Wachs zu betrachten, aus dem ihre schönen Finger beliebige Figürchen bilden könnten. Es zeigte sich auch bald, daß ich mich in meiner Annahme nicht geirrt hatte. Gleich nach dem Empfang des Briefes ging ich nämlich in die Schule hinauf, um meinen Koffer zu packen und adieu zu sagen. Miß H. war nicht zu Hause; daher sagte ich dem Dienstmädchen, daß ich einen Mann schicken würde, um den Koffer abzuholen. Nachmittags besuchte mich Miß H. in all ihrer Liebenswürdigkeit und nahm mich mit nach Hause zu einem gemütlichen Tee, wie sie sagte. Sie schien ganz erstaunt, als ich ihr erklärte, daß ich ihren Brief als Abschied betrachte. Sie sah gar nicht ein, wie jemand einen Brief so mißverstehen könne; ich müsse doch wissen, wie gern sie mich habe usw. Nur seien in letzter Zeit so viele Französinnen zu ihr gekommen und hätten ihre Dienste für den bloßen Lebensunterhalt, d. h. Kost und Logis, angetragen, daß sie nicht einsehe, warum sie mich bezahlen sollte, wenn man andere umsonst haben könne. Ich sagte ihr, daß ich es ganz natürlich finde, wenn sie solche Gelegenheiten benutze, daß ich aber meine Dienste nicht umsonst geben könne. Ich würde daher meinen Weg gehen, und sie solle tun, was ihr am vorteilhaftesten scheine. Wie sie erkannte, daß ich nicht nachgeben würde, sagte sie:

„Nun, eher als daß ich Sie verliere, bezahle ich Ihnen, was Sie bisher gehabt."

„Nein, Miß H., da wir nun einmal so weit gekommen sind, ist es besser, daß wir uns trennen; ich habe Ihren heutigen Brief als Abschied betrachtet, und dabei soll es bleiben."

Hier riß ihr die Geduld; sie stampfte mit dem Fuß und sagte: „Ich werde Sie zwingen, hierzubleiben. Sie wissen, daß Sie mich nicht verlassen können, ohne es mir ein Quartal vorher zu sagen. Ich werde mich gleich zu meinem Advokaten begeben."

„Gut, dann werde auch ich mich um einen umsehen müssen", sagte ich und verließ das Zimmer. Ich hatte den letzten Satz mit einer, wie mir schien, bewunderungswürdigen Kühle gesagt, aber im Grunde meines Herzens zitterte ich, sobald sie von Zwingen und Advokaten sprach. Ich sah zwar nicht ein, wie sie mich zwingen könnte, bei ihr zu bleiben, da sie es ja war, welche die Bedingungen gebrochen. Aber die Gesetze sind ja bisweilen so wunderlich! Ich habe nur zu oft von Fällen gehört, wo die Richter auf der Seite des Stärkeren waren, und hier war gewiß Miß H. die Stärkere; denn sie hatte Freunde und Verwandte in den höchsten politischen Kreisen. Ja, einer der berühmtesten Sydneyer Advokaten ist ihr Vetter. Ich dagegen hatte keine Seele in dieser großen Stadt, die sich meiner annehmen, mir raten würde; ich war allein, fremd, arm!

Wie ich nach Hause kam, warf ich mich in einen Stuhl und brach in einen Strom von Tränen aus. Ich wäre in jenem Augenblick am liebsten gestorben, so elend war mir. Meine Hausfrau hielt mich jedenfalls für ein sehr einfältiges Ding; denn sie lachte laut auf, als ich ihr in abgebrochenen Sätzen meine Leidensgeschichte erzählt hatte, und sagte etwas ungeduldig: „Bah, wer würde Sie denn zwingen, dorthin zu gehen, wenn Sie nicht gehen wollen! Nehmen Sie den Brief, den Sie heute erhalten haben, und gehen Sie damit zu einem Advokaten; der wird Ihnen schon raten." Mit schwerem Herzen machte ich mich auf die Advokatensuche. An Advokaten fehlt es in Sydney nicht, und ich hatte auch bald einen gefunden; aber du meine Güte, wie schwer es mir wurde, diesen fremden Menschen in meine Geschichte einzuweihen! Was wird er von mir denken? Wofür wird er mich halten? waren die Fragen, mit denen ich mich peinigte. Und wie ich dann vor dem Manne stand, der von seiner angelsächsischen Höhe fragend auf mich herunter sah, da wurde ich erst recht dumm, d. h. womöglich noch dümmer, als ich gewöhnlich bin, und streckte ihm nur, ohne ein Wort zu sagen, den Brief hin. Er las ihn lange, viel länger, als nötig war, jedenfalls so lange, um mir Zeit zu geben, mich zu fassen, und endlich gelang es ihm auch, aber nicht ohne Mühe, die Ergänzungen des Briefes aus mir herauszukriegen. Er sagte mir, daß Miß H. nicht nur keine Rechte auf mich habe, nachdem sie den Brief geschrieben, sondern daß ich sogar mein Salär für das nächste Quartal von ihr verlangen dürfe. Das wollte ich natürlich nicht; aber ich sagte ihm, daß sie mir sogar noch drei Quartale schuldig sei. „Ah, das ist eine ernstere Sache! Vielleicht wird die Dame es drauf ankommen lassen, vor Gericht gefordert zu werden, und dann müßten natürlich auch Sie im Gerichtssaal erscheinen, was Ihnen wohl sehr unangenehm sein würde, wie?"

„Ich in einem Gerichtssaal erscheinen?" sagte ich fast heftig – „nein, das werde ich nicht tun! Viel lieber will ich die dreißig Pfund Sterling gar nie sehen." Ich weiß nicht, warum ich sprach, als ob ich einen Gerichtssaal für den schlechtesten Ort der Welt hielt. Mein so deutlich ausgesprochener Abscheu davor muß den Advokaten amüsiert haben, denn er schaute mich halb lächelnd an und sagte dann: „Immerhin werde ich an Miß H. schreiben und ihr mit dem Gericht drohen. Hoffen wir, daß sie denselben Abscheu vor Gerichtssälen hat wie Sie!"

Glücklicherweise scheint sie ihn zu haben; denn einige Tage später erhielt ich meinen Cheque. So endeten meine Verbindungen mit Miß H., und so endete die unangenehmste Geschichte, die ich je im Leben mit jemand hatte.

Schon so oft ist es vorgekommen, daß das, was ich für ein Unglück ansah, gerade zu meinem Vorteil führte; so auch hier. Nachdem ich nämlich sicher war, daß ich wirklich frei sei, machte ich mich gleich wieder auf die Suche nach Arbeit. Nicht daß ich hoffte, gleich jetzt etwas zu finden, aber zur Weihnachtszeit machen die Schulen meist neue Engagements, und ich wollte mich zeitig genug melden. Nun führte mich aber die gütige Vorsehung schon am ersten Tag in eine Schule, die wegen Umzugs einige Tage länger Ferien geben mußte und daher noch nicht angefangen hatte. Dazu war vor einigen Tagen die französische Lehrerin krank geworden, so daß sie um ihren Abschied bitten mußte. Ist es nicht wie eine höhere Fügung, daß ich gerade zu dieser Zeit kommen mußte? Ich wurde auf der Stelle engagiert und trat schon am nächsten Tag meine neue Stellung an, so daß ich also nicht nur nichts verlor, sondern ganz bedeutend gewann durch Miß H.s unerwarteten und unwillkommenen Abschied. Hier werde ich besser bezahlt, besser behandelt und weit besser genährt. Meine neue Prinzipalin, Miß Wallis – eine Deutsche –, ist nicht eine große Dame wie

Miß H.; aber sie ist eine wirkliche Schulvorsteherin, die selbst überall nachsieht, selbst sehr viel arbeitet und daher die Arbeit anderer zu würdigen weiß. Meine Schule in Ashfield – einer Vorstadt von Sydney –, wo ich seit Weihnachten zwei Nachmittage wöchentlich unterrichtet habe, darf ich behalten. Überhaupt, es ist in jeder Beziehung ein großer, großer Schritt vorwärts!

Lake Cowal, Neusüdwales, 24. Januar 1894.

Glaube nicht etwa, daß ich schon wieder Stellen gewechselt habe; nein, ich bin nur wieder einmal in den Ferien, und zwar diesmal ungefähr 400 englische Meilen im Innern.

Wie ich hierhergekommen, wird wohl deine erste Frage sein. Auf die Einladung einer meiner Ashfield-Schülerinnen; sonst würde ich wohl das Innere Australiens nie zu sehen bekommen haben, da das ja für Touristen ein ganz unbereisbares Land ist, wie es mir meine Reise hierher zur Genüge gezeigt hat.

Meine zwei Schulen schlossen nämlich wieder nicht zur gleichen Zeit, und da meine junge Freundin Lily Allen auch nicht eine ganze Woche von ihren Ferien einbüßen wollte, um auf mich zu warten, so mußte ich allein diese Reise ins Unbekannte unternehmen. Ich kam dann auch meiner Gewohnheit gemäß mit – heiler Haut, wollte ich sagen; da fällt mir aber ein, daß das eine Lüge sein würde –, sagen wir also, mit allen Gliedern ganz an. Daß das ein Wunder ist, wirst du ohne weiteres zugeben, nachdem du meine Reiseerfahrungen gelesen. Die ersten 300 Meilen ging die Reise per Eisenbahn und hatte durchaus nichts Aufregendes an sich. Wie könnte auch eine Eisenbahnfahrt durch die eintönigen Ebenen Australiens mit ihren ewiggleichen kleinen Städtchen aufregend sein! Die australischen Städtchen gleichen sich nämlich alle wie eine Erbse der anderen. Alle liegen natürlich ganz eben; alle haben eine sehr lange und breite Straße, die stets Hauptstraße *(Mainstreet)* genannt wird. In dieser Straße sind immer sämtliche Wirtshäuser, Läden, das Post- und Telegraphenbureau, das Rathaus und eine Bibliothek, wo auch Liebhabertheater-Vorstellungen und Konzerte stattfinden und die daher von den stolzen Städtlern mit echt australischer Bescheidenheit Kunsthalle oder Kunstakademie genannt wird. Nein, das war nicht aufregend, ganz und gar nicht! Bedeutendes Aufsehen erregten aber wir – ich meine: der Zug – die letzten 60 Meilen oder so etwas, denn da war die Linie noch ganz neu und erst am Tag vorher vom Gouverneur von Neusüdwales eröffnet worden. Daher kamen die Landleute meilenweit, um den Zug und die vielbeneideten eisenbahnfahrenden Menschen zu sehen. Die Stationen waren voll – als ob es Feiertag wäre – von Neugierigen, meist Männern, die sich auch alle so ähnlich sehen, wie die australischen Städtchen sich ähnlich sind, lange, hagere, sonnenverbrannte Gestalten in hohen Stiefeln, Reithosen, farbigem Hemd und mit großem weichem Filzhut. Mitunter konnte man auch eine magere, verblühte junge Frau sehen; aber je weiter ins Innere wir kamen, desto seltener wurde die Frau, und als der Zug in der letzten Station vorfuhr, da war kein weibliches Wesen zu sehen, aber eine solche Menge von Männern, die mich, die einzige weibliche Reisende, mit solcher Neugierde betrachteten, daß mir fast bange wurde. Doch kaum war ich aus dem Coupé heraus, als ein städtisch gekleideter junger Mann auf mich zukam und sich mir als Lilys Bruder vorstellte. Seine Schwester sei seit ihrer Rückkehr nicht sehr wohl gewesen; sonst wäre sie mir selbst entgegengekommen – sagte er –, aber so müsse ich mit ihm und einem Vetter, der auch da sei, vorliebnehmen. So sprechend führte er mich dem Perron zu, und ich fragte mich gerade im stillen, wie ich mich wohl durch diese Männermasse durchdrücken würde, als von irgendwoher ein „Platz für eine Dame!“ erscholl, und augenblicklich teilte sich die menschliche Mauer in zwei.

Natürlich erwartete ich auf der andern Seite des Stationsgebäudes einen schönen Wagen zu finden, irgendeine bequeme Viktoria oder einen eleganten Brougham; wie erstaunt war ich daher, als ich außer einem von sechs Ochsen bespannten schweren Wagen weit und breit kein Fuhrwerk entdeckte. Nichts als Pferde und Männer, Männer und Pferde, wo ich auch hinsah! Mein Begleiter steuerte auf eine Gruppe zu, die aus einem jungen Mann und drei außerordentlich hübschen Reitpferden bestand. Ich fing an zu begreifen, bevor mir der Vetter vorgestellt wurde! Da war gar kein Wagen, sondern ich mußte zu Pferd die vielen Meilen zwischen hier und Lake Cowal zurücklegen, ich, die im Leben nie auf einem Pferde gesessen! Die Australierinnen reiten nämlich alle von Kindesbeinen an. Es ist daher gar niemandem eingefallen, daß ein erwachsenes, gesundes Frauenzimmer nicht reiten könne. Ich befand mich in einer verzweifelten Lage. Zurück konnte ich nicht; hier bleiben wollte ich nicht. Um aber vorwärtszukommen, mußte ich eines dieser Pferde besteigen. Was war da zu tun? Meine Begleiter waren zwei junge Männer, von denen der ältere kaum dreißig Jahre alt war. Was würden die mit einem eigensinnigen, kapriziösen Frauenzimmer anfangen? Da war allerdings noch der sechsspännige Ochsenwagen, wo mein Gepäck schon unter Säcken und Kisten gut aufgehoben war. Aber es wäre doch gar zu lächerlich, sich so feig und unbehilflich zu zeigen vor so vielen Männern! Nein, diese australischen Männer sollen keine Gelegenheit haben, sich über eine Schweizerin lustig zu machen. Es muß einfach geritten werden, sagte ich mir. Am Ende wird man doch wohl in einem Sattel sitzen können, ohne Reitstunden genommen zu haben, und wenn Willenskraft einem dabei etwas helfen kann, so soll es daran nicht fehlen. Noch nie hatte ich mich so zusammengenommen, nie etwas so ernst „gewollt". Ohne ein Wort zu sagen über meine Unwissenheit in der Reitkunst, ließ ich mich von Herrn Allen in den Sattel heben. Dabei kam mir mein leichtes Gewicht und meine Gewandtheit in gymnastischen Übungen vortrefflich zustatten; ich glaube wirklich, ich war gar nicht so ungeschickt. Die Herren sprangen nun auch in den Sattel, und fort ging es. Nicht etwa galoppierend, glaube mir; die Herren richteten sich natürlich nach mir, und ich hatte einen sehr guten Vorwand, langsam zu gehen, indem ich vorgab, das Städtchen etwas besehen zu wollen. Übrigens wurde bald in einem Hotel haltgemacht zum Speisen, und nachmittags war die Hitze so groß – über 35 Grad Celsius –, daß man der Pferde wegen langsam gehen mußte. Nachdem ich einige Stunden im Sattel gesessen hatte, fing ich an, mich etwas zurechtzufinden und mein Pferd zu verstehen. Was der Mensch doch nicht alles tun kann, wenn er will oder, besser gesagt, muß! Ich habe mich seitdem oft gefragt, warum man denn gewöhnlich so lang reiten lernen muß; denn so außergewöhnlich schwer ist es ja am Ende doch nicht. Eine elegante Reiterin bin ich allerdings nicht und werde es auch nicht werden; aber an Zähigkeit, glaube ich, würde ich es jetzt mit jeder aufnehmen, nachdem ich meinen Erstlingsversuch so gut bestanden. Schön war unsere Reise nicht; das kann ich nicht sagen. Die australische Landschaft diesseits des Blauen Gebirges ist nicht derart, daß sie den Reisenden entzücken könnte. Wir konnten den ganzen Tag lang durch schattenlose Wälder, über sonnenversengte Felder reiten – von Wegen ist hier nämlich keine Rede –, ohne, außer Tausenden von Schafen, einem lebenden Wesen zu begegnen. Ja selbst die Känguruhs und die Kasuare, die doch hier zu Hause sind, schienen sich an jenen Tagen versteckt zu haben. Etwas Einförmigeres kann man sich gar nicht denken. Über uns ein wolkenloser Himmel, zu unseren Füßen, so weit das Auge reichte, dürres, gelbes Gras. Kein Flüßchen, kein Teich, kein Hügel, nicht einmal ein Graben – übrigens zu meinem Glück –, nichts, was die Monotonie unterbricht. Einmal nur erblickte ich in weiter Ferne etwas, was einem See ähnlich sah, mit schönen grünen Bäumen, die sich in seinem Wasser widerspiegelten. Es war ein reizendes Bild in dieser öden gelben Ebene, und ich rief entzückt aus: „O, meine Herren, sehen Sie nur, dort ist ein Hof; dort werden wir endlich ausruhen können!"

„Ach nein, Miß Bögli", antworteten sie beide, „das ist nur eine Luftspiegelung!"

Gott, welche Enttäuschung! Und wieviel länger, heißer und ermüdender die übrigen Tagesstunden mir nun schienen!

Erst gegen neun Uhr abends bemerkten wir ein Licht. Wir steuerten eiligst drauf zu. Die Herren fragten mich, ob es mir sehr unangenehm sei, in einem Junggesellenheim zu übernachten. Mir war natürlich alles eins. „Wenn es eine Negerhütte wäre", sagte ich, „würde ich dankbar ein Nachtlager annehmen."

Viel besser als eine Hütte war es auch nicht, das kleine, mehr als bescheidene Häuschen, in welchem wir eine so freundliche Aufnahme fanden; aber unsere Wirte waren zwei junge, intelligente Engländer, die nicht nur alles Mögliche, sondern fast das Unmögliche taten, um es uns angenehm zu machen. Ich bekam sogar ein warmes Bad in dieser wasserarmen Gegend! Wäre ich Königin Viktoria gewesen, man hätte nicht mehr für mich tun können. Das Häuschen hatte nur ein Zimmer und eine Küche; das Zimmerchen wurde daher mir überlassen, und die vier Herren suchten sich in einer Scheune oder im Freien ein Nachtlager. Natürlich hatten sie keine Dienstboten; dennoch wurden mir die Schuhe geputzt, das Kleid gebürstet, und in aller Frühe wurde mir, nach englischer Sitte, eine Tasse Kaffee in das Zimmer gebracht, d. h. einer von ihnen reichte mir eine Tasse zur Türe hinein. Zum Frühstück wurde für mich speziell eine Omelette aus einem Kasuarenei gemacht, die so groß war, daß ich für drei Frühstücke genug daran gehabt hätte. Vor unserer Weiterreise mußten wir zu Mittag essen; da gab es Känguruhschwanzsuppe, die stets als große Delikatesse betrachtet wird, während das Fleisch des Känguruhs selbst nicht gegessen wird, weil es zu trocken und faserig sein soll. Ich liebe neue, unbekannte Speisen im allgemeinen leider nicht und kann daher auch nicht sagen, daß mir die Omelette und die Suppe gerade besonders geschmeckt haben; aber es fehlte nicht an anderen Gerichten, so daß ich keineswegs hungrig vom Tisch aufstand.

Denke dir nur, die zwei jungen Männer, ganz gut erzogene englische Bürgersöhne, sind schon seit drei Jahren in dieser Einsamkeit, aber nie weiter gekommen als bis in das nächste einstraßige Städtchen und kommen gar nie mit weißen Frauen zusammen. Ich war die erste, die über ihre Schwelle trat. Sie haben sich nämlich eine Selektion erworben, d. h. 2500 Jucharten Land von der Regierung gekauft zu dem geringen Preis von einem Schilling per Juchart. Nun ist aber jeder Selektor verpflichtet, fünf Jahre auf seinem Grund zu bleiben, sich nicht mehr als einen oder zwei Tage davon zu entfernen; sonst fällt das Gut wieder an die Regierung. Auch kann man nie zwei Selektionen zusammen erwerben. Erst nach je fünf Jahren kann man zukaufen. Ein Mann, der Geduld hat und sich zu helfen weiß, kann natürlich auf diese Weise allmählich zu einem Vermögen kommen. Man findet nicht sehr oft unverheiratete Selektoren; denn der Engländer ist nicht gern allein. Hat er aber eine Familie, so würde er in der Sahara zufrieden sein, vorausgesetzt, daß er sein gutes Auskommen dabei findet. Sobald meine jungen Freunde reich genug sind, was wohl nicht allzulange dauern wird, und Zeit haben, werden sie sich bessere Häuser bauen, mehr Land ankaufen und dann sich entweder eine alte Liebe aus England kommen lassen oder sich durch ein Sydney-Vermittlungsbureau eine Frau verschaffen. Das ist nämlich auch hier ein „nicht mehr sehr ungewöhnlicher Weg", sich eine Frau oder einen Mann zu suchen. Ja, das Vermittlungsbureau ist sogar eine notwendige Institution hier; denn wie könnten sich sonst viele Männer, die jahrelang in der Landeinsamkeit leben, wo sie nie mit Frauen in Berührung kommen und keine Zeit haben, sich auf lange zu entfernen, eine Frau suchen?

Billabong, Neusüdwales, 1. Februar 1894.

Seit einigen Tagen bin ich mit Lily Allen hier auf Besuch. Lake Cowal und Billabong sind nämlich Nachbarsgüter, nur 30 Meilen (etwa zehn Stunden) – einen Katzensprung für die Leute hier – voneinander entfernt. Unterschied ist gar keiner, was die Landschaft und das Leben anbelangt; nur daß es vielleicht hier im Haus etwas ruhiger zugeht als bei den Allens; denn dort ist ein ganzes Haus voll lustiger junger Leute. Täglich veranstalten wir Ausflüge oder Jagdpartien zu Pferd, und abends vertreiben wir uns die Zeit mit Gesellschaftsspielen, Musik oder Tanz, gerade als ob wir in einer Stadt und nicht 400 Meilen von aller Welt und Zivilisation entfernt wären. Allabendlich machen wir Toilette, und zwar die Männer so gut wie wir. Ich meine damit nicht, daß sie sich in den Frack stecken und weiße Handschuhe anziehen; aber sie waschen sich alle – trotz Wasserarmut – und ziehen einen frischen Anzug und leichte Schuhe an, bevor sie sich zum Abendessen niedersetzen. Wir kleiden uns in leichte, helle Kleider, ganz als ob wir auf eine kleine Gesellschaft gingen. Das ist eben das Schöne im englischen Familienleben. Sie vernachlässigen sich nie im eigenen Heim; sie sind nicht der Meinung, daß im Familienkreise anständige Kleidung und gute Manieren überflüssig seien. Der Außenwelt mag ein Engländer oft ungehobelt, ja ungezogen erscheinen; sobald er aber über die Schwelle seines Hauses tritt, wird er ein Gentleman. Auch die Frauen verwenden vielleicht nicht soviel Zeit auf Straßen- und Gesellschaftstoiletten; aber zu Hause sind sie rein, nett, appetitlich, wenn nicht elegant. Selbst die Arbeitersfrau wird für den Abend eine frische, womöglich helle Bluse anziehen und den Tisch so freundlich wie möglich herrichten, um es dem Mann in seinem eigenen Heim angenehm zu machen. Deswegen ist der Engländer auch immer zufrieden, wo er auch sein mag auf dem Erdenrund, wenn er nur sein eigenes englisches Heim haben kann!

Doch nicht über englisches Familienleben wollte ich schreiben, sondern über australische Squatter. Squatter nennt man nämlich hier die Großgrundbesitzer; die kleineren sind Selektoren – Herr Allen ist nur ein Selektor –, aber ein Selektor kann nach und nach auch ein Squatter werden. In andern Ländern, z. B. in Amerika, hat der Name Squatter keinen guten Klang; er bezeichnet dort einen Mann, der sich ohne Erlaubnis und ohne Recht irgendwo niedergelassen hat. In Australien dagegen gibt es keinen stolzeren Namen. Die Squatter bilden sozusagen die Aristokratie des Landes. Einige von ihnen sind wahre Krösusse. Ein guter Bekannter der Familie hier, der vor vielen Jahren als ganz armer Knabe in dieses Land kam, besitzt heute mehr Land als mancher europäische König; auch nennt man ihn allgemein „Squatterkönig".

Der Besitzer von Billabong ist auch kein armer Mann nach europäischen Begriffen; denn er hat über eine Million Jucharten Land, welches in zehn Güter – Stationen nennt man sie hier – geteilt ist und von denen das kleinste 10000 und das größte 290000 Jucharten umfängt. Billabong, wo ich gegenwärtig bin, ist eines der kleineren, aber das Hauptquartier. Viele dieser Güter sind durch Telephon miteinander verbunden. Ich habe mich sogar heute amüsiert, die Verwalter der verschiedenen Güter an das Telephon zu rufen, um sie zu fragen, wieviel Uhr es bei ihnen sei. Sehr wahrscheinlich hab ich manchem einen Fluch entlockt, besonders denjenigen, die ich aus einem Schläfchen geweckt oder von ihrer Zeitung weggerufen habe.

Gewiß fragst du, was für ein zahlreiches Dienstpersonal solche Gutsbesitzer haben müssen. Erstaunlich wenig. Ein Mann, der 200000 Schafe und 3000 bis 4000 Stück Vieh hat, braucht nicht mehr als ein halbes Dutzend Leute; denn das Land wird gar nicht bebaut, sondern nur zum Weiden benützt. Das Vieh lebt das ganze Jahr ohne jegliche Aufsicht draußen im Freien. Alle Güter, groß und klein, müssen nämlich mit Zäunen umgeben werden. Es ist also keine Gefahr, daß die Schafe oder Ochsen davonlaufen, ausgenommen, wenn etwa unvorsichtigerweise eine Zauntür offen gelassen wird oder eine Lücke in einem Zaun entsteht. Aber gerade dafür hält man Grenzreiter, die alle paar Tage nachsehen, daß alles in Ordnung ist. Nur zur Zeit der Schafschur geht es lebhafter zu auf den Höfen hier; denn das ist die Erntezeit für den australischen Landmann. Das Scheren wird aber von regelrechten Scherern besorgt, die in Banden das Land durchziehen und in kurzer Zeit recht viel Geld machen, aber es auch, wie ich höre, recht leicht wieder ausgeben. Zur Scherzeit werden dann auch die Schafe gewöhnlich gezählt; aber nicht etwa mit mathematischer Genauigkeit, sondern nachdem sie geschoren, läßt man sie in einen eingezäunten Hof, der, wenn vollgestopft, ungefähr tausend Stück faßt. Ist er ganz voll, so läßt man die Schafe auf der andern Seite hinaus und rechnet so viele Male tausend, als man besagten Hof voll hatte. Daß da immer ein halbes Dutzend mehr oder weniger als tausend sein können, versteht sich von selbst. Kein Besitzer kann ganz genau wissen, wie viele er hat; denn die Schafe kommen zur Welt, leben und sterben da draußen in der freien Natur unbemerkt von dem Manne, dessen Eigentum sie sind. Nur zur Zeit großer Trockenheit, wenn sie oft zu Tausenden vor Hunger sterben, wird man ihres Verschwindens gewahr.

Ganz sorgenlos ist nämlich das Leben eines australischen Squatters nicht. Ja, er hat sogar mit sehr vielen Feinden zu rechnen; der gefährlichste ist wahrscheinlich Wassermangel. Die Schafe gedeihen zwar am besten in trockenen Gegenden, und gerade hier soll das eigenartige, fast dürre Salzgras (*Saltbush*) ganz besonders gut für sie sein; wenn es aber oft lange Monate gar nicht regnet, so wird es doch des Trockenen zuviel, und mitunter verliert ein Squatter in kurzer Zeit ganze Herden, sein ganzes Vermögen.

Einen anderen, fast nicht minder gefährlichen Feind hat der Landmann hier in den Kaninchen. Diese gefräßigen Geschöpfe machen nämlich oft zu Tausenden und Hunderttausenden Einfälle in seine Weiden und fressen den armen Schafen alles vor der Nase weg. Ja, diese niedlichen kleinen Kaninchen, die Lieblinge meiner Kinderjahre, werden hier mehr gefürchtet und gehaßt als wilde Tiere. Der Mann, der vor kaum hundert Jahren das erste Paar Kaninchen nach Australien brachte, hat sich nicht träumen lassen, daß einst sein Geschenk so würde verwünscht werden.

Gar wunderlich kommt es mir vor, nie ein bebautes Feld, nicht einmal ein Kartoffelfeld zu sehen. Die Leute hier lassen ihre Kartoffeln sowie das Mehl und alle andern Nahrungsmittel aus Sydney kommen.

„Warum pflanzen Sie denn nicht wenigstens das, was Sie zum Hausverbrauch bedürfen?" fragte ich kürzlich Herrn Allen.

„Ich kann nicht, denn ich habe weder Wasser noch Arbeiter genug!" war seine Antwort. „Der australische Arbeiter will lieber in den Städten betteln gehen, als es auf dem Lande zu etwas bringen. Übrigens würde sich Landwirtschaft hier kaum rentieren. Ein Arbeiter kostet mich wenigstens ein Pfund – 25 Franken – wöchentlich, ohne seinen Unterhalt zu rechnen, und dabei wäre ich doch einer Ernte nie sicher, weil wir nicht auf regelmäßigen Regen zählen können. Es ist also viel billiger und bequemer, unsere Nahrungsmittel aus Sydney kommen zu lassen."

Ist das nicht die verkehrte Welt, wo die Landleute die Feldfrüchte aus der Stadt beziehen?

Herr Allen hat versucht, Obstbäume zu pflanzen, aber auch dieses Bemühen ist nicht mit Erfolg gekrönt worden. Die Bäume gediehen zwar und wurden sogar ungemein blätterreich, aber Früchte tragen sie fast keine, und was da ist, wird noch von den fliegenden Füchsen aufgefressen. Der fliegende Fuchs ist eine Art Fledermaus, so groß wie eine Katze, der nachts den Obstgärten seine Besuche abstattet, aber sonst nicht viel Schaden anrichtet. Überhaupt gibt es auf dem ganzen australischen Kontinent nicht ein einziges gefährliches Tier außer der Schlange. Diese sind aber gerade hier so zahlreich und scheinen so gesellschaftlich aufgelegt, daß sie gar keine Einladung abwarten, um sich's im Bett, in der Sofaecke oder im Arbeitskorb wohl sein zu lassen. Man muß immer mehr oder weniger auf sie gefaßt sein; denn da die Häuser zu ebener Erde gebaut und bei dieser Hitze stets offen sind, haben sie überall freien Zutritt. Wir gehen nie schlafen, ohne uns vorher gut im Zimmer umzusehen. Bis dahin habe ich zwar noch keine im Zimmer gefunden; aber kürzlich haben die Leute acht an einem Tag auf unserem Hofe getötet. Wir haben aber auch regelrechtes Schlangenwetter gehabt diese letzten paar Wochen, 45–48 Grad Celsius im Schatten, und dazu noch Präriebrände rings herum. Sie kommen hier öfters vor, diese Präriebrände, besonders in solch trockener

Zeit. Ein nachlässig hingeworfenes Streichholz oder ein Stück Glas, das in der Sonne liegt, genügt, um die ganze Gegend in Brand zu setzen. Da muß dann alles, was Hände und Füße hat, hinaus, um gegen das Feuer zu kämpfen. Wasser ist natürlich hier zu kostbar, um es ins Feuer zu gießen. Man bewaffnet sich daher mit dem grünsten Ast, den man finden kann – auch nicht immer eine leichte Aufgabe –, und schlägt energisch auf das brennende Gras ein.

Du fragst wohl, ob es denn hier kein Wasser gebe, da doch, wie der Name Lake Cowal anzeigt, der Ort an einem See liegen muß. Der See, oder besser gesagt das Seebecken, ist allerdings da, und zwar fast so groß wie der Bieler See; aber es ist leider kein Tropfen Wasser darin, wie das bei australischen Seen meist der Fall ist. Er ist gerade sumpfig und naß genug, um ein Tummelplatz der Schlangen zu sein; aber zum Trinken ist weder für Menschen noch für Vieh ein Tropfen da. Wo man das Trinkwasser hernimmt? Für das Vieh gibt es große Reservoirs auf verschiedenen Weiden, und für den Hausgebrauch ist ein Ziehbrunnen da; aber das Wasser ist in dieser Zeit so spärlich, daß man sich kaum getraut zu schöpfen. Was werden wird, wenn es nicht bald regnet, weiß ich wahrhaftig nicht.

Ja, „Wasser" ist der große Notruf Australiens. Denke dir nur, dieser Kontinent, welcher fast so groß ist wie die Vereinigten Staaten von Nordamerika, hat ja nur zwei bedeutende Flüsse, den Murray und den Darling, denen es sogar mitunter passiert, daß sie fast austrocknen, und die vielen Seen, die du auf der australischen Karte verzeichnet siehst, sind ja meist nur Salzwasserseen. Wasser ist zwar irgendwo; davon zeugen die unterirdischen Seen, die man in den letzten Jahren entdeckt hat; aber da müßte man eben bohren, und das kann sich nicht jeder Privatmann erlauben; das sollte die Regierung unternehmen; aber die ist fast vollständig in den Händen der *Labor members* (Vertreter der Arbeiter), welche, nach allem, was ich sehe und höre, die Entwicklung des Landes mehr hemmen als fördern; denn sie denken nur an sich, sind außerordentlich anspruchsvoll, leisten wenig und verbieten die Einfuhr aller farbigen Rassen, so daß von einer Entwicklung der Industrie und der Landwirtschaft noch lange keine Rede sein kann. Die Australier rühmen sich, das demokratische Volk *par excellence* zu sein; aber mir scheint, sie haben im Arbeiter einen Tyrannen, der autokratischer herrscht als der Kaiser von Rußland.

Doch genug der Politik! Kehren wir lieber nach Lake Cowal zurück. Ich muß dir noch sagen, daß dies trotz der großen Hitze eine gesunde Gegend ist. Jedermann ist zwar mager und braun. Wer rundliche Formen und einen schönen, frischen Teint haben will, dem rate ich nicht, hierherzukommen. Ich bin so dünn und braun geworden, daß ich, in Lumpen gehüllt, ganz gut als adenische Bettlerin auftreten könnte. Ja, denke dir nur, ich verliere regelmäßig ein Pfund wöchentlich. Jeden Montag lasse ich mich wiegen, und jeden Montag wiege ich gerade ein Pfund weniger. Dabei bin ich aber kerngesund; ich reite stundenlang, jeden Tag, in der heißen Sonne umher und habe nie den leisesten Anflug von Kopfweh. So scheint es auch andern zu gehen. Alles ist mager, braun, gesund und lebt ewig. Natürlich gibt es da weit und breit keinen Arzt; das mag auch etwas zu dem guten Gesundheitszustand beitragen!

Ungefähr 35 Meilen von hier ist ein kleines Städtchen, wohin die Landbevölkerung von einigen 50 Meilen in der Runde sonntags zur Kirche geht. Vor einigen Jahren hat man auch daran gedacht, hinter der Kirche einen Kirchhof zu machen, da ja doch einmal jemand sterben könnte; aber der Kirchhof blieb so lange leer, daß sich schließlich, um einen Anfang zu machen, ein guter Bürger das Leben nahm, weil es seinem praktischen Sinn widerstrebte, etwas unbenützt zu sehen!

Sydney, 7. März 1894.

Dein langer, inhaltsvoller Brief hat mich so gefreut, daß ich mich gleich hinsetze, um dir zu antworten. Nein, du brauchst nicht zu befürchten, daß ich die kleinen häuslichen Alltagsneuigkeiten meiner Beachtung unwürdig finde; denn gerade diese und die kleinen unschuldigen Klatschereien über die liebe Nachbarschaft sind es ja, was Briefe an Abwesende interessant macht. Öffentliche Nachrichten und Weltereignisse kann ich ja aus den Zeitungen erfahren; denn wir sind telegraphisch mit Europa verbunden und erfahren daher so gut wie ihr zu Hause, was der deutsche Kaiser spricht und tut und wie es in der letzten österreichischen oder französischen Parlamentssitzung zugegangen; aber was mich am meisten interessiert, nämlich was meine speziellen Bekannten tun und treiben, das sagen mir die australischen Zeitungen nicht.

Du sagst, Herr G. habe dich beauftragt, mich zu fragen, ob Zahnärzte hier ein gutes Auskommen haben. Solche, die lange genug hier praktiziert haben und einen guten Ruf haben, ja; denn die Australier haben meist sehr schlechte Zähne – ich glaube, das Wasser ist schuld daran –, und da sie nicht, wie so viele Europäer, mit verdorbenen Zähnen oder mit Zahnlücken herumlaufen, müssen die Zahnärzte viel zu tun haben. Und wenn sie sich alle bezahlen lassen wie der meinige, dem ich vorige Woche 22 Schillinge, d. h. 22 Mark, für das Plombieren eines Zahns habe geben müssen, so müssen sie gewiß auch viel Geld verdienen. Nur ist die Profession hier in solcher Unmasse vertreten, daß unmöglich ein jeder sein anständiges Auskommen finden kann. Es gibt Straßen, sogenannte Medizinerstraßen, wo jedes Haus von mehreren Zahnärzten und Ärzten bewohnt ist, d. h. sie haben ihre Büros und Konsultationszimmer dort. Wer Glück hat, oder, richtiger gesagt, wer in seinem Fach tüchtig ist und dabei Zähigkeit und Ausdauer besitzt, der muß schließlich hochkommen; nur müßte ein fremder Zahnarzt eine ganz ungewöhnliche Dosis besagter Tugenden besitzen, um sich hier Ansehen zu verschaffen; denn hier gelten eben auch nur die amerikanischen Zahnärzte. Selbst die Australier gehen meist auf einige Zeit an eine amerikanische Universität, nur um sich „amerikanische Zahnärzte" titulieren zu können.

Ob der Lebensunterhalt für eine Familie sehr teuer wäre hier? Nicht besonders. Was man sich heute noch in Europa erzählt von den übermäßigen australischen Preisen, daß man 100 Franken für ein Paar Schuhe bezahlen müsse, gilt nicht mehr für unsere Zeit. Heute kann man sich hier ebenso billig kleiden wie in Europa. Ja es ist mir ein Rätsel, wie sie hier die Stoffe zu europäischen Preisen verkaufen können, da doch alles, was fabriziert wird, aus Europa oder Amerika kommt.

Und die Haushaltungskosten? Hier kann ich natürlich nicht aus Erfahrung reden, sondern muß mich auf das verlassen, was mir meine verheirateten Bekannten sagen. Das Teuerste und Unbequemste in einem australischen Hauswesen sind entschieden die Dienstboten. Eine Köchin bekommt 25 Franken wöchentlich und ein Zimmermädchen 15 bis 20 Franken. Dabei muß aber die Hausfrau die gröbste Arbeit selbst tun. Zum Schuheputzen würde sich eine irländische „Dienstdame" – die meisten Dienstboten sind Irländer – nicht erniedrigen; wenn man reine Schuhe haben will, muß man sie selbst reinigen oder es von einem professionellen Schuhputzer an einer Straßenecke oder in einem Schuhladen tun lassen. Wenn man keine Dienstboten braucht – und man ist weit glücklicher, wenn man sich ohne sie behelfen kann –, ist das Haushalten nicht teuer. Es ist hier auch leichter als bei uns, weil alles ins Haus gebracht wird. Der Milchmann, der Bäcker, der Fleischer und der Gemüsehändler kommen jeden Morgen an die Küchentüre ihrer Kunden; man bestellt dann den einen Tag für den nächsten oder tut es per Telephon in der Frühe, bevor die Lieferungswagen weggefahren sind. Fleisch ist sehr billig, ja so billig, daß selbst die ärmern Leute das Suppenfleisch verschmähen. Wer Fleischsuppe kocht, wirft das ausgesottene Fleisch den Hunden hin, weil sich selten ein Bettler findet, der es dankbar annimmt.

Gemüse und Früchte sind auch billig und das ganze Jahr frisch und in großer Auswahl zu haben, weil wir das Obst sowohl der Tropen als auch der gemäßigten Zone hier bekommen. Ich habe oft Orangen gekauft, das Dutzend zu 30 Centimes, und die herrlichsten Trauben zu 10 Centimes das Pfund. Diesen Reichtum an Früchten und Gemüse haben wir gänzlich den arbeitsamen, genügsamen Chinesen zu verdanken, denn der Weiße findet es nicht der Mühe wert, für einen so kleinen Gewinn, wie ihm das Gemüseziehen einbringt, zu arbeiten. Und doch wird alles getan, um den Söhnen des Himmlischen Reiches den Eintritt nach Australien zu erschweren. Ein jeder muß ein Eintrittsgeld von 100 Pfund Sterling, d. h. 2500 Franken, bezahlen; und wenn er da ist, wird er von der Bevölkerung verlacht, geplagt und sogar sehr oft mißhandelt. Der weiße australische Arbeiter erwartet, daß ihm die gebratenen Tauben in den Mund fliegen, während er im Hydepark schnarcht, und er haßt und verfolgt daher jeden, der durch harte Arbeit eine erschwingt.

Und nun noch die Frage des Hauszinses: Eine meiner Bekannten bezahlt für ihr Haus, das in einem sehr netten bürgerlichen Stadtviertel und nicht weit vom Zentrum der Stadt liegt, ein Pfund wöchentlich, d. h. 130 Franken im Jahr. Es ist ein kleines zweistöckiges Haus mit zwei Zimmern, Küche und Waschhaus unten und drei Zimmern und einem Badezimmer oben; es hat ein Gärtlein hinten und vorn, Wasser- und Gasleitung im ganzen Haus. Natürlich kommt es sehr darauf an, in was für einem Stadtviertel ein Haus liegt. Ein kleines Häuschen in einem eleganten Stadtteil wie Darling Point z. B. – das Faubourg Saint Germain von Sydney – ist viel teurer als ein großes Haus in einem bescheidenen Teil der Stadt. Wohnungen, wie es solche bei uns gibt, wo mehrere Familien in einem Haus wohnen, kennt der Engländer nicht; selbst der Arbeiter hat ein Häuschen für sich. John Bull schränkt sich nicht gern ein und kann es nicht leiden, wenn ihm die Nachbarn überall auf die Füße treten.

Sydney, 20. Juli 1894.

Ob ich dir nicht eine kurze Skizze der australischen Geschichte geben möchte, fragst du. Gewiß, sehr gerne. Es freut mich sogar, daß mein Hiersein bei jemandem Interesse für diesen großen und noch so wenig bekannten südlichen Kontinent hervorrufen kann. Ja, wir Europäer wissen eigentlich noch herzlich wenig von diesem Weltteil. Wir wissen, daß irgendwo ein Australien existiert, sind aber nicht immer ganz sicher wo. Ein Student der Krakauer Universität, der hörte, daß ich nach Sydney fahre, fragte ganz unschuldig, wo das sei. Und ist er etwa der einzige gebildete Europäer, der in australischer Geographie so unwissend ist? Ja, selbst die Engländer scheinen in ihrem Schulunterricht ihre Kolonien an den Antipoden ganz außer acht zu lassen; das sieht man an den wunderlichen Adressen, die oft auf Briefen stehen, wie z. B. „Melbourne, Tasmanien" oder „Brisbane, Neuseeland". Eine meiner englischen Freundinnen, eine Lehrerin, schrieb mir kürzlich: „Es ist doch nett, daß Sie Freunde in Melbourne gefunden haben; da können Sie gewiß oft auf einen Tag oder wenigstens für einige Stunden hinfahren." Ich möchte wissen, was sie sagen wird, wenn ich ihr schreibe, daß eine Reise von hier nach Melbourne per Dampfschiff zwei bis drei Tage und per Eisenbahn 18 Stunden dauert und 100 bis 200 Franken kostet!

Der englische Seefahrer Cook wird meist als der Entdecker Australiens genannt. Jedoch gebührt ihm die Ehre eigentlich nicht, denn schon im 16. Jahrhundert haben ja die Spanier, Portugiesen und Holländer von dem südlichen Kontinent Kenntnis gehabt. Die Spanier nannten ihn *Terra Australis* und die Holländer Neuholland. Alle früheren Seefahrer landeten aber im Westen oder Nordwesten, wo sie nichts als kahle Felsen und dahinter vegetationslose Ebenen erblickten. Dampier, welcher im Jahre 1688 an der Westküste landete und der erste zu sein glaubte, der da gewesen, schrieb in sein Tagebuch: „Die einzige Befriedigung, die ich aus meiner Entdeckung ziehe, ist das Bewußtsein, den ödesten und häßlichsten Fleck Erde entdeckt zu haben." Wie ganz anders muß Cook von dem Anblick des neuen Kontinents berührt worden sein, als er im Jahre 1770 in Botany Bay, unweit von hier, landete. Der konnte sich wahrlich freuen, einen der lieblichsten Flecken der Erde entdeckt zu haben! Er steckte auch gleich die englische Flagge auf und nahm, ohne auch nur den Eingeborenen ein Wort davon zu sagen, Besitz von dem ganzen Kontinent im Namen seiner Majestät des Königs von England; darum wird Cook als der Entdecker Australiens betrachtet.

England kümmerte sich jahrelang nicht um seinen neuen Besitz am anderen Ende der Welt; erst nach dem Jahre 1783, d. h. nachdem es seine amerikanischen Kolonien verloren hatte, wandte es seine Aufmerksamkeit hierher; denn es brauchte eine neue Welt, wohin es die überflüssige Bevölkerung seines kleinen Inselreiches schicken konnte. Australien hatte aber damals keine Anziehungskraft weder für den Abenteurer, denn Gold war damals noch nicht entdeckt, noch für den Handelsmann, denn im ganzen Land war kein Artikel, mit dem man hätte Handel treiben können. Wohl fand sich im südlichen und östlichen Teil eine üppige Vegetation; aber es war nichts Brauchbares darunter, keine kostbaren Gewürze wie auf den nahen Ostindischen Inseln, keine Früchte, kein Getreide, rein nichts. Selbst für den Menschenhändler war da nichts zu machen; denn der australische Neger ist zu nichts brauchbar, und da er von nichts als Fleisch lebte in jener Zeit, war er auch ein sehr gefährlicher Mensch. Obwohl, wie sie behaupten, weißes Menschenfleisch nicht so gut schmeckt wie das ihrige, freuten sie sich doch jedesmal über einen weißen Menschenbraten. Ja, sie verschmähen ihn heute noch nicht, wenn sie ihn bekommen können.

Ist es also zum Verwundern, daß die englandmüden Britensöhne sich lieber zu Hause langweilen als nach den so wenig versprechenden Antipoden auswandern wollten?

Da kam dem damaligen englischen Staatsminister Viscount Sydney die für Australien so unglückliche Idee, aus dem neuen Besitztum eine Strafkolonie zu machen, und im Jahre 1788 wurden die ersten Transportschiffe mit einigen hundert Verbrechern, Offizieren und Beamten hinausgeschickt. In demselben Jahr wurde auch Sydney gegründet. Wenn man bedenkt, daß im ersten Jahr alle Lebensmittel aus Europa bezogen werden mußten und daß damals die Reise acht Monate dauerte, kann man sich wohl denken, daß die armen Verbannten nicht zu gut lebten. Nach und nach kamen dann auch junge freiwillige Kolonisten, die freie Überfahrt und hier große Strecken Land ganz umsonst bekamen. Um es bearbeiten zu lassen, konnten sie sich zu sehr geringem Preis ganze Banden von Gefangenen leihen, so daß es also damals kein Arbeiterproblem gab wie jetzt. Daß solche Leute schnell reich wurden, läßt sich leicht denken; ihre Nachkommen sind es meist, die jetzt die australischen Squatterfürsten sind.

Doch auch die Gefangenen bekamen oft große Strekken Land, wenn sie sich gut aufführten, ganz besonders diejenigen, die ihre Zeit ausgedient hatten und willig waren, im Lande zu bleiben. Daher kommt es, daß viele der allerreichsten Australier ihren Stammbaum nicht gern sehen lassen. Aber sich einzubilden, wie so viele Europäer, speziell Engländer, es tun, daß jeder, der in Neusüdwales geboren ist, ein Nachkomme von Verbrechern sei, ist nicht nur absurd, sondern auch grausam und engherzig. Und wenn sie es wären? Man darf nicht vergessen, daß England zu jener Zeit das geringste Vergehen mit Deportation strafte. Einen Laib Brot entwendet oder sich die Taschen mit des Nachbars Äpfeln und Birnen gefüllt zu haben genügte, um nach Sydney oder ins Van Diemens-Land geschickt zu werden. Ich kenne Leute hier, von deren Großvater man sich erzählt, daß er, nur weil er seinem Liebchen auf einem Dienstbotenball ein Taschentuch entwendet hatte, was von seinem Nebenbuhler, der es bemerkt hatte, angezeigt wurde, mit dem ersten Transportschiff nach Australien geschickt wurde, wo er dann auch nach abgetaner Strafzeit blieb, sich verheiratete und allmählich zum Multimillionär wurde. Nun soll jeder junge Europäer aus der Gesellschaft, die Taschentücher braucht, in sich gehen und sich fragen, ob er nicht mehr als einmal im Leben Deportation nach Australien verdient hätte.

Natürlich waren nicht alle so unschuldiger Art; aber die schlechtesten wurden ja lebenslänglich gefangengehalten; man schenkte ihnen nichts; sie durften nicht heiraten und haben daher keine Familien hinterlassen. Natürlich hat Neusüdwales längst aufgehört, eine Strafkolonie zu sein, und heute ist Sydney nicht schlechter als andere Städte dieser Größe in Europa, ja vielleicht sogar etwas besser, und die größten Schurken sind nicht die, die hier geboren sind!

Im Jahre 1840 wurde von einem Polen, Strzelecki, zum erstenmal Gold entdeckt. Er sprach mit dem Gouverneur darüber, aber dieser bat ihn, nichts davon verlauten zu lassen, weil er einen Aufstand unter den Gefangenen fürchtete. Erst im Jahre 1851 durchfuhr es wie ein elektrischer Strom ganz Australien, ja die ganze Welt, daß hier Gold entdeckt worden sei, und nun fing die wirklich romantische Episode der australischen Geschichte an. Die Straßen der Städte wurden plötzlich leer. Der Gouverneur und die anderen hohen Beamten sahen sich genötigt, sich selbst zu bedienen, denn die Lakaien und die Köche hatten sich davongemacht in die Goldminen und kamen oft als Millionäre zurück. Alles hatte den Kopf verloren. Man war wie verrückt, sagten mir Leute, die es mitangesehen hatten. Aber Australien ist längst schon auf ein Alltagsniveau heruntergekommen; die Goldgruben sind zwar noch da, aber man kriegt das Gold nicht mehr ohne Arbeit.

Jede der australischen Kolonien regiert sich heutzutage selbst, ganz unabhängig vom Mutterland. England schickt wohl noch Gouverneure in jede Kolonie; aber diese haben mit Regieren nichts zu tun; das Volk regiert. Der Gouverneur ist nur so eine Art Luxusfigur, und seine Aufgabe ist, sich populär zu machen, Bälle und Feste zu geben, Prinzen und andere große Persönlichkeiten zu empfangen, wenn sie den Kolonien Besuch abstatten, und englische Offiziere herzuschaffen für die australischen Erbinnen!

Sydney, 12. Oktober 1894.

Wenn ich dir sage, daß ein Übermaß von Arbeit schuld daran ist, daß ich so lange nicht geschrieben habe, wirst du es mir kaum glauben, und doch ist dem so. Es ist ganz unerhört, was so eine Lehrerin in einer Privatschule leisten muß. Nirgends vergeht die Zeit so schnell wie in der geschäftigen Monotonie des Schullebens. Von Schulmonotonie sollte man eigentlich bei Miß Wallis nicht reden; denn sie ist weitaus die geselligste Schuldirektorin, die ich kennengelernt habe. Jeden Mittwoch hat sie Gesellschaftsabend, zu dem auch wir Lehrerinnen geladen werden und der sehr unterhaltend ist, weil Miß Wallis es versteht, interessante Menschen um sich zu versammeln.

Was für ein Gesicht wirst du aber erst machen, wenn ich dir sage, daß sie auch Gesellschaften und Bälle für die Mädchen gibt, und zwar nicht etwa Kinderbälle, sondern solche, zu denen die *Jeunesse dorée* von Sydney geladen wird? In Europa würde so etwas Entrüstung hervorrufen; aber hier scheinen Schulbälle ganz Brauch zu sein. Das australische Mädchen wird eben ganz anders erzogen als das europäische. Es tritt viel früher als unabhängiges Persönchen auf, darf als Backfisch mit seinen männlichen Bekannten ins Theater, ins Konzert oder spazierengehen. Vor einiger Zeit gab Miß Wallis einen Ball zu Ehren des Grafen von Moltke und seiner Offiziere, deren Schiff gerade im Hafen war. Am nächsten Tag fragte mich eines unserer allernettesten Mädchen: „Miß Bögli, sind Sie je in Deutschland gewesen?"

„O ja, oft; warum?"

„Finden Sie nicht, daß die deutschen Männer sehr dumm sind?"

„Nein, das fand ich nie; und euer Carlisle nennt ja die Deutschen die Nation der Denker. Aber warum findest du sie dumm?"

„Gestern abend machte ich einem der Offiziere, mit dem ich getanzt hatte, den Vorschlag, ein wenig mit mir im Garten spazierenzugehen, weil es im Saal so furchtbar heiß war, und was denken Sie, was er mir zur Antwort gab? ‚Bleiben wir lieber hier, Fräulein; Miß Wallis würde es jedenfalls nicht gern sehen, wenn wir in den Garten gingen.‘ Aber Miß Wallis sieht es ja gar nicht, sagte ich. Da lächelte er nur so einfältig und sagte noch einmal: ‚Nein, bleiben wir lieber hier!‘ Nun sagen Sie mir, ob das nicht ein dummer Mensch war.“

„In jedem Fall ist besagter Offizier ein Gentleman, der die Gesetze der Gastfreundschaft zu ehren weiß“, sagte ich zu dem Mädchen; aber es sah mich verständnislos an und machte dann Kehrum mit einer Miene, die deutlich sagte: „Was sind doch diese Europäer für Dummköpfe!“

Ich hoffe nur, besagter Offizier nimmt nicht eine zu schlechte Meinung von den australischen Mädchen mit nach Deutschland hinüber. Das junge Ding, das ihm eine Mondscheinpromenade vorschlug, ist ganz so rein und unschuldig wie seine junge Schwester zu Hause; es ist nur anders erzogen.

Zum Schluß muß ich dir noch eine große Neuigkeit mitteilen. Ich schäme mich fast, es zu sagen; darum habe ich es jedenfalls auch bis ans Ende verschoben. Denke dir nur, zu Weihnachten werde ich schon wieder die Stelle wechseln. Miß Wallis zieht nämlich mit ihrer ganzen Schule auf das Land, und zwar so weit von Sydney weg, daß es mir unmöglich wäre, meine Stunden in der Stadt zu behalten, wenn ich mitzöge. So nehme ich denn eine Stelle als Hauslehrerin bei zwei lieben jungen Mädchen an, die schon dieses Jahr meine Schülerinnen hier in der Pension waren. Es tut mir zwar leid, Miß Wallis zu verlassen; aber ich glaube nicht, daß ich eine schlechte Wahl getroffen habe.

Gragin, 8. Januar 1895.

Da bin ich wieder, einige hundert Meilen von Sydney, auf einem Squattergute zu Besuch. Diesmal in einer ganz anderen Gegend als die, wo ich letztes Jahr war, nämlich im Norden an der Grenze von Queensland und unweit von dem zweitgrößten Flusse Australiens, dem Darling. Die Gegend ist daher hier auch nicht so dürr und öde, wie dies meistens im Innern der Fall ist. Einige zwanzig Meilen von hier kann sich das Auge sogar an schönen Weingärten und Weizenfeldern weiden.

Auch die Reise von Sydney hinauf per Eisenbahn war viel schöner, als es australische Eisenbahnreisen gewöhnlich sind; sie führte durch eine der fruchtbarsten Gegenden des Kontinents, Neuengland, das Land der Farmer, die fast ganz Neusüdwales mit Butter, Obst und Getreide versehen. In dieser Gegend, das heißt zwischen dem Gebirge und dem Meer, hat man nämlich meist Wasser genug, weil da mehrere kleinere Flüßchen sind, die allerdings im Sommer meist austrocknen, aber doch das Land genügend zu bewässern scheinen. In der Regenzeit schwellen sie dann aber auch so an, daß Überschwemmungen fast periodisch sind. Die Gaben der Natur sind hier schlecht verteilt: Der Squatter leidet fast jedes Jahr an Trockenheit und sein bescheidenerer Vetter, der Farmer, an zuviel Wasser.

Von der letzten Bahnstation ging dann die Reise noch zwölf Stunden per Postkutsche über das Waterloogebirge. Ich hatte mir den Platz neben dem Postillon auf dem Bock ausgebeten, und es kam ein wahrer Schulbubengeist über mich, wie ich da von meiner stolzen Höhe die schöne Welt an mir vorüberziehen sah. Ich bin nämlich nie vorher per Postkutsche gereist. Es hatte also den Reiz des Neuen für mich. Ich muß aber gestehen, daß ich schon lange, bevor wir an der letzten Poststation anlangten, zu der Erkenntnis gekommen war, daß die Eisenbahn doch eine vortreffliche Einrichtung sei.

An der Poststation erwartete mich eine ganze Gesellschaft aus Gragin. Wir blieben aber im Städtchen über Nacht und zogen erst den nächsten Tag weiter. Diesmal waren Wagen und Reitpferde da; ich konnte wählen. Ich entschloß mich für den Wagen, denn das Reiten gehört noch immer nicht zu meinen Passionen.

Gragin ist eine echte Squatterstation, wo auch keine Landwirtschaft getrieben wird; aber obst- und gemüselos wie in Lake Cowal ist man hier doch nicht; Herr Gordon hält chinesische Gärtner, und wo solche sind, wächst und reift immer etwas. Mit einem von ihnen, der etwas besser Englisch kann als die andern, habe ich sogar Freundschaft geschlossen. Wir streiten uns zwar jedesmal, wenn wir zusammenkommen; aber sonderbarerweise leidet unsere Freundschaft gar nicht darunter. Unser Gesprächsthema ist nämlich immer der koreanische Krieg, von dem er Kenntnis hat, was sonst bei den chinesischen Arbeitern gar nicht der Fall ist. Jeden Tag, wenn die Zeitungen kommen, bringe ich ihm triumphierend die Kriegsneuigkeiten; denn natürlich vertrete ich Japan, und die Japaner siegen ja stets. Mein Freund behauptet aber immer, daß die Chinesen am Ende doch gewinnen werden; denn eine Nation, welche, wie die Japaner, die verweichlichte Zivilisation des Westens – Weiberzivilisation nennt er sie mit einer ungemein verächtlichen Miene – nachäfft, kann unmöglich viel wert sein, meint er. Wir haben während unseres Zungenstreites meist ein Blumen- oder Gemüsebeet zwischen uns, das ich Korea nenne, und der Streit endet immer damit, daß er sein

Korea behält und ich mich mit einem Körbchen Früchte als Aussöhnungszeichen zurückziehe.

Einsam und ruhig wie die Güter, wo ich letztes Jahr war, ist Gragin auch gar nicht. Kaum ein Tag vergeht, daß wir nicht fremde Leute im Hause haben. Es ist nämlich zwischen einem kleinen Landstädtchen und der Poststation gelegen; daher steigen alle, die wegreisen oder ankommen, hier ab, um auszuruhen, sich zu erfrischen und oft sogar die Nacht hier zu verbringen. Leute, die man nie gesehen, von denen man nie gehört, kommen her, ganz *sans façon*, als ob Gragin ein Hotel wäre. Mitunter sind die Leute angenehm und interessant, sehr oft aber auch nicht, und mich würde es furchtbar langweilen, wenn ich da alle Tage für Leute, die mich nichts angehen und die mir nur zu oft nicht sympathisch sind, Wirtin spielen sollte; aber Herr und Frau Gordon tun es mit einer unverwüstlichen Liebenswürdigkeit! Ja, in Gastfreundschaft tut es den Australiern niemand nach.

Gegenwärtig haben wir einen sehr interessanten Besuch in der Person eines jungen Professors der Universität Sydney, Dr. Martin, der hierherkam, um das Gift der Darlingerbse, die hier ganz besonders gedeiht, zu studieren. Die Darlingerbse, deren Blüte ganz derjenigen der gewöhnlichen Erbse gleicht, ist eine kleine, sehr giftige Pflanze, welche für die Tiere, besonders für die Schafe, tödlich ist. Die armen Dinger werden melancholisch davon, hören auf zu fressen und sterben, sozusagen vor Hunger. Ein Heilmittel dafür hat man noch nicht gefunden; doch erwartet man, daß Dr. Martin, nachdem er das Gift und seine Wirkung studiert hat, ein Gegengift finden wird. Der gelehrte Professor studiert auch eifrig die Tigerschlangen – die giftigste aller australischen Schlangen. Man sieht ihn spazierengehen mit einer ganz unschuldig aussehenden schwarzledernen Reisetasche, in welcher er stets ein oder mehrere dieser Ungeheuer nach Hause bringt. Wie ich mich vor Dr. Martin fürchte, wenn er seine Tasche bei sich hat! Er hat uns erzählt, daß man mit dem Gift einer Tigerschlange in weniger als einer Minute 1500 Kaninchen vergiften könnte, so stark ist es. Schade, daß er die Kaninchen nicht zur Hand hat; denn da würden ihn gewiß sämtliche australische Squatter und Selektoren, obwohl sie meist nüchterne Protestanten sind, zu ihrem Schutzheiligen erheben. Apropos Schlangen! Denke dir nur, die Leute halten hier Schlangen – natürlich unschuldige, aber immerhin Schlangen – als Mäuse- und Rattenfänger in den Speisekammern, wie wir Katzen halten!

Die Woche zwischen Weihnachten und Neujahr verbrachte ich auf einem Nachbargut, ungefähr fünfzig Meilen von hier. Dort war gerade Schurzeit, und es ging daher ganz ungewöhnlich lebhaft zu. Von allen Ecken und Enden des Gutes – und es ist ein Gut, auf dem man eine halbe Million Schafe hält – wurden die Schafe hergetrieben und nach vollbrachter Operation wieder auf ihre nahen und fernen Weiden geschickt. Was für ein Lärm da oft entstand! Fünfzig Scherer waren da, nebst einer großen Anzahl Handlanger und anderer Arbeiter, und die Dampfmaschine summte den ganzen Tag. Man hätte sich in einer betriebsamen Fabrikstadt glauben können. Stunden verbrachte ich in der Scheune, um dem Treiben zuzusehen. Mit der Uhr in der Hand beobachtete ich jeden der fünfzig Scherer, um zu sehen, wie lange ein jeder brauchte, um ein Schaf zu scheren. Der behendeste brauchte gerade drei Minuten und der langsamste fünf und eine halbe – per Maschine natürlich. Für hundert Schafe bekommen sie 25 Franken. Da kannst du ausrechnen, was so ein Scherer für Geld machen kann. Nur findet er natürlich nicht das ganze Jahr Arbeit. Der Dreiminutenmann ist ein ehemaliger österreichischer Offizier. Es wäre interessant zu hören, wie der Mensch zum Schafscherer geworden ist! Ob er es wohl bereut, den Säbel gegen die Schere vertauscht zu haben? So schneidig, wie er einst in glänzender Uniform und Schleppsäbel ausgesehen haben mag, sieht er heute in seinem ausgewaschenen roten Flanellhemd nicht aus. Aber jedenfalls bezahlt sich Schererdienst in Australien besser als Soldatendienst in Österreich, und wenn das Glück, wie man sagt, von dem Grade unserer Nützlichkeit abhängt, so muß er hier wohl auch glücklicher sein.

Du hast mich oft gefragt, warum ich nie etwas von den Eingeborenen schreibe. Nun, einfach weil ich noch nie mit solchen in Berührung gekommen bin. Man kann sich jahrelang in den australischen Städten herumtreiben, ohne je einen australischen Neger zu Gesicht zu bekommen. Sie sind eben Kinder der Wildnis, die sich von der Zivilisation so weit wie möglich zurückziehen. Man muß sehr weit ins Innere gehen, um welche zu finden. Übrigens sterben sie schnell aus; es sollen ihrer nur noch einige hundert leben. Ich machte hier die Bekanntschaft eines Fürstensohnes, Prinz Georg, wie man ihn nennt, welcher der Sohn des letzten Königs von Eena und Wallangara ist. Er ist ein ganz netter Mensch für einen Eingeborenen, spricht sehr gut Englisch und hat auch eine gewisse Erziehung genossen in dem Hause eines Engländers, der jetzt über das frühere Königreich seines Vaters regiert. Wie zivilisiert er geworden ist, wirst du begreifen, wenn ich dir erzähle, was für ein hübsches Kompliment er mir kürzlich gesagt hat. Ich saß nämlich bei ihm, während er beschäftigt war, einen Boomerang für mich zu machen – welchen ich dir als Siegestrophäe mit nach Hause bringen werde –, und wir sprachen über die guten alten Zeiten, da Eena und Wallangara noch ein Königreich war. Ich fragte ihn, ob er je Menschenfleisch gegessen habe. „O ja, als ich noch jung war, sehr oft", antwortete er. Nach einer Pause sagte ich: „Nun, Georg, wenn ich in jener Zeit so nahe bei Ihnen gesessen hätte wie ich jetzt, würden Sie mich aufgefressen haben, wie?"

„Nein, Madame, ich würde Sie zur Königin von Eena und Wallangara gemacht haben", antwortete mir der galante Königssohn. So zivilisiert mein Freund auch ist, so kann er sich doch in unsere Lebensweise nicht recht einfinden. Für einige Wochen oder Monate geht es schon; plötzlich aber überkommt ihn eine unwiderstehliche Sehnsucht nach absoluter Freiheit; er wirft seine Kleider ab und flüchtet hinaus in die Wälder zu seinen Leuten. Doch kommt er nach einigen Wochen wieder zurück zu seinen weißen Freunden und seinen Kleidern.

Für einige Tage fuhr ich auch mit einer Dame meiner Bekanntschaft auf ein abgelegenes Gut ihres Mannes, das über der Grenze in Queensland liegt. Dort in der Nähe haust noch der Rest eines einst mächtigen Volksstammes, die aber heute ganz ungefährliche Leutchen sind. Als sie hörten, daß weiße Frauen angekommen seien, wünschten sie uns zu sehen, gerade so sehr, wie wir sie; aber es wurde ihnen gesagt, daß sie sich nicht ganz unangekleidet zeigen dürften. Nun bestand aber die Garderobe des ganzen Stammes nur in einem alten Unterrock und einem Paar Hosen, die sie am Hofe geschenkt bekommen hatten. Sie konnten sich daher nur zu zweien vorstellen. Daß es ihnen gar nicht drauf ankam, wer die Hosen und wer den Rock trug, versteht sich von selbst. Schön sind die Leute nicht, das kann ihnen die vorurteilsloseste Person nicht nachsagen. Die Frauen sind noch häßlicher als die Männer, meist furchtbar mager, mit solch unproportioniert langen Gliedern, daß sie Affen mehr ähnlich sehen als Menschen. Übrigens scheinen wir ihnen auch nicht besser gefallen zu haben als sie uns. Ich versuchte mit einem jungen Mann ein Gespräch anzufangen und lächelte ihn zu diesem Zweck mit dem liebenswürdigsten Lächeln an, dessen ich fähig bin; doch er sah mich zuerst erschrocken an und nahm dann plötzlich heulend Reißaus. Von nun an werde ich es nie mehr versuchen, unter den Eingeborenen Eroberungen zu machen.

Westmaitland, 25. Januar 1895.

Schon gestern sollte ich in Sydney sein, bin aber sozusagen hier in Gefangenschaft, und die Götter wissen allein, wann ich meine Freiheit wieder erlangen werde! Der Fluß Hunter ist auf seinem kurzen Laufe zum Meer über seine Ufer getreten, und die ganze Gegend zwischen hier und New Castle ist unter Wasser. Es war keine angenehme Überraschung für mich, als man uns gestern abend, wie der Zug hier ankam, anzeigte, daß wir aussteigen und hierbleiben müßten, weil die Bahnlinie südlich von hier weggewaschen sei. Da mir Maitland ganz fremd war, begab ich mich zum Bahnhofsvorstand, um ihn zu bitten, mir den Namen eines guten Hotels zu geben.

„Sie werden in keinem Hotel ein Unterkommen finden", sagte der Mann, „denn seit gestern sind alle Züge hier angehalten worden, und die Stadt ist übervoll von Fremden."

„Können Sie mir vielleicht die Adresse von jemand geben, der Zimmer zu vermieten hat?" erkundigte ich mich weiter. Doch der Mann schien in sehr schlechter Laune zu sein; denn mit einem kurzen, ungeduldigen „Nein, ich kenne niemand" drehte er sich um und ging davon.

Was war nun zu tun? Ich kannte niemand in Maitland. Es war Nacht. Der Regen floß noch immer in Strömen, und ich war hungrig und furchtbar müde, denn seit 36 Stunden war ich nicht aus den Kleidern gekommen – und feuchten Kleidern noch dazu –, und all diese Zeit hatte ich nicht eine Gelegenheit, mich hinzulegen. Den Tag zuvor hatte ich größtenteils zu Pferd verbracht – da die Landwege für Fuhrwerke ungangbar gemacht worden sind durch den Regen –, die ganze Nacht in einer Postkutsche und heute wieder den ganzen Tag in einem gefüllten Eisenbahnabteil. Die Postfahrt war ganz besonders ermüdend und unangenehm, weil ich sie in unausstehlicher Gesellschaft machen mußte. Meine Mitreisenden waren drei Männer – allem Anschein nach Geschäftsreisende –, welche schon bei meinem Eintritt nicht ganz nüchtern schienen und gleich Händel anfingen mit Herrn Gordon – der mich bis an die Kutsche begleitet hatte –, weil dieser Herr, als er sah, daß keiner von ihnen Miene machte, seine Pfeife wegzulegen, sich erlaubte zu sagen: „Meine Herren, Sie wissen hoffentlich, daß Gentlemen in Gegenwart von Damen nicht rauchen."

Nun legten sie zwar ihre Pfeifen weg; aber kaum war die Kutsche im Gang, als sie mich um die Erlaubnis baten, rauchen zu dürfen. Ich hatte den Mut – du wirst es vielleicht Grausamkeit nennen –, nein zu sagen; denn es eine ganze Nacht in einem engen geschlossenen Wagen mit drei rauchenden Männern auszuhalten, schien mir unmöglich. Um sich aber für das Rauchen zu entschädigen, ließen sie an jedem Wirtshaus auf dem Weg halten, um sich zu erfrischen, und brachten jedesmal einen solchen Brandygeruch mit zurück, daß mir ganz übel wurde. Ungefähr um Mitternacht, als wir wieder an einem Bergwirtshaus hielten, fragte mich einer der drei, ob er mir nicht eine Tasse Tee oder Kaffee bringen dürfe; doch ich dankte ihm sehr kurz und bündig. Der Mensch wollte aber absolut galant sein und brachte eine Tüte voll Früchte, die er mir anbot. Aber ich empfand in jenem Augenblick einen solchen Ekel vor allem und besonders vor dem ganzen männlichen Geschlecht, daß ich es nicht einmal über mich brachte, seine Gabe freundlich abzuweisen, sondern in einem Ton, welcher gewiß weit mehr sagte als die Worte, erwiderte ich: „Nein, danke, und bitte, bleiben Sie in Ihrer Ecke." Glücklicherweise gehorchte er, ohne ein Wort zu sagen, und bald schlief das Trio ein und wachte nicht auf, bis wir an die Bahn kamen. Aber an Ruhe war für mich dennoch nicht zu denken, und nur die Aussicht, daß ich mich die nächste Nacht in meinem guten Bett in Sydney ausschlafen würde, half mir einigermaßen über die Müdigkeit hinweg. Und nun sah ich mich statt in dem erhofften Hafen der Ruhe in einer fremden Stadt, nachts, allein, hungrig und obdachlos! Was in der Welt sollte ich nun anfangen? Plötzlich kam mir eine brillante Idee. Maitland, sagte ich mir, ist eine Stadt von einigen 10000 Einwohnern. Unter so vielen Menschen werden gewiß solche sein, die sich einer Obdachlosen annehmen werden; ich muß sie nur finden. Mit diesem Gedanken näherte ich mich einem Fiaker und sagte dem Kutscher: „Ich suche ein Nachtquartier, und da, wie es scheint, alle Hotels voll sind, fahren

Sie mich im besten Teil der Stadt von Haus zu Haus, bis ich ein Unterkommen gefunden habe." Der Mann legte, ohne auch nur das geringste Erstaunen zu zeigen, einen Finger grüßend an seinen Hut, sprang auf den Bock und fuhr davon. Er lenkte bald in eine sehr hübsche Straße ein, und vor dem ersten Haus, das festlich beleuchtet war und von dem Musik und Gesang herübertönte, machte er halt, ging selbst an die Türe, und ich hörte ihn fragen, ob sie einer jungen Dame ein Nachtlager bieten könnten. Die Frage brachte bald einen Schwarm von Leuten an die Haustür. Was mein Führer ihnen erzählte, konnte ich nicht verstehen; aber eine ältere Dame kam zu mir hinaus und sagte mir, wie leid es ihr tue, einer Fremden nicht Gastfreundschaft bieten zu können, denn ihre Söhne seien eben von der Hochschule zurückgekehrt und hätten einige Freunde mitgebracht, so daß das Haus nicht nur voll, sondern übervoll sei. Wie wir dann aber weiterfahren wollten, bat sie uns, noch einen Augenblick zu warten, da ihr eben etwas eingefallen sei. Sie ging ins Haus und kam bald mit einem Brief zurück, den sie meinem Führer gab, indem sie ihm sagte, wohin er fahren solle. Einige Minuten später hielten wir vor einem netten kleinen Häuschen. Der Kutscher ging wieder an die Türe und parlamentierte dort mit jemand, den ich nicht sehen konnte. Nach einer Weile kam eine kleine, alte, fast schüchtern aussehende Dame an den Fiaker und sagte: „Wir haben nicht viel Platz; aber da Frau S. es wünscht, werden wir versuchen, es Ihnen bei uns bequem zu machen", und als ich dann freudig und vielleicht nicht sehr würdevoll aus dem Wagen sprang, fragte sie mich: „Ist Frau S. eine Freundin von Ihnen?"

„Sie muß es sein, da sie so gut für mich war; aber wir kennen uns eigentlich erst seit wenigen Minuten", antwortete ich ihr. Ich weiß nicht, ob das Geständnis beruhigend war für die zaghafte alte Dame; aber wenigstens erlaubte sie mir zu bleiben, und so bezahlte ich denn meinen Fiaker und dankte ihm aufs herzlichte; denn ich fand, daß er der artigste der vielen artigen Fiakerkutscher war, mit denen ich schon zu tun hatte.

Meine Wirtin scheint aber meine gute Meinung über Fiakerkutscher nicht zu teilen, denn kaum hatte sie mich in mein Zimmer gebracht, als sie mich fragte: „Sind Sie je in einer großen Stadt gewesen?"

„O ja, in einigen der größten."

„Und sind Sie immer so vertrauensvoll, daß Sie den Fiakerkutschern erlauben, Sie zu führen, wohin sie wollen?"

„Ich war noch nie in einer ähnlichen Lage wie heute. Warum? Ist es gefährlich, Fiakerkutschern zu trauen?"

Nun erzählte mir die alte Dame eine ganze Reihe von Schauergeschichten, die sie wahrscheinlich Detektivromanen entnommen hat, wo Fiakerkutscher die abscheulichsten Rollen spielen. Zum Schlusse sagte sie noch: „Bei uns ist es ja nicht so gefährlich, denn die Stadt ist klein, und wir kennen unsere Leute, aber ich rate Ihnen, vorsichtig zu sein, wenn Sie in einer großen Stadt sind."

Der Rat war gut gemeint; aber ich hoffe doch, daß ich ihn schleunigst vergessen werde. Das Leben wäre ja gar nicht lebenswert, wenn man von jedem Menschen, den man nicht von Adam und Eva an kennt, nur das Schlechteste erwarten sollte. Nein, ich will lieber die Menschen für gut halten, bis ich durch eigene Erfahrung herausgefunden habe, daß sie es nicht sind, selbst wenn ich dadurch leiden sollte. Ist es nicht besser, zu straucheln, während man einen schönen Sonnenuntergang oder sonst was Schönes bewundert, statt immer in den Staub vor seinen Füßen zu sehen? Übrigens, sollten nicht meine eigenen Lebenserfahrungen mich in meinem Glauben an die Menschheit bestärken? Wo ich nur hinkomme, finde ich gute Menschen, und in allen Klassen der menschlichen Gesellschaft. Man nehme nur wieder meine diesmalige Erfahrung: Gestern, wie ich ankam, kannte ich keine Seele in Maitland, heute habe ich schon mehrere gute Freunde. Frau S., meine erste Maitlandfreundin, kam nämlich noch gestern abend, um nachzusehen, ob ich ein Obdach gefunden habe, und heute führten mich zwei ihrer Töchter in der Stadt umher, um mir die Sehenswürdigkeiten zu zeigen. Und ich sollte an der Menschheit zweifeln? Nein, noch nicht!

Astolat, Sydney, 4. August 1895.

Es ist wahrhaftig kein Wunder, daß du mich für tot gehalten hast, da ich sechs Monate lang kein Lebenszeichen mehr von mir gegeben. Doch „keine Nachricht ist ja gute Nachricht" sagt das Sprichwort, und das hat sich, wenigstens diesmal, bei mir bewährt. Nicht nur bin ich nicht krank gewesen, sondern ich bin auch sehr glücklich in Astolat, glücklicher als ich seit Jahren war. Ich stecke zwar immer bis über die Ohren in Arbeit, jetzt sogar mehr als zur Zeit, da ich noch in Privatschulen war; aber meine Arbeit ist ein Vergnügen, weil nichts als Friede und Eintracht um mich herrscht. Ich habe nämlich die nicht ganz geringe Aufgabe übernommen, die zwei Töchter des Hauses sowie drei ihrer Freundinnen aus der Nachbarschaft – Nichten der berühmten Sängerin Melba – auf das Universitätsexamen für nächstes Jahr vorzubereiten. Die zwei Nachmittage, die ich in der Ashfieldschule zubringe, kommt ein Lehrer her für Mathematik; aber alle andern Fächer gebe ich selbst, und da ich schon viel aus meiner Studienzeit vergessen habe, so muß ich jeden freien Augenblick an meiner Selbstbildung arbeiten, so daß ich über meiner kleinen Schule und meinen Studien oft die Außenwelt ganz vergesse. Aber wie schon gesagt, ich bin glücklich; denn meine Fünferklasse besteht aus lauter Mädchen, die nicht nur sehr arbeitsam, sondern auch sehr intelligent sind und die in mir nicht nur ihre Lehrerin, sondern auch ihre beste Freundin sehen. Nicht ein Hauch stört die Harmonie unseres Zusammenarbeitens. Auch die Eltern meiner Zöglinge lassen nichts zu wünschen übrig. Verständigere Eltern und liebenswürdigere Menschen gibt es auf dem Erdenrund nicht. Das Familienleben ist ideal. Wie sollte man da nicht glücklich sein?

Doch genug über mich selbst! Mit der heutigen Post schicke ich dir die Photographie eines lachenden Jakaß oder Hookabuna, wie ihn die Eingeborenen nennen. Ein schöner Vogel ist es nicht, wie du siehst, mit seinem enormen Kopf und dem langen Schnabel auf dem kleinen Körper. Aber wenn er nicht schön ist, so ist er sehr nützlich; denn einen besseren Schlangenvertilger als den lachenden Jakaß gibt es nicht. Er hat so scharfe Äuglein, daß er vom Gipfel des höchsten Baumes eine Schlange im Gras erspäht; wie ein Pfeil stürzt er dann auf sie herunter und tötet sie mit seinem langen Schnabel. Deswegen ist das Schießen der Jakasse auch gesetzlich verboten. Was sein Lachen betrifft, so ist es wirklich ganz menschlich. Es ist ein kurioses Gefühl, wenn man so allein im Wald sitzt und plötzlich ganz in der Nähe ein bacchantisches Gelächter hört, ohne daß man jemand sehen kann. Einige Leute behaupten, es sei ein ansteckendes Lachen, aber mich ärgert es immer. Es klingt, wie wenn sie einen auslachten. Vor zwei Jahren hatte ich vor meinem Fenster einen Baum, der ein Rendezvous der Jakasse war. Jeden Morgen um fünf Uhr fing einer zu lachen an, und gleich stimmte der ganze Baum voll mit ein – und es war, als ob Hunderte da wären. Der Lärm zerriß mir fast die Ohren. Da das Fenster immer offen war und sie mich im Bett sehen konnten, bildete ich mir ein, sie lachten über mich, und das ärgerte mich so, daß ich jedesmal aufstand. Ihnen verdanke ich daher eine gute Gewohnheit; denn ich stehe seither immer um fünf Uhr auf.

Wir sind hier alle froh, daß der Winter fast vorüber ist; denn das war der abscheulichste Winter, den die Australier je gehabt haben, kalt und trocken. Obwohl die Wintermonate die eigentliche Regenzeit für Australien sind, ist dieses Jahr seit Monaten kein Tropfen Regen gefallen. Die Squatter sind in Verzweiflung. Einer meiner Bekannten hat in den letzten Wochen 200000 Schafe verloren!

Wenn ich sage, daß es kalt sei, darfst du natürlich nicht an norddeutsche Kälte denken; aber wir leiden vielleicht mehr in den Häusern als ihr, ganz besonders wenn der Südwind bläst, der kein Winkelchen unausgefegt läßt; denn leider sind die Häuser hier nicht sturmdicht gebaut. So hat selbst das Land der ewigen Rosen seine Schatten- oder, besser gesagt, Winterseiten!

Hobart, Tasmanien, 20. Januar 1896.

Hier bin ich auf der südlichsten bewohnten Insel der südlichen Halbkugel, und doch habe ich das Gefühl, als ob ich in Europa wäre, so gemütlich und heimelig ist dieses grüne, freundliche Eiland der Südsee. Tasmanien hat durchaus nichts gemein mit Australien, obwohl es, wie uns die Wissenschaft lehrt, einst ein Teil des australischen Kontinents gewesen sein soll. Es gleicht vielmehr einem Stück England. Die Beschaffenheit des Landes, die Pflanzenwelt, die Leute, ja selbst die Temperatur erinnern an den südlichen Teil der Britischen Inseln. Während gegenwärtig in Australien eine alles versengende Hitze herrscht, ist es hier angenehm kühl, ja mitunter fast kalt. Ich habe also ganz gut getan, Tasmanien als Sommerfrische über die Ferienzeit zu wählen.

Daß das Klima außerordentlich gesund ist, davon zeugt alles, was man sieht. Alles ist blühend, die Leute sowohl wie die Vegetation. Noch nirgends habe ich so viele frische, rosige, zufriedene Gesichter gesehen wie hier. Auch sind die Tasmanier von einer wohltuenden Gemütlichkeit. Hier sieht man nichts von jener fieberhaften Eile, jenem Rennen und Jagen, das einen in Australien gegen seinen Willen mit in den Strudel reißt und so ermüdet. Man nimmt das Leben ruhig und gemach. Selbst die elektrischen Straßenbahnen gehen so langsam, daß ich, wenn es gerade Essenszeit ist und ich sehr hungrig bin, gewöhnlich aussteige, um schneller nach Hause zu kommen. Die Hobarter haben es nämlich noch nicht zu einer Doppellinie gebracht, so daß an den Kreuzungsstellen des Wartens kein Ende ist. Bei den Tasmaniern scheint eben Zeit noch nicht Geld zu sein. Das Warten hat daher für sie durchaus nichts zu sagen; man vertreibt sich im Gegenteil die Zeit sehr angenehm in einem Gespräch mit seinen Mitreisenden, ob man sich gegenseitig kennt oder nicht. Diese guten Hobarter sind nämlich alle sehr gesprächig, wie ja gemütliche Leute es immer sind. Nie gehe ich in ein Geschäft, ohne die Neugierde der Leute darin zu erwecken; man will immer wissen, wo ich wohne, woher ich komme, wie lange ich zu bleiben gedenke etc. Als Revanche geben sie mir dann stets auch einen guten Teil ihrer Familiengeschichte und die der Freunde und Nachbarn bekannt, so daß ich während der sechs Wochen meines Hierseins zu der größeren Hälfte der Stadtchronik gekommen bin. Natürlich ist Hobart keine Großstadt wie Sydney oder Melbourne, aber es hat immerhin etwas über 30000 Einwohner und ist die Hauptstadt der Insel, was ihr auch eine gewisse Würde verleiht.

Unvergleichlich schön liegt die Stadt am Fuße des stolzen, meist schneebedeckten Mount Wellington und an einem Hafen, der an Schönheit dem Sydneyer Hafen nicht viel nachsteht. Schön und lieblich ist aber auch die ganze Insel – die Westküste ausgenommen. Überall eine üppige Vegetation. An Wasser fehlt es nämlich in Tasmanien nicht. Die Insel hat auf wenigen Quadratmeilen mehr Süßwasserseen als der ganze australische Kontinent auf seinen drei Millionen Quadratmeilen, und viele große Flüsse durchziehen die Insel.

Es wäre das eigentliche Land der Landwirte; denn alle Getreidearten sollen vortrefflich gedeihen, und durch sein Obst, ganz besonders seine Äpfel, ist ja Tasmanien fast weltberühmt. Jeden Herbst werden viele Schiffsladungen von Äpfeln nach Europa geschickt. Auch Bauholz ist ein bedeutender Exportartikel; denn Tasmanien ist auch, wie Kalifornien, ein Land der großen Bäume, meist Eukalypten, die nicht selten die Höhe von

280 bis 300 Fuß erreichen und einen ebenfalls kolossalen Umfang haben.

Außer Obst und Holz wird aber erstaunlich wenig exportiert aus diesem fruchtbaren Inselreich. Dieses Ländchen, welches nicht weniger als 26000 englische Quadratmeilen * – meist fruchtbaren Boden – und eine Einwohnerschaft von nicht ganz 150000 Menschen hat, produziert nicht einmal Getreide genug für seine Handvoll Einwohner! Der Engländer ist eben in dieser Beziehung dem Juden nicht unähnlich; Landwirtschaft ist für ihn ein zu langsamer und zu mühsamer Gelderwerb; solange er auf andere Weise auskommen kann, wird er nicht zum Pfluge greifen. Die männliche tasmanische Jugend verläßt meist die Insel, um in den Gold- und Silbergruben des australischen Kontinents ihr Glück zu suchen; daher nimmt die Bevölkerung und die Landwirtschaft hier eher ab als zu. Was die schwarzen Urbewohner der Insel betrifft, so gibt es ihrer schon lang keine mehr. Die letzte dieser Rasse, die Königin Tucanini, soll im Jahr 1878 gestorben sein. Heute ist die Insel fast nur von Engländern und Schotten bewohnt.

Als Tasmanien noch eine Strafkolonie war, soll die Landwirtschaft sehr hoch gestanden haben, denn damals mußten die Gefangenen das Land bearbeiten. Aber im Jahr 1854 hat England auf Verlangen der freien Kolonisten die Deportation nach Tasmanien eingestellt und, um den Schandfleck etwas zu tilgen, zu gleicher Zeit die Insel mit ihrem jetzigen Namen getauft. Früher hieß sie nämlich Van-Diemens-Land, welcher Name eben als derjenige einer Sträflingskolonie in der ganzen Welt einen so traurigen und schlechten Ruf erlangt hatte, daß

* 68,334 Quadratkilometer. (Die Schweiz hat 41,469.)

die weißen Insulaner die englische Regierung um einen anderen baten. So erhielt sie denn den Namen Tasmans, des holländischen Seefahrers, welcher im Jahre 1642 dieses freundliche Eiland entdeckte. Heute erinnert nichts mehr daran, daß dieser friedliche, blühende Garten des Südlichen Ozeans einst die verfluchteste Stätte der Welt war.

Astolat, Sydney, 1. August 1896.

Heute ist ein großer Tag in Astolat, denn die Morgenzeitungen brachten die Namen der erfolgreichen Kandidaten im letzten Universitätsexamen – ungefähr dasselbe, was bei uns Maturität genannt wird –, und die Namen meiner fünf Mädchen sind auf der Liste. Sogar zwei Medaillen sind uns zugesprochen worden. Auch meine Ashfield-Klasse, die ich im Französischen auf das Examen vorbereitet habe, hat es glänzend bestanden. Nun kann ich doch mit Ehren von meinem australischen Kampfplatz abtreten; das ist die größte Genugtuung, die ich mir wünschen konnte.

Ich hatte diesen Nachmittag die Besuche von zwei Schulvorsteherinnen, die mich auf nächstes Jahr engagieren wollten; doch darf ich mich jetzt nicht mehr zum Bleiben überreden lassen, wenn ich auf meiner zehnjährigen Welttour auch andere Länder gehörig sehen will. Ich mußte daher ablehnen, aber freuen tut es mich doch, daß die Australier mich so gern behalten möchten.

Mit was soll ich nur jetzt meinen Geist beschäftigen bis zu meiner Abreise im Dezember? In den letzten anderthalb Jahren hatte ich den Kopf so voll von Lehren und Lernen, daß ich an gar nichts anderes denken konnte, und obwohl ich auch jetzt noch hier und in Ashfield unterrichte, kommt es mir doch vor, als ob ich nichts zu tun hätte. Vorab gedenke ich mich etwas mehr für das Tun und Treiben der australischen Frau zu interessieren. Die Frauen spielen nämlich hier eine bedeutende Rolle, und wo ein gutes Werk geschaffen wird, ist es meist den Frauen zu verdanken. Ganz unlängst wurden von einigen Sydneydamen die ersten freien Kindergärten gegründet und auf die ärmsten und verwahrlosesten Stadtteile verteilt; in diese nehmen sie die kleinen Kinder auf, die sich sonst den ganzen Tag auf der Straße herumtreiben. Einige der Kindergärtnerinnen sind reiche Damen, die sich aus purer Menschenliebe der edlen Aufgabe widmen.

Gegenwärtig wird hier das Wahlrecht der Frauen auch sehr eifrig besprochen. Die australische Frau verlangt das gleiche Recht, das ihre Schwester in Neuseeland schon seit einiger Zeit besitzt: politische Gleichheit mit dem Manne. Hoffentlich wird sie es auch bald erlangen, denn sie verdient es. Ich bin nicht, was man eine Feministin oder Weiberrechtlerin nennt, habe überhaupt der Frauenfrage noch gar keine Aufmerksamkeit geschenkt. Da ich unter der Männergesetzgebung noch nie gelitten habe, ist es mir im Grunde genommen ziemlich egal, wer die Gesetze macht. Da aber die größere Hälfte der Menschheit aus Frauen besteht, die nicht weniger zurechnungsfähig sind als die meisten Männer, so sehe ich nicht ein, warum diese allein die Gesetze nach ihrem Belieben sollen machen dürfen.

Astolat, Sydney, 15. Dezember 1896.

Ich darf wohl Australien nicht verlassen, ohne dir noch einige Abschiedszeilen von hier zu senden. Du denkst wohl, ich juble auf bei dem Gedanken weiterzuziehen, d. h. der Heimat näher zu rücken. Nein, ich juble gar nicht, sondern bin zum Sterben traurig. Was? Die Heimat ist es ja lange noch nicht, wenn ich ihr auch einige hundert Meilen näher komme, und der Gedanke, in einem fremden, unbekannten Land von neuem den Kampf um das Dasein aufnehmen zu müssen, hat jetzt, da ich weiß, was es heißt, allein und fremd nach Arbeit suchen zu müssen, etwas fast Abschreckendes für mich. Noch nie habe ich so sehr alle Willenskraft aufbieten müssen, um standhaft zu bleiben, d. h. um dem mir selbst gegebenen Versprechen nicht untreu zu werden. Wenn ich im ersten Jahre meines Hierseins hätte weggehen können, mit welcher Freude hätte ich es getan! Aber jetzt, da ich es so gut habe, jetzt, da ich mir eine Stellung geschaffen, da ich gute Freunde und in Astolat eine Heimat gefunden habe, jetzt alles das verlassen und wieder hinausstürmen ins Unbekannte! Mich friert, wenn ich daran denke! Und doch muß es sein! Ich muß zu Ende führen, was ich unternommen, *coûte que coûte*!

Nächsten Montag fahre ich mit dem Dampfer Monowai nach Neuseeland. Jedoch gedenke ich mich nicht länger als einige Wochen dort aufzuhalten. Ich habe Geld genug, um mir einige Monate Ferien erlauben zu können. Ich beabsichtige auch andere Inselgruppen des Stillen Ozeans zu besuchen und mich erst in Amerika wieder in das Arbeitsjoch spannen zu lassen.

Nächsten Montag also, Schlag zwölf Uhr, werde ich dem lieblichen Gestade von Neusüdwales, den vielen guten Freunden und meinen warmherzigen, geliebten australischen Mädchen ein letztes Lebewohl zurufen.

„On se rencontre, on s'aime, puis on se sépare – voilà la vie!"

Auckland, Neuseeland, 26. Dezember 1896.

Einst habe ich geglaubt, wie jedenfalls viele andere Europäer, daß Neuseeland nur so ein guter Sprung von Australien entfernt sei, denn auf den Landkarten sieht es so nahe aus. Aber die Erfahrung hat mich eines anderen belehrt. Wenn es auch nicht so weit ist wie Amerika von Europa, so dauert doch die Reise fast ebensolang. Beinahe eine Woche sind wir auf dem Meer gewesen, von Montag bis heute – Samstag – früh. Die Überfahrt war nichts weniger als angenehm; stürmisch und feucht von Anfang bis Ende, und dazu ein überfülltes Schiff. Neuseeland ist nämlich die Schweiz von Australien. Sobald der Sommer naht, zieht alles, was Zeit und Geld hat, in das schöne und interessante Land der Maoris. Überdies hatten wir außer einer Schar von Touristen noch zwei vollständige Theatergesellschaften an Bord: eine amerikanische und eine englische, so daß auf dem ganzen Schiff kein Winkelchen unbesetzt war. Ich mußte eine winzige Kabine mit drei Schauspielerinnen teilen, und da man wegen der hohen See nicht ein einziges Mal die Fenster öffnen konnte, kannst du dir vorstellen, wie wohl wir uns fühlen mußten!

Wir kamen heute vor Tagesanbruch im Hafen von Auckland an, und die meisten Passagiere gingen schon in aller Frühe ans Land, um ein Unterkommen zu suchen. Aber viele kamen unverrichteter Sache zurück; denn da heute das größte alljährliche Pferderennen in Auckland stattfindet und die Landleute von nah und fern herströmten, um das Schauspiel zu sehen, sollen alle Hotels besetzt sein.

Das war kein guter Bericht für mich, die ich wieder mutterseelenallein und landfremd war. Ich wartete aber dennoch einige Stunden, um den Auckländern Zeit zum Aufstehen und Frühstücken zu geben, und dann machte ich mich zu Fuß auf den Weg; denn da der Dampfer erst um zwei Uhr weiterfahren sollte, konnte ich mein Gepäck einstweilen an Bord lassen. Natürlich fand ich es nicht der Mühe wert, in einem Hotel anzufragen, sondern ich fragte eine Dame, der ich auf der Gasse begegnete und die aussah, als ob sie in Auckland zu Hause wäre, wo die besten Pensionen zu finden seien. Sie wies mich nach der Prinzenstraße, die auf dem Berge liegt. Dort hinauf kletterte ich dann auch und hatte keine Mühe, das zu finden, was ich suchte. Doch war der Empfang nicht ermutigend. „O nein, wir können niemand annehmen; das Haus ist ganz voll", gab man mir zur Antwort. Wie ich ausgesehen haben mag in diesem Augenblick? Jedenfalls mitleiderregend genug; denn mir war, als müßte ich niedersinken. Ich war furchtbar seekrank gewesen die ganze Woche auf dem Meer. Der Weg vom Hafen da hinauf war lang, die Hitze erdrückend. Mir war zu Mute, als ob ich ganz einfach nicht weiter könnte. Glücklicherweise kam die Dame des Hauses, eine mütterlich aussehende alte Schottin, gerade dazu, und mich mitleidig ansehend fragte sie: „Sind Sie allein?"

„Ja allein und ganz fremd hier", war meine Antwort.

„So? Dann kommen Sie doch einen Augenblick herein; ich werde sehen, ob sich etwas für Sie tun läßt. Es wäre grausam, Sie sozusagen auf die Straße zu werfen;

denn heute würden Sie schwerlich ein Unterkommen in Auckland finden. Wenn Sie ein Mann wären, wäre es mir zwar leichter, Sie unterzubringen, denn ich halte nur Herren, weil Damen meist soviel Umstände machen. Aber warten Sie nur ein wenig, ich will nachsehen gehen, was da zu tun ist."

Das sagte sie alles fast in einem Atemzuge, und ich hätte sie umarmen mögen für die guten Worte. Nach einer Weile kam sie zurück und sagte: „Es ist alles gut; ich habe eine Konferenz mit meinen Herren gehabt, und sie haben sich alle bereit erklärt, Ihnen das Wohn- und Musikzimmer abzutreten, ein Opfer, das sie nicht für jedermann bringen würden, ich versichere Sie. Nun holen Sie schnell Ihre Sachen, und mittlerweile wird Ihnen hier ein Bett aufgestellt, und wir werden unser möglichstes tun, es Ihnen bei uns bequem zu machen."

Wie war mein Herz voll Dankbarkeit für die gute Frau Arbuckle und ihre galanten Kostherren, als ich wieder an den Hafen hinunterfuhr, um meine Bündel abzuholen! Hier fand ich aufs neue Ursache zur Dankbarkeit, denn wie ich in den Gang kam, der zu meiner Kabine führte, sah ich einen der Schauspieler von dort herauskommen mit unzähligen Köfferchen und Taschen beladen – darunter auch die meinen. Ich hielt ihn natürlich an und bat ihn um mein Eigentum. Der Ärmste war glücklich, etwas von seiner Last abzulegen. Er wurde nämlich herkommandiert, um in dieser Kabine die Effekten seiner Frau und ihrer Kolleginnen abzuholen. Daß sonst noch jemand in derselben Kabine gewesen, hatte man ihm nicht gesagt, und so nahm er denn alles, was er finden konnte. Natürlich wären meine Sachen nicht verloren gewesen, aber wer weiß, wie lange es gedauert hätte, bis die drei Damen herausgefunden, daß mein Gepäck keiner von ihnen gehörte. Ich darf gar nicht daran denken, welche Angst ich hätte ausstehen müssen, wenn ich nur fünf Minuten später gekommen wäre.

Ist es nicht sonderbar, wie gut es mir selbst in den schwierigsten Lagen immer geht, als ob eine unsichtbare Hand mich führte und schützte! Ich kann nicht umhin zu glauben, daß ein Schutzgeist mich auf meinen Wanderungen begleitet. Könnte es nicht der Geist meines Vaters sein?

Auckland, Neuseeland, 29. Dezember 1896.

Du bekommst nicht oft zwei Briefe in einer Woche von mir; aber es ist auch nicht oft der Fall, daß ich so viel zuhöre und so wenig spreche, wie es in den letzten Tagen geschah. Das Haus ist voll Männer, die alle so gern sprechen, daß mir nur das Zuhören übrigbleibt. Ich fühle daher ein wahres Bedürfnis, mich auch einmal wieder auszusprechen, und da mußt natürlich du herhalten.

Wenn ich sage, die Herren sprechen gern, so muß ich aber auch gestehen, daß meist ich es bin, die sie dazu antreibt; denn ich habe immer unzählige Fragen an sie zu stellen, und ich bin ganz glücklich, einmal Leute genug um mich zu haben, welche imstand und bereit sind, auf alle meine Fragen zu antworten. Die Kostgänger der Frau Arbuckle sind nämlich nicht vorüberziehende Touristen, sondern Neuseeländer, welche hier Anstellungen haben. Fast alle Professionen sind vertreten: Bank- und Postangestellte, Kaufleute, Ärzte, Rechtsgelehrte und sogar Politiker – auch hier gibt es nämlich Professionspolitiker. Sie alle scheinen sich zu freuen über die Gelegenheit, ihr wundervolles Inselreich zu rühmen, so daß ich mich gar nicht mehr scheue, sie mit Fragen zu behelligen. Ich habe viele Chauvinisten gekannt im Leben; aber den Neuseeländern tut es in der Vaterlandsverehrung niemand gleich. Sie behaupten alles zu besitzen, was besitzenswert ist: das schönste und reichste Land, das gesundeste und angenehmste Klima und bei weitem die beste Regierung. Ich habe sie gefragt, ob vielleicht ihre gute Regierung den Frauen zu verdanken sei. Sie lachten über meine Frage, gaben aber zu, daß die Frauen einen sehr gesunden Einfluß auf die Regierung ausüben. Seit sie das Wahlrecht haben, kommen bessere und ehrlichere Männer an die Spitze.

Ich glaube, es ist gar nicht allgemein bekannt in Europa, daß die Neuseeländerin ganz dieselben politischen Rechte hat wie ihr Mann und ihr Bruder. Für keinen Fremden könnte die Frauenemanzipation lange ein Geheimnis bleiben; er braucht nur durch eine der Geschäftsstraßen von Auckland zu gehen und die Messingtafeln neben den Haustüren anzusehen, da wird er solche Namen lesen: Dr. Mary soundso, Fräulein Mabel, Advokat, Frau Amy, Aktienhändlerin usw. Auch weibliche Geschäftsführer finden sich nicht selten, und in einigen der kleinern Orte der Insel haben es die Frauen sogar bis zum Gemeindeamtmann und Ortsvorsteher gebracht. So stehen die Dinge in diesem kleinen Inselreich der Südsee, das wir in unserer europäischen Überlegenheit meist noch zu den Ländern der Dunkelheit rechnen!

Ein enthusiastischer Neuseeländer, mit dem ich heute ein langes Gespräch hatte – d. h. er sprach, und ich hörte zu –, sagte: „Warum sollten wir nicht stolz sein auf unsere antipodische Heimat? Wir haben ja alles: ein Land, das an Schönheit keinem Lande der Welt nachsteht; einen Boden so fruchtbar, daß wir ganz Australien mit Nahrungsmitteln versehen könnten, wenn wir Arbeitskräfte genug hätten. Dabei haben wir noch reiche Kohlen-, Eisen-, Silber- und Goldgruben. Nur das eine haben wir noch nicht, Edelsteine; aber wer weiß, ob mit der Zeit nicht auch noch solche gefunden werden? Sie werden sich eine Idee von unserem Reichtum machen können, wenn ich Ihnen sage, daß sich unsere Staatsschuld auf 50 Millionen Pfund Sterling beläuft und daß wir diese Schuld morgen schon bezahlen könnten, wenn wir unsere Eisenbahnen verkaufen wollten."

Ich machte große Augen, als er das sagte, nicht etwa wegen den 50 Millionen, sondern weil man von mir verlangte, daß ich den Reichtum eines Landes nach seinen Schulden beurteilen solle. Bis jetzt habe ich immer den Mann – und natürlich auch das Land – für den reichsten gehalten, der gar keine Schulden hat. Daß ich plötzlich den schuldenreichsten für den reichsten halten sollte, das ging über mein spießbürgerliches Vermögen!

Gestern fuhr ich nach Mount Eden, einem erloschenen Vulkan in der Nähe von Auckland, von wo aus man eine wunderschöne Aussicht auf die Stadt und den Hafen hat und von wo aus man über fünfzig kleinere und größere erloschene Vulkane zählen kann. Welch großartiges Feuerwerk, wenn es ihnen allen auf einmal einfallen sollte, auszubrechen!

Hast du je von einer Raupe gehört, die sich in eine Pflanze verwandelt? Neuseeland besitzt ein solches Kuriosum. Ich hatte schon in Australien davon gehört, habe sogar solche gesehen; aber da ich immer fürchtete, man wolle mir einen Bären aufbinden, habe ich nie so recht daran glauben wollen. Gestern besuchte ich aber das hiesige Museum und ließ mich sogar von einem der Herren hier im Hause dem Direktor vorstellen, und dieser Herr erklärte mir dann auch den ganzen Prozeß der Verwandlung. Wenn sich die Raupe in einen Boden verkriecht, wo ein gewisser Schwamm wächst, kriegt sie oft durch das Atmungsorgan ein Samenkörnlein dieses Gewächses in den Körper, wo der Same wächst und gedeiht und schließlich die ganze Raupe in seine Gattung umwandelt, wobei sie aber die vollkommenste Raupenform behält. Frisch aus der Erde gegraben, soll es für die Maori ein vielgesuchter Leckerbissen sein! Der wissenschaftliche Name dieser Raupe ist *„Hepialus virescens"*, als Pflanze *„Sphoeria Robertsiana"*, in der Sprache der Maori heißt das Ding *„Pepeaweto"*, und die Engländer nennen es kurzweg *„vegetable caterpillar"*. Der Herr Direktor hat mich mit einem Prachtexemplar beschenkt, das ich dir eines Tages zeigen zu können hoffe, damit du mich nicht etwa münchhausischer Aufschneidereien beschuldigst.

New Plymouth, Taranaki, 2. Januar 1897.

Wenn es wahr wäre, was so viele abergläubische Menschen behaupten, daß der erste Tag von Vorbedeutung sei für das ganze Jahr, so würde es mir in diesem Jahr herzlich schlecht ergehen müssen; denn noch nie habe ich eine so elende Silvesternacht, einen so trübseligen Neujahrstag erlebt. Vorgestern in der Frühe habe ich Auckland verlassen, um per Dampfer nach Wellington, der Hauptstadt von Neuseeland, zu fahren. Wohl habe ich oft von der Wildheit und den Gefahren der berüchtigten „Taranaki Bight" gehört und gelesen; aber ich hielt sie eben auch für übertrieben. Die Erfahrung hat mich eines anderen belehrt. Was für eine Seereise das war! Kaum waren wir aus dem Hafen heraus, als der Sturm uns mit solcher Wut packte und so unerwartet über uns kam, daß wir gar nicht einmal Zeit hatten, in unsere Kabinen zu flüchten. Ich saß glücklicherweise mit der einzigen Dame, die außer mir an Bord war, gerade vor der Kabine des Kapitäns, als das Schiff plötzlich anfing sich zu bäumen, und so konnten wir uns denn noch schleunigst dort hinein flüchten; aber alle die Männer, die gemütlich auf Deck auf und ab spazierten, konnten nichts Besseres tun als sich, wo sie waren, auf den Boden legen und dort liegen bleiben, bis das Ärgste vorbei war.

Die meisten Passagiere wollten, wie ich, bis Wellington fahren. Sie waren aber fast alle froh, hier in New Plymouth, unserer ersten Station, den Dampfer mit der Eisenbahn zu vertauschen. Auch ich hatte die Absicht, gleich mit dem Schnellzug weiterzufahren, war aber so elend und bin es jetzt noch, daß ich mich nicht getraue, in diesem Zustand weiterzureisen. Ich muß also hier in einem kleinen Dörfchen warten, bis ich mein Gleichgewicht wieder erlangt habe. Wenn du wüßtest, wie heimwehkrank ich bin! Es ist zu jeder Zeit traurig genug, mutterseelenallein in einem fremden Ort zu sein. Aber wenn man dabei noch krank ist, da ist es erst recht trostlos. Wenn wenigstens noch anderen Frauen im Hotel wären, irgendein weibliches Wesen, dem ich mein Elend klagen könnte; aber ich scheine wieder einmal ganz allein unter Männern zu sein. Sogar mein Zimmermädchen ist ein junger Chinese. Am Tag spaziere ich im Garten umher. Da ist die Einsamkeit noch erträglich, aber abends sitze ich stundenlang – die Abende sind nämlich hier, wo es fast keine Dämmerung gibt, unendlich lang – im sogenannten Damensaal allein und sehe im Geist euch alle zu Hause, wie ihr gemütlich plaudernd um das Kaminfeuer herumsitzt. Gestern abend, wie ich in das oben genannte Zimmer trat, um mein Tagebuch zu schreiben, sah ich auf dem Tisch eine Photographie liegen. Ich griff ohne besonderes Interesse danach, aber wie erstaunte ich, als ich Bern erkannte, mein schönes, herrliches Bern! Dieser Anblick an diesem Ort und in diesem Moment war zuviel für mich; ich nahm die Feder zur Hand und schrieb unter die Photographie die bekannten Zeilen:

„Könnt' ich ausruhn in des Lebens Wandern,
Dich erwählt' ich, schönes Bern,
Mir zum Ruheplatz vor allen andern."

Und dann ließ ich meinen Kopf auf den Arm sinken und weinte, bis ich keine Tränen mehr hatte. So einen rechten Anfall von Schweizer Heimweh oder, besser gesagt, Berner Heimweh hatte ich und besaß nicht die Kraft, dagegen anzukämpfen.

Colyton, Neuseeland, 14. Januar 1897.

Endlich bin ich wieder, auf einige Tage wenigstens, in einem Hafen der Ruhe. Auf meinen Wanderungen durch den südlichen Teil der Insel begegnete ich nämlich einer Ballaratbraut, die vor vier Jahren mit mir aus Europa kam, um ihren hier ansässigen Bräutigam zu heiraten; und diese bat mich nun, einige Zeit ihr Gast zu sein. Frau P. ist weither gekommen, um ihr Glück zu suchen, scheint es aber in vollem Maße gefunden zu haben. Sie sagte mir heute, daß sie um keinen Preis mehr in der alten Heimat leben möchte, da hier das Leben so viel angenehmer sei als in dem überfüllten England. Mir, die ich mich, trotz alles Schönen und Guten da draußen, stets so sehr nach dem lieben alten Europa sehne, kommt so ein Ausspruch von einer, die erst vier Jahre hier ist, unbegreiflich vor. Aber die Heimat des Weibes ist eben da, wo es liebt.

Lieblich und friedlich ist dieses abgelegene Stück Erde allerdings. Wenn ich nur ein Romanschriftsteller wäre, wieviel Stoff zu einer gesunden, idyllischen Landnovelle würde sich hier nicht bieten! Alle die Kolonisten hier sind Engländer und kommen fast alle aus demselben Teil der alten Heimat, so daß sie sich alle von Adam und Eva her kennen und beinahe wie eine ganz große Familie sind. Alle sind Farmer im kleinsten Stil und bebauen ihr eigenes Land. Große Güter, wie es deren in Australien so viele gibt, wo ein Mann eine Million und mehr Joch besitzt, erlaubt hier die Regierung nicht, weil sie will, daß das Land bebaut und nicht bloß zu Weiden benutzt werde. Für den Ackerbauer ist es hier aber auch viel besser als drüben, weil man hier weder Trockenheit noch Überschwemmungen kennt. Die Arbeiterfrage ist allerdings hier nicht besser. Dienstboten zu bekommen ist fast unmöglich, und wenn man sie hat, muß man sie mit Handschuhen anfassen, um sie ja nicht zu beleidigen. Das Dienstmädchen der Frau P. z. B. wurde mir regelrecht vorgestellt; es wird „Miß" tituliert, sitzt mit am Tisch und erlaubt seiner Herrin, es zu bedienen. Ich fange nun an zu begreifen, warum die Neuseeländerin nicht reist. Wo könnte sie die Zeit dazu hernehmen?

Was die Eingeborenen betrifft, die Maoris, so wollen sie sich durchaus nicht zu Dienstboten hergeben; sie wollen ihren weißen Besiegern nicht dienen. Sie bebauen das Land, das ihnen von der Regierung zugeteilt worden ist, und tun weiter nichts. Außer ihrer Faulheit und ihrer Unabhängigkeit haben sie aber nichts mit den australischen Eingeborenen gemein. Die Maoris gehören der malayischen Menschenrasse an, sind sehr intelligent – der beste Redner des Neuseeländer Parlaments ist ein Maori – und haben oft sehr schöne, regelmäßige Züge. Ich habe junge Maorimädchen gesehen, die wahre Schönheiten sind. In einem halben Jahrhundert werden die Maoris aber auch schon der Vergangenheit angehören. Sie vermindern sich jedes Jahr um etwa tausend, und bei der letzten Volkszählung waren ihrer nur noch 42000. Rauchen und Trinken, was fast überall bei den Braunhäuten europäische Kultur repräsentiert, bringen sie um.

Was mich hier am meisten entzückt, das sind die Wälder. Vier Jahre lang bin ich in keinem schattigen Wald gewesen, da die australischen Wälder schattenlos sind. Hier ist es anders: überall üppige, schöne Bäume aller Arten und ein Reichtum prachtvoller, riesig großer Farnkräuter. Dazu kann man im Neuseelandwald ganz ohne Furcht umhergehen, denn wilde Tiere gibt es nicht; auch Schlangen sind in diesem glücklichen Inselreich nicht vorhanden. Nur solche Tiere, die der Kolonist aus Europa mitgebracht hat, findet man hier. In früheren Zeiten lebte nicht ein Tier auf dieser Insel oder diesen Inseln, sollte ich sagen; denn Neuseeland besteht aus zwei großen Inseln, von denen die südliche mit ihren schneebedeckten Bergen, ihren schönen Seen und reißenden Flüssen Schottland nicht unähnlich ist, während die ganz vulkanische Nordinsel mehr Italien gleicht. Jede in ihrer Art ist ein Wunderland an Reichtum und Schönheit!

Geiser Hotel, Whakarewarewa, Neuseeland,
20. Januar 1897.

Hier bin ich in der Mitte von zischenden und speienden Geisern und kann durchaus nicht sagen, daß ich mich heimisch oder besonders wohl fühle. Es ist kein angenehmes Gefühl, wenn man den Erdboden, auf dem man sich bisher so sicher geglaubt hat, beständig unter sich zittern fühlt. Whakarewarewa ist ein berühmter Kurort für Rheumatismusleidende, welche alljährlich zu Tausenden herkommen, um in den warmen Schwefelbädern Heilung zu finden. Zu diesem Zwecke brauchte ich aber nicht zu kommen, sondern ich kam bloß, um den Geisern und den Maori meine Aufwartung zu machen.

Du wirst lachen, wenn ich dir sage, was ich für ein Zimmer im Hotel bekommen habe. Das Haus war natürlich wieder voll, als ich ankam, und außer diesem einen gibt es kein Hotel hier. Obwohl Neuseeland das Touristenland der südlichen Halbkugel ist, sind doch die Hotels spärlich und ziemlich einfach eingerichtet; es ist kein Hoteliersland wie unsere Schweiz. Also, wie gesagt, es war kein Platz mehr. Da erbarmte sich aber der *Barman* meiner und anerbot sich, mir sein Zimmer abzutreten. Ich verdanke also wieder männlicher Galanterie mein Unterkommen. So elegant und bequem wie mein Aucklandquartier ist dieses aber nicht. Daß der Buffetkellner des Geiser Hotels kein Dandy ist, davon zeugt seine Zimmereinrichtung. Ein Bett, ein Kasten, ein alter, zerrissener Plüschsessel, ein gebrochener Rohrstuhl mit einem Waschbecken darin, das ist alles, was das Stübchen an Möbeln enthält. Dagegen aber Hunderte von vollen Weinflaschen; alles ist mit Flaschen belegt oder bestellt, sogar das Fenster. Du kannst dir also leicht denken, daß ich nicht viel Zeit in meinem gegenwärtigen Zimmer verbringe. Überhaupt bin ich nur selten im Hotel, außer zum Schlafen und zu den Mahlzeiten.

Das Maoridorf ist nur einige Minuten vom Hotel entfernt, und dort bin ich meistens zu finden. Ich habe mir die Gunst der Dörfer dadurch erworben, daß ich unter ihre Kinder einige Tüten Zuckerwerk austeilte. Seither werde ich überall mit einem freundlichen Gruß empfangen. Ich sehe und höre den Frauen zu, wenn sie ihre Wäsche besorgen oder ihr Mittagessen kochen; alle diese Geschäfte werden nämlich unter freiem Himmel verrichtet. Das Dorf ist voll kleinerer und größerer Teiche, in denen das Wasser beständig kocht, während daneben ein klares, frisches Bächlein fließt. Die Natur hat es hier der Hausfrau bequem gemacht. Das Essen wird immer in Gesellschaft gekocht. Die Dörfler bringen alle ihr Fleisch, oder was sie sonst zu kochen haben, in denselben Teich. Das Fleisch wird in einen Sack getan, der mittels eines Seiles an einem Pfahl am Ufer befestigt wird, und den Sack läßt man im Wasser schwimmen, bis der Inhalt gar ist. Mittlerweile vertreibt man sich die Zeit mit dem Besprechen der Tagesneuigkeiten. Ob sie in früheren Zeiten die Menschen auf diese Art kochten, habe ich noch nicht herausgebracht; denn die meisten Maori fühlen sich beleidigt, wenn man sie daran erinnert, daß ihre Vorfahren Menschenfresser waren. Ich habe aber einen gefunden, mit dem ich ungeniert von den guten alten Zeiten sprechen kann. Es ist dies ein neunzigjähriger Häuptling, der einst eine nicht geringe Rolle in der Geschichte seines Landes spielte und manchem Engländer den Garaus gemacht haben soll. Er hat mir ganz aufrichtig gestanden, daß er manchen Weißen gegessen habe, obwohl die Weißen wirklich nicht halb so gut seien wie die Braunhäute, da ihr Fleisch zäh und geschmacklos sei.

Weiße Frauen habe er nie gekostet, denn in jener Zeit habe es der Engländer nicht gewagt, seine Frau mit hierherzubringen, und heutzutage dürfe man sich leider keine Menschenbraten mehr erlauben. Ein Herr, der hier im Hotel wohnt, der der Maorisprache mächtig ist und mich oft begleitet, wenn ich meinem Freunde Besuche mache, fragte ihn kürzlich, ob er heute noch Menschenfleisch essen würde. „O ja, gewiß", war seine Antwort; „ich würde z. B. mit Vergnügen die junge Dame da essen; mir scheint, sie würde ein zarter Bissen sein." Ich mag ihn seitdem nicht mehr so gern, besonders wenn er mir die Hand küßt, was er stets zum Gruße tut. Denn mir scheint jetzt immer, er behalte sie unanständig lange an seinen Lippen! Mein Freund ist auch noch einer der wenigen Maori, die noch ganz tätowiert sind. Bis an die Haarwurzel und bis hinter die Ohren ist sein Gesicht mit Zeichen bedeckt. Bei der jüngern Generation werden nur noch die Frauen, wenn sie heiraten, ein wenig am Kinn tätowiert, zum Zeichen ihrer neuen Würde.

Gestern war ein großes Maorifest, das nur alle 25 Jahre gefeiert wird. Ich konnte nicht herausfinden, was für eine Gedächtnisfeier es ist. Jedenfalls wissen sie es selbst nicht mehr, aber es ging trotzdem ungemein lustig zu in dem Dorf. Aus allen Gegenden der Nordinsel kamen Vertreter der verschiedenen Maoristämme hergezogen, und da sie, wie alle Naturvölker, in ihrer Lustigkeit sehr laut sind, kann man sich den Lärm und Jubel denken. Was mich besonders amüsierte, das war die Art und Weise ihrer Begrüßung. Mit der ernstesten Miene der Welt nehmen sie sich bei der Hand und reiben dann die Nasen gegeneinander, ohne den geringsten Ausdruck weder der Freude noch der Trauer zu zeigen. Um das Fest zu krönen, brach dann gestern abend noch der größte und schönste der Geiser, welcher jahrelang ruhig war, aus. Wir waren gerade bei Tisch, als wir plötzlich eine starke Erschütterung fühlten und ein Donnern hörten, als ob das Dorf bombardiert würde. Natürlich dachte niemand mehr ans Essen; wir stürmten alle hinaus, um das großartige Schauspiel zu sehen. Über 100 Fuß hoch – so sagt man – spritzte das Wasser unter dem furchtbarsten Donnergetöse in die Luft. Doch hielt diese Gewalt nicht lange an. So lange es aber dauerte, war es das großartigste Schauspiel, das ich je gesehen.

An Bord des Dampfers „Alameda", 23. Januar 1897.

Wir dampfen gerade den schönen Aucklandhafen hinaus. Vor einer halben Stunde habe ich dem gastfreundlichen Neuseeland, das mich um so manche schöne Erinnerung reicher gemacht hat, Adieu gesagt.

Die „Alameda" ist auf ihrem Wege nach Californien; doch fahre ich nur bis Honolulu mit, weil ich mich dort einige Wochen aufzuhalten gedenke, um das vielbesungene „Paradies des Pazifik" kennenzulernen. An gutgeführten Hotels und Privatpensionen soll es, wie man mir sagt, in der hawaiischen Hauptstadt nicht fehlen, so daß ich nicht zu fürchten brauche, kein Unterkommen zu finden. Leider scheint das in Apia, der Hauptstadt Samoas, nicht der Fall zu sein; dort soll es gar keine Absteigequartiere für Fremde geben, wenigstens nicht solche, in denen eine alleinreisende Dame absteigen könnte; und so muß ich mir denn zu meinem großen Leidwesen den langgehegten Plan, meine Reise auch in Samoa zu unterbrechen, aus dem Kopfe schlagen.

Meine Abfahrt von Auckland war sehr verschieden

von meiner Ankunft. Nicht allein und zu Fuß, wie ich es am Tage meiner Ankunft getan, legte ich diesmal den Weg zwischen der Stadt und dem Hafen zurück, sondern in einer eleganten Privatequipage, von einer heitern und angenehmen Gesellschaft begleitet. Laß dir erzählen, wie ich als Stockfremde zu solchen Ehren kam.

Als ich in Colyton war, erhielt ich einen Brief von einer australischen Freundin, die mir anzeigte, daß eine unserer gemeinsamen Freundinnen, die reizende Miß S. aus San Francisco, die den letzten Winter in Sydney zubrachte, auf ihrem Rückwege nach Amerika sich mit einem Herrn M. aus Auckland verlobt habe. Als ich dann nach Auckland zurückkam, fragte ich einen der Herren im Kosthaus, ob er je von einem Herrn M. hier in Auckland gehört habe.

„Herr M.? O gewiß; das ist ein sehr reicher Auckländer, den jeder kennt", antwortete er. „Er soll sich diese Woche in San Francisco verheiraten", fügte er hinzu, indem er mich sehr durchdringend ansah. „Ich weiß es; er heiratet ja eine Freundin von mir", sagte ich, nicht ohne stille Befriedigung; denn der Mensch hat gewiß geglaubt, daß ich selbst Absichten auf besagten Herrn M. habe.

„So? Sie kennen Miß S.? Wie interessant! Ich bin heute zu Tisch geladen bei der Mutter des Herrn M.; die wird es riesig interessieren, wenn ich ihr sage, daß eine Dame hier ist, die ihre ihr noch unbekannte zukünftige Schwiegertochter kennt."

Am nächsten Morgen erhielt ich eine Telephonbotschaft, daß Frau M. mich besuchen möchte; ich solle ihr doch die Stunde nennen, die mir am liebsten sein würde. So wurde die Bekanntschaft angefangen. Gestern verbrachte ich einen sehr vergnügten Abend in ihrem

Hause. Heute gab die verheiratete Tochter des Hauses einen Luncheon zu meinem Abschied, und da mein Dampfer um zwei Uhr den Hafen verlassen sollte, fuhr ich gleich von dort, von der ganzen Gesellschaft begleitet, an den Hafen hinunter. Hier wurde ich mit Blumen, Bonbons und Büchern überschüttet, was meinem Abschied einen fast feierlichen Anstrich gab.

Wenn ich nichts von meinen Reisen mit nach Hause brächte als die Erinnerung an alle die guten und liebenswürdigen Menschen, die ich auf meinen Wanderungen kennengelernt habe, sie würden mich hundertfach entschädigen für die Opfer, die ich gebracht, und die schweren Stunden, die ich durchgemacht habe.

An Bord der „Alameda", Südsee, 24. Januar 1897.

Es ist Sonntag, und Sonntag an Bord eines englischen oder amerikanischen Dampfers ist ziemlich langweilig, da man sich die Zeit nicht einmal mit einem Spiel der unschuldigsten Art vertreiben darf, ohne von der „guten Gesellschaft" mißbilligend kritisiert zu werden. Dazu ist es der zweite Sonntag; denn schon gestern hatten wir einen, nämlich Sonntag, den 24. Januar der östlichen Halbkugel, während wir heute Sonntag, den 24. Januar der westlichen Halbkugel, haben.

Du weißt ja natürlich, daß man, wenn man von Westen nach Osten fährt, mit jedem Längengrad, den man passiert, vier Minuten gewinnt und daher, wenn man unter dem 180. Längengrad angekommen ist, einen ganzen Tag gewonnen hat. Das Gegenteil ist natürlich der Fall, wenn man von Osten nach Westen fährt. Ein Schiff, das von Amerika nach Australien fährt und zur selben

Zeit wie wir unter dem 180. Grad ankommt, würde also gar keinen Sonntag haben, sondern gleich vom Samstag auf den Montag hüpfen.

Leider habe ich nie über diesen Zeitgewinn nachgedacht, obwohl ich täglich meine Uhr richten muß, und was den 180. Längengrad betrifft, so ist es mir gar nie eingefallen, daß ich einmal in seine Nähe kommen könnte, kommen müßte, wenn ich eine Reise um die Welt machen wollte! Es ist mir darum heute ein Abenteuer passiert, an das ich mich nie ohne Erröten erinnern werde, so lang ich lebe.

Gestern, also am ersten Sonntag, kam einer der Schiffsoffiziere und bat mich, eine Partie Halma – das unschuldigste Spiel unter der Sonne – mit ihm zu spielen. Da ich aber gerade ein Buch las, das mich mehr interessierte als Halma, und ich überhaupt auch nicht den Mut besaß, gegen die Vorschriften der guten Gesellschaft zu handeln, obwohl es nicht gegen meine Grundsätze ging, eine Partie Halma zu spielen, so sagte ich, vielleicht sogar etwas verweisend: „Aber nein, heute spielt man doch nicht; es ist ja Sonntag." Der Mann zog sich zurück, und zwar, wie mir schien, etwas beleidigt. Auch kam er gestern gar nicht mehr in meine Nähe. Heute schrieb ich im Speisesaal. Er kam herein, setzte sich ans andere Ende des Saales und fing an, Zeitungen zu lesen. Nachdem ich meinen Brief beendet hatte, ging ich zu ihm und sagte: „Nun, Herr S., wollen Sie heute eine Partie mit mir spielen?"

„Um nichts in der Welt!" sagte er in einem affektiert zimperlichen Ton. „Ich habe mir gelobt, sonntags nicht mehr zu spielen."

„Das lobe ich sehr an Ihnen; aber heute ist ja Montag; da dürfen Sie wohl spielen; wie?"

„Es tut mir leid, Ihnen widersprechen zu müssen; aber heute ist Sonntag."

Es entstand nun ein eifriges Zungengefecht. Ich suchte ihn durch die vortrefflichsten Argumente zu überzeugen, daß gestern Sonntag gewesen sei, ereiferte mich dabei natürlich mehr, als notwendig war, besonders da er, hinter seiner großen amerikanischen Zeitung versteckt, so daß ich ihn nicht einmal sehen konnte, auf alles ganz kühl antwortete: „Ich widerspreche Ihnen gar nicht; ich behaupte nur, daß heute Sonntag ist."

Schließlich riß mir die Geduld, und ich sagte zu dem Hartnäckigen: „Herr S., entweder haben Sie zu tief ins Glas geschaut oder Sie haben Fieber; ich hole lieber den Doktor, damit er Ihren Puls fühlt."

Mit diesen Worten eilte ich die Treppe hinauf; als ich aber den Kapitän auf dem Deck bemerkte, rief ich über das Geländer zurück: „Herr S., kommen Sie mit mir hinauf; wir wollen den Kapitän die Sonntagsfrage entscheiden lassen."

Er kam höchst gehorsam und ohne eine Miene zu verziehen. Ich, mit dem Gefühl einer siegesbewußten Person, näherte mich dem Kapitän mit den Worten: „Sagen Sie, Herr Kapitän, ist es heute Sonntag oder Montag?"

„Heute ist Sonntag, Miß Bögli."

Ich war verblüfft, schaute vom Kapitän zu Herrn S. und von Herrn S. zum Kapitän in wahrer Verzweiflung. Sind denn die Leute verrückt geworden? fragte ich mich ängstlich, oder bin ich es? Der Kapitän half mir aber bald aus der Verlegenheit oder, besser gesagt, warf mich tiefer hinein, indem er sagte: „Wissen Sie denn nicht, daß wir den 180. Längengrad passiert haben?" Da erst kam Licht in meine Dunkelheit! Wenn ich vorher rot war vor Ärger, so wurde ich jetzt karmoisin vor Scham. Es ist ja auch gar zu demütigend, wenn man so eifrig für sein Recht gestritten hat und dann überzeugt wird, daß man im Unrecht ist.

Der Stille Ozean ist gar nicht das, wofür man ihn seinem Namen nach halten würde. Im Gegenteil, er ist ganz ordentlich stürmisch, so daß man es auf dem Verdeck kaum aushalten kann. Wir haben keine große Passagierliste, und die meisten bleiben in ihren Kabinen. Heute früh, also am Sonntag der westlichen Halbkugel, hat auf der „Alameda" ein kleiner Weltbürger seinen Eintritt in das Leben gehalten. Ich hoffe nur, es wird nicht immer so stürmisch und trübe für ihn sein, wie zur Zeit seiner Eintrittsstunde.

Wir haben auch eine Gesellschaft Theosophisten von New York an Bord, die auf einer Weltbekehrungstour begriffen sind. Meine beiden Tafelnachbarn gehören zu der Gesellschaft. Sie sind aber außerordentlich schweigsam und machen auch nicht den geringsten Bekehrungsversuch mit mir, zu meinem größten Bedauern; denn ich möchte so gern wissen, was eigentlich Theosophie ist, daß ich nur auf eine Gelegenheit warte, einen Sachkundigen darüber auszufragen. Das Haupt der Gesellschaft ist eine Dame, die vorgibt, eine Re-Inkarnation der Madame Blavatkys, der Gründerin der Theosophistengesellschaft, zu sein; aber zu meinem großen Leidwesen ist sie immer krank und zeigt sich weder am Tisch noch auf dem Verdeck, und meine Tischgenossen beeilen sich immer so sehr mit ihrem Essen und verschwinden so schnell vom Tisch, daß ich keine Aussicht auf Belehrung mehr habe.

In zwei oder drei Tagen werden wir in Samoa sein. Das Schiff hält dort nur drei Stunden, aber ich werde mit

Sack und Pack an Land gehen und mehrere Wochen bleiben. Der Wunsch, den ich aufgegeben hatte, wird mir nun nämlich doch erfüllt, dank der Freundlichkeit einer Mitreisenden, Fräulein Schultze, die Deutsche von Geburt, aber Vorsteherin einer großen englischen Missionsschule bei Apia ist. Wir wurden so schnell und gut miteinander bekannt, daß sie mich schon gestern einlud, einige Wochen oder so lang, als es mir überhaupt angenehm sei, bei ihr in Samoa zu bleiben. Da soll mir noch jemand sagen, daß ich nicht ein Glückspilz sei!

Papauta, Insel Upolu, Samoa, 7. Februar 1897.

Zum erstenmal bin ich auf einer Insel, die wirklich ein ganz exotisches Gepräge trägt und wo ich nicht auf Schritt und Tritt auf europäische Zivilisation stoße. Hier gibt es noch keine Eisenbahnen, keine elektrischen *Tramways*, keine Telephone; ja ich weiß überhaupt nicht, wie ich die Inseln hätte besichtigen können, wenn ich als bloße Touristin hingekommen wäre, da hier gar keine öffentlichen Beförderungsmittel vorhanden sind. In ganz Apia gibt es kaum ein halbes Dutzend Fuhrwerke, und die sind alle privat. Die verschiedenen Konsuln haben ihre Wagen, Miß Schultze hat einen, und vielleicht gibt es noch zwei oder drei weiße Familien, die sich eines solchen Luxus rühmen können. Im übrigen ist Samoa natürlich heute auch schon nicht mehr so wild, wie es noch vor etwa 30 Jahren war; aber es ist immerhin noch einfach genug, um originell und erfrischend zu sein.

Papauta, das kleine Königreich meiner liebenswürdigen Wirtin, liegt ideal in einem Wald von stolzen Kokospalmen und schattigen Bananen- und Brotfruchtbäumen, durch welchen unweit des Hauses ein klares, sprudelndes Bächlein fließt. Es ist die größte samoanische Missionsschule für Mädchen. Ungefähr hundert Mädchen sind da von allen Inseln des samoanischen Archipels. Auch Prinzessin Fa'amu, die einzige Tochter des Königs, ist unter den Pensionärinnen von Papauta. Kleine Mädchen sehe ich keine unter ihnen, sondern lauter ganz ausgewachsene Frauenzimmer. Ihr Unterricht ist aber trotzdem nicht sehr kompliziert. Sie lernen die gewöhnlichen Primarschulfächer, aber außerdem noch kochen, waschen und nähen, denn während die primitive Samoanerin gar nichts trug, verlangt jetzt die eindringende Zivilisation, daß sie sich kleide. Die Männer, außer dem König und den Herren Pastoren, gehen aber noch immer mit nichts als einem Lendentuch angetan herum. In Hosen gekleidet habe ich noch keinen Eingeborenen gesehen, denn selbst diejenigen, die sich kleiden, tragen nur ein großes weißes Tuch, das wie eine Schürze umgebunden wird und fast bis an die Füße reicht. Der obere Körper ist in eine ebenfalls weiße Jacke gekleidet, so wie sie bei uns die Köche tragen. Wenn man so ganz unvorbereitet in eine samoanische Pastorenversammlung käme, würde man sich ganz gewiß in einer Köchekonferenz glauben.

Ich bin schon ganz verliebt in die Samoaner. Ihre bronzene Schönheit, ihr elastisch eleganter Gang, ihre Heiterkeit, ihr liebenswürdiges Benehmen, alles entzückt mich. Ich stimme ganz mit jenem Engländer überein, der die Samoaner die „Könige der Südsee" genannt hat. Es gibt zwar Leute, die sie nicht ganz so sehr bewundern, wie ich es tue. Ein Deutscher, mit dem ich kürzlich über das Thema sprach, nannte sie Faulenzer und Diebe.

Der gute Herr betrachtet sie aber nur von seinem Standpunkt, d. h. von dem seines Interesses aus. Es ärgert ihn furchtbar, daß er sie nicht als Plantagenarbeiter gebrauchen kann, und es tut ihm leid um die vielen Kokosnüsse, die sie ihm aufessen, ohne um seine Erlaubnis zu bitten.

Es wäre aber wahrhaftig zum Verwundern, wenn die Samoaner ein arbeitsames Volk wären. Wie sollten sie es sein in einem Klima, in dem es ein Weißer nie mehr als höchstens einige Jahre aushalten kann? Warum sollten sie es sein, wenn ihr Boden, auch ohne viel Arbeit zu verlangen, ihnen die nötigen Nahrungsmittel gibt und das Meer ihnen Fische fast an das Ufer wäscht? Für den Winter zu arbeiten brauchen sie ja nicht, da es ewig Sommer ist und immer etwas wächst. Für Wohnung und Kleidung brauchen sie auch nicht zu arbeiten, denn ihre Häuser bestehen aus vier Pfählen und einem Laubdach, was sich jeder mit der Hilfe eines Nachbarn ganz gut selbst herstellen kann. Das Baumaterial nimmt er eben, wo er es findet. Kleider hat er bis dahin keine getragen, ein Privileg, um das ich ihn, seitdem ich hier bin, schon mehr als einmal beneidet habe. Denn gewiß kann man in Samoa nur dann ganz glücklich sein, wenn man nichts auf dem Leibe hat. Das allerleichteste Kleidungsstück ist schon eine heiße und gänzlich überflüssige Bürde.

Ihr Stehlen darf man auch nicht gar zu streng beurteilen. Man muß eben bedenken, daß sie, seit ihre Welt existiert, gewohnt waren zu genießen, was die Götter auf ihre Insel geschickt. Ob nun die Kokosnuß oder Brotfrucht gerade bei ihrer eigenen Hütte wächst oder bei einer anderen, auf das kommt es ihnen nicht an. Der Samoaner ißt, wenn er hungrig ist, und pflückt sich die Nahrung, wo er sie gerade findet. Daß ein Mensch mehr wollen könnte, als er zu seinem Unterhalt braucht, das kann er noch nicht verstehen. Daß Kommunismus ihnen angeboren ist, sieht man in allem, was sie tun. Sie geben auch ebenso leicht, wie sie nehmen, und in ihrer Sprache gibt es gar keine Wörter für „bitte" und „danke".

Und nicht nur freigebig sind die Samoaner, sondern auch von einer Höflichkeit und Freundlichkeit, die man in Europa beim Volk umsonst suchen würde. Vorgestern machte ich einen einsamen Spaziergang durch eine Plantage. Auf meinem Weg traf ich auf ein kleines Bächlein, über dem ein Baumstamm als Brücke lag. Diesseits der Brücke blieb ich einige Minuten stehen, um das schöne klare Wässerchen und die üppige Vegetation seiner Ufer zu bewundern. Da plötzlich sah ich aus dem nahen Wald zwei braune Inselsöhne auf mich zueilen. Sie stellten sich auf beiden Seiten der Brücke ins Wasser und streckten ihre Hände aus zum Zeichen, daß sie mich hinüberführen wollten. Könnten die feinsten Hofleute galanter sein?

Auch intelligent sind die Samoaner und lernen mit der größten Leichtigkeit, wie mir ihre Lehrer sagen. Daß sie sich des Gelernten auch erinnern, davon habe ich mich überzeugen können. Miß Schultze sagte kürzlich zu einigen von ihren Plantagenarbeitern, die mich etwas neugierig musterten, daß ich aus der Schweiz komme. „Das wird ihnen wohl nicht viel sagen", meinte ich lachend, „denn diese Menschen wissen doch gewiß nicht, wo die Schweiz ist."

„Wo ist die Schweiz?" fragte nun Miß S. die Männer.

„In Europa, in der Mitte von Europa", schrien gleich mehrere Stimmen durcheinander. Ich fühlte, daß ich errötete, nicht nur, weil ich mich schämte, sie so schlecht beurteilt zu haben, sondern, und vielleicht ganz speziell deswegen, weil ich mir gestehen mußte, daß, wenn ich vor einigen Jahren so plötzlich gefragt worden wäre, wo Samoa sei, ich die Frage keineswegs so schnell und genau hätte beantworten können. Und ich bin Lehrerin, während diese Männer ganz einfache Landarbeiter sind! Viele Generationen meiner Vorfahren konnten schon lesen und schreiben, während diese Künste bis vor 25 Jahren diesen Insulanern noch ganz unbekannt waren! Nein, so viel wir uns auch auf unsere europäische und weiße Überlegenheit einbilden, so viel gescheiter als unsere braunen Brüder sind wir nicht, trotz unserer vielen Lerngelegenheiten.

Du mußt aber nicht denken, daß ich nur mit den Eingeborenen verkehre. Ich bin auch schon so ziemlich mit den Europäern und Amerikanern bekannt geworden. Der deutsche Generalkonsul hat sogar gestern mir zu Ehren einen Kaffeeklatsch gegeben, obwohl er ein Junggeselle ist. Da man aber, selbst in Samoa, den Anstand aufrechterhalten muß, machte die junge und reizende Frau des deutschen Pastors und Schullehrers die Honneurs des Konsulats. Auch mit dem englischen und amerikanischen Konsul komme ich oft zusammen, und ich bemühe mich dabei ganz ungeheuer, etwas über samoanische Politik und die Dreiherrschaft zu lernen. Aber leider ohne Erfolg. Es ist eine zu verwickelte Geschichte für mich! Ich weiß nur, daß seit Jahren Samoa der Zankapfel ist zwischen den drei Großmächten Amerika, England und Deutschland, daß die drei Mächte sich auf irgendeine Weise die Regierung teilen, daß sie ihre Konsuln hier halten und fast beständig einige Kriegsschiffe im Hafen von Apia haben. Daß sie sich dabei nicht besonders brüderlich lieben, ist auch so ziemlich sichtbar. Öffentlich sind sie zwar ganz höflich miteinander; aber in petto wünscht doch jeder den anderen ins Pfefferland.

Warum sich drei so große Länder um eine so kleine Inselgruppe streiten, weiß ich natürlich gar nicht; darüber kannst du wohl viel besser zu Hause in Deutschland Auskunft erhalten.

Die Hegemonie in Samoa scheint entschieden Deutschland zu haben. Das meiste Land gehört den Deutschen; die enormen Kokosplantagen sind deutsches Eigentum; der Handel ist fast ausschließlich in deutschen Händen, und der König, obwohl er im Herzen mehr für die Engländer ist, tut doch, was die Deutschen ihm befehlen. Der deutsche Konsul sagte zwar kürzlich: „Wenn uns nur jemand unser Eigentum hier zu einem ordentlichen Preis abkaufen würde; wir möchten uns ganz gerne von allem zurückziehen." Natürlich weiß ich nicht, ob es ihm damit ernst war; ich glaube nicht sehr daran.

Ein anderes Mal fragte ich den englischen Konsul: „Warum nehmen denn die Engländer die Insel nicht ganz? Eine Regierung wäre ja immer besser als drei, und John Bull ist gewöhnlich gar nicht so schüchtern, wenn es sich darum handelt, etwas zu nehmen, was ihm nicht gehört."

„Samoa würde ein zu kostspieliges Besitztum sein", antwortete mir der Herr Konsul. „Es hat ja weder Metall noch Edelsteine und eine Bevölkerung, die zum Bearbeiten des Bodens nie viel wert sein wird, und da es wegen seines Klimas nie ein Land für weiße Kolonisten sein kann, würde man ja gar keinen Nutzen daraus ziehen können."

Diese Argumente leuchteten mir vollkommen ein. Wenn Samoa eines der gold- oder diamantenreichen Länder Südafrikas wäre, hätten die Deutschen und Amerikaner längst den Laufpaß bekommen; aber so lohnt es sich nicht der Mühe! Man bleibt nur, damit der andere es nicht bekommt! Übrigens glaube ich, daß die Samoaner am liebsten unter englische Oberherrschaft kommen würden, wenn es einmal durchaus eine fremde Herrschaft sein muß. Die Erziehung der Samoaner ist seit 25 Jahren gänzlich in den Händen der Engländer. Sie haben die Insulaner zivilisiert, haben ihre Sprache zuerst in Schrift gesetzt und haben sie überhaupt alles gelehrt, was sie können. Es ist daher ganz natürlich, daß diese ihnen am meisten zugetan sind. Dazu wissen die Samoaner wohl, daß die Länder, die unter englischer Herrschaft sind, sich nicht zu beklagen haben über ihren Oberherrn. England hat durch lange Erfahrung gelernt, eine gute Kolonialmacht zu sein.

Am zweiten Tage nach meiner Ankunft hier machte ich dem König Maleatoa Luapepa meine Aufwartung. Miß Schultze begleitete mich natürlich und funktionierte als unsere Dolmetscherin, denn die samoanische Majestät spricht keine fremde Sprache. Er ließ sich alle meine Reisen erzählen und schien ein ungeheures Interesse daran zu nehmen. Eine Frau, die ganz allein und ohne andere Mittel als die, welche sie sich auf dem Wege verdient, eine Reise um die Welt macht, schien dem armen Monarchen zu imponieren.

Ich sage „dem armen Monarchen“, denn arm ist er ganz entschieden, obwohl er ein König ist. In der Regierung hat er ja doch nicht viel mitzureden, denn das besorgen die Deutschen für ihn; und eine lukrative Stelle ist die eines Königs in Samoa auch nicht. Wenn seine Untertanen ihre Abgaben regelmäßig bezahlen, bekommt er 75 Dollar monatlich – man hat hier amerikanisches Geld –, aber wenn nicht, was öfter der Fall ist, bekommt er nur 50 Dollar. Das ist ein schlecht bezahltes Amt, nicht wahr?

Glücklich sieht König Maleatoa auch nicht aus. Er hat etwas Schüchternes, Zaghaftes in seinem Wesen, als ob er sich fürchtete, jemandem zu mißfallen. So ungefähr wie ein Mann, der streng unter dem Pantoffel gehalten wird und stets fürchtet, etwas Dummes zu sagen oder zu tun und dann von seiner Ehehälfte ausgezankt zu werden. Unter dem Pantoffel ist er ja eigentlich auch, der Ärmste; aber nicht unter dem seidenen Pantoffel einer schönen Frau, sondern unter dem sporenbesetzten Absatz des deutschen Kaisers, und das kann nicht die angenehmste Situation sein!

Malua, Samoa, 13. Februar 1897.

Schon wieder befinde ich mich in einem neuen Erdwinkel. Ich scheine nämlich nicht nur Miß Schultzes Gast zu sein, sondern der der ganzen englischen Mission in Samoa. Von allen Missionsstationen kommen Einladungen, und zwar schickt man mir meist gleich ein Schiff herüber, um mich abzuholen.

Malua ist sozusagen das Oxford der Südsee, eine Art Universität, wo die Söhne der samoanischen Großen ihre Ausbildung bekommen; aber auch eine Schule für eingeborene Pastoren und Missionare. Malua schickt Hunderte seiner Zöglinge auf die verschiedenen Inseln der Südsee, um das Christentum zu verbreiten. Auch sollen sie, wie man mir sagt, darin mehr Erfolg haben als ihre weißen und gebildeteren Brüder, weil sie natürlich das Volk, mit dem sie zu tun haben, besser verstehen und auch nicht auf einmal zu viele christliche Tugenden von ihnen verlangen, wie dies meist bei den weißen Missionaren der Fall ist. Mit sehr viel Bücherweisheit ist so ein samoanischer Pastor nicht ausgestattet, da er mehr im Praktischen, wie Landbau und anderen nützlichen Dingen, unterrichtet wird. Die Bibel kennt er aus dem ff. Aber sonst hat er nicht viele Bücher gelesen, denn die ganze samoanische Literatur besteht aus kaum einem Dutzend Bücher, die von englischen Missionaren übersetzt wurden und ebenfalls nur religiöse Gegenstände behandeln. Fremde Sprachen lernen sie nicht. Jeder englische Missionar muß zuerst die Sprache des Landes lernen, bevor er als Lehrer angestellt werden kann. Die amerikanischen und, ich glaube auch, die deutschen Missionare geben sich nicht so viel Mühe. Der Amerikaner führt gleich die englische Sprache ein, wo er hinkommt. Hier findet man höchst selten einen gebildeten Samoaner, der Englisch kann; spricht ja selbst der König, der ganz von der englischen Mission erzogen worden ist, kein Wort Englisch.

Ich sprach kürzlich Miß Schultze gegenüber mein Erstaunen darüber aus. Sie antwortete mir: „Wir wollen keine Europäer aus ihnen machen, sondern nur nützliche Samoaner." Ein Rätsel ist es mir, daß die Engländer – die ja sonst so schlechte Linguisten sind und selten Deutsch oder Französisch so gut lernen, daß sie, wenn sie auf dem Kontinent herumreisen, einen korrekten Satz verständlich hersagen können oder wollen – sich hier eine Mühe geben, die sie sich ihren Nachbarvölkern gegenüber nicht geben wollen, und daß sie in wenigen Monaten die samoanische Sprache genügend lernen, um darin unterrichten und predigen zu können.

Sie sagen zwar, Samoanisch ist eine sehr leichte Sprache; aber mir scheint sie geradezu unerlernbar. Ich gehe seit zwei Wochen beständig mit einer samoanischen Grammatik unter dem Arm umher und weiß außer *Ta-*

lofa, dem samoanischen Gruß, noch kein Wort. Was mir die Sprache so unverständlich macht, ist der gänzliche Mangel des Zeitwortes „sein". Sie haben mehrere Verhältniswörter, durch die sie unser „sein" übersetzen, aber ich werde einfach nicht klug daraus; denn daß man ein Zeitwort mit einem Verhältniswort übersetzen könnte, will mir nun einmal nicht einleuchten. Und das ist nicht die einzige Schwierigkeit, die einem im Studium der samoanischen Sprache entgegentritt. Sie haben nämlich noch eine Doppelsprache. Mit dem König oder einem großen Häuptling muß man eine ganz andere Sprache sprechen als mit einem einfachen Sterblichen. Alles, was einem Großen gehört, heißt anders als dasselbe Ding, wenn es einem gewöhnlichen Menschen gehört. So z. B. ist das gewöhnliche Wort für Haus *Fale.* Wenn es aber einem König gehört, selbst wenn es auch nur eine Hütte ist wie die des gemeinsten Mannes, so heißt es *Maota.* Sogar anderer Zeitwörter muß man sich bedienen, wenn man von oder zu einem Häuptling spricht, und zwar sind sie so verschieden voneinander, daß sie eine ganz andere Sprache ausmachen. Das gewöhnliche Zeitwort für „kennen" ist *iloa,* das aristokratische Wort dafür ist aber *silafia.*

Was den Wohlklang der Sprache anbelangt, so glaube ich nicht, daß sie übertroffen werden könnte. Selbst Italienisch tönt hart im Vergleich mit dem Samoanischen. Jedes samoanische Wort endet mit einem Selbstlaut, und nie können zwei Konsonanten zusammenkommen. Sie trennen die Konsonanten in unseren Namen auf die geschickteste Weise und verschönern dadurch die Namen oft so, daß man sie kaum wiedererkennt. „Miß" können sie natürlich nicht sagen, sondern nur „Misi"; Schultze könnten sie erst gar nicht über die Lippen bringen, sondern haben diesen Namen in das schöne, wohlklingende *Sulesa* verwandelt. Misi Sulesa heißt also ihre angebetete Miß Schultze. Ich möchte nur wissen, wie sie die konsonantenreichen polnischen Namen wie z. B. Krzyzanowski oder Trzetrzewinski zuschneiden würden.

Auch mein Geschlechtsname hat eine kleine Umwandlung erfahren; ich heiße hier Bogeli statt Bögli. Doch auch so scheint ihnen der Name nicht harmonisch genug; sie nennen mich daher auch fast nie bei meinem Geschlechtsnamen, sondern nur bei dem Taufnamen, der sich wiederum ihrer vollsten Bewunderung erfreut. Er reimt so vortrefflich mit dem Samoanischen, daß sie ihn überall einschalten, in ihren Gesang, ihre Dichtung und ihr Gebet. Ich bin im Besitz von einigen Gedichten, in denen das „Misi Lina" wenigstens einmal in jedem Vers vorkommt – Dichten ist ihnen nämlich so natürlich wie uns das Sprechen –, und wenn ich in eine Kirche komme, höre ich wiederholt meinen Taufnamen in ihrem Gebet. Sie beten für mich, daß mir ihr Klima wohl bekommen, daß ich die Reise um die Welt mit Erfolg und in bester Gesundheit vollbringen möchte etc.

Letzten Sonntag nahm ich das heilige Abendmahl mit den Maluastudenten. Ich soll ihnen dadurch eine ganz außerordentliche Freude gemacht haben, denn fremde Damen sehen sie hier nur selten, und eine aus der fernen, kalten Schweiz unter sich zu haben, kommt ihnen erst recht interessant vor. Statt Wein hatten wir Kokosmilch, weil man hier weder Weintrauben noch Wein kennt, und natürlich hüten sich die Missionare, geistige Getränke einzuführen. In Apia, wo sie mit weißen Handelsleuten und Matrosen in Berührung kommen, sind die Eingeborenen auch schon in die Geheimnisse europäischer Trunkenheit eingeweiht; aber hier scheint das Laster noch fremd zu sein.

Die Samoaner haben zwar auch ein Getränk, das, wenn zu oft genossen, sehr schädlich wirkt. Es ist dies der in der Südsee allgemein berühmte Saft der Kawawurzel, die einst aus Versehen von einem kawaliebenden Gotte aus dem Götterreich in ihr Inselreich verpflanzt wurde. Man fühlt zwar die Effekte des Kawagenusses nicht sogleich, und wenn man mäßig darin ist, wohl gar nie; aber ein passionierter Kawatrinker verliert nach einigen Jahren den Gebrauch seiner Glieder. Er ist wie paralysiert, auch geistig wird er schwach. Die Missionare predigen natürlich sehr dagegen, gerade wie bei uns gegen den Genuß von Spirituosen gepredigt wird, und jedenfalls mit ziemlich demselben Erfolg. Obwohl ich weiß, daß das Kawatrinken von meinen Gastgebern nicht genehmigt wird, äußerte ich den Wunsch, einmal den samoanischen Göttertrank zu kosten. So wurde dann kürzlich mir zu Ehren eine Kawagesellschaft veranstaltet, und zwar von niemand geringerem als dem König selbst, der ein guter Freund des Präsidenten der Maluaschule ist.

Es ist schon soviel über die Zubereitung des Kawa geschrieben worden, daß du gewiß darüber etwas gelesen hast. Du weißt also, daß die Wurzel in Gegenwart der Gäste von jungen Mädchen und Knaben gekaut und dann in ein Becken gespuckt wird, wo mit Zugabe von frischem Wasser der Trank bereitet wird. Es gibt aber auch eine moderne Art der Zubereitung, wonach die Wurzel ganz einfach mit einem Reibeisen gerieben wird, und da ich, als Ehrengast, um die Wahl der Zubereitung befragt wurde, entschloß ich mich natürlich für die letztere; denn ich wollte ja kosten, nicht nur sehen.

Wir saßen alle in einem Kreis um das Becken herum, an welchem zwei Mädchen mit der Zubereitung beschäftigt waren. Der Prozeß ist kurz und einfach. Nachdem die Wurzel gerieben ist, wird kaltes Wasser zugegossen, gut gerührt, dann das Faserige der Wurzel mit den Händen herausgefischt, und der Trank ist fertig.

Das Servieren ist aber mit einigen Zeremonien verbunden. Es gibt nämlich nur eine Kokosnußschale für die ganze Gesellschaft; daher wird vom Zeremonienmeister stets der Name der Person genannt, an der die Reihe ist zu trinken. Das Mädchen nähert sich nun der genannten Person mit der gefüllten Schale, schwenkt sie graziös dreimal um ihren Kopf und läßt sich dann auf ein Knie nieder, um die Schale anzubieten. Gewöhnlich leert jede Person die Schale. Ich begnügte mich jedoch mit zwei oder drei Schlucken. Schlecht ist zwar der schöne dunkelbraune Trank nicht; sehr bitter im ersten Augenblick, aber mit einem höchst angenehmen süßlichen Nachgeschmack.

Am Tage vor meiner Abreise von Apia war ich auch an einer samoanischen Doppelhochzeit. Zwei der Zöglinge von Papauta heirateten junge Pastoren von Malua. Die Trauung unterschied sich natürlich nicht viel von der gewöhnlichen protestantischen Trauung, aber das Hochzeitsmahl war so ziemlich verschieden von Gelagen dieser Art in Europa. Im Garten unter stolzen Palmen wurde der Tisch gedeckt. Die schönsten und größten Bananenblätter, die zu finden waren, wurden auf den Boden gelegt anstatt des Tischtuches, und darauf ausgebreitet, in enormen Quantitäten, alle Delikatessen des samoanischen Gaumens: Fisch, Taro, Brotfrucht, Bananen, Melonen, Zuckerrohr und nicht weniger als acht ganze gebratene Schweine! Die Verwandten des Brautpaares bringen alle diese Leckerbissen. Die Gäste bringen dagegen Geschenke in Tapa – ein aus der inneren Rinde des Maulbeerbaumes verfertigter Stoff – und feine, aus Blättern oder Rinde geflochtene Matten, das begehrenswerteste Besitztum eines Samoaners. Die Geschenke bekommen aber die Eltern des Brautpaares; das junge Paar selbst bekommt gar nichts.

Nachdem die Glückwünsche und Geschenke ausgetauscht wurden, setzt man sich an den Tisch, d. h. schneidermäßig auf den Boden, was keine bequeme Haltung ist für jemanden, der nicht daran gewohnt ist, besonders wenn man noch dazu recht lange darin verharren muß. Die Tafelreden werden gehalten, bevor das Essen beginnt. Der Samoaner braucht also nicht zu warten, bis der Wein seine Zunge gelöst oder seine Einbildungskraft erhöht hat; er ist ein geborener Redner und spricht mit Leichtigkeit und sichtbarem Vergnügen überall, wo sich ihm nur eine Gelegenheit dazu bietet. Nachdem jede bedeutende Persönlichkeit eine Rede gehalten, fing endlich das Essen an, und was für ein Essen! Ich wollte, ich hätte es nicht gesehen. Meine Bewunderung für den schönen, königlichen Samoaner erhielt dadurch einen gewaltigen Stoß. Es ist halt doch wahr, daß man den Menschen am Tisch sehen muß, bevor man wissen kann, wes Geistes Kind er ist! Ich will natürlich nicht sagen, daß unsere Hochzeitsgäste beim Essen die Ellbogen auf den Tisch stützten oder mit dem Messer die Speisen zum Munde führten. Solche Ungezogenheiten waren unmöglich, weil es weder Tisch noch Gabeln oder Messer gab. Die Schweine wurden mit einem Beil zerhackt; jeder nahm sich dann ein Stück in die Hand und zerriß es begierig mit den Zähnen, so daß das Fett nur so durch seine Finger träufelte. So denk' ich mir ein Kannibalengelage!

Wein war keiner da; Kokosnußmilch war das einzige Getränk, und zwar wurden die Nüsse am Tisch gebrochen und die Milch gleich aus der Schale getrunken. So ist sie auch am besten. Die Kokosnußmilch – die übrigens weder in Farbe noch Geschmack der Milch gleicht; denn sie ist farblos wie Wasser und hat mehr den Geschmack einer sehr schwachen Limonade – ist nur dann gut, wenn sie ganz frisch vom Baum kommt und wenn die Nuß noch grün ist, d. h. bevor die Kopra, wie man das Nußfleisch nennt, anfängt hart zu werden. Natürlich fallen in Samoa auch nur die reifen Früchte vom Baum; will man also eine Nuß zum Trinken haben, so muß man sie vom Baum herunterholen, und das kann nicht ein jeder. Die Kokosbäume sind nämlich sehr hoch und haben ganz glatte Stämme, so daß man beim Klettern gar keinen Anhalt hat. Das Klettern auf einen solchen Baum wird daher auch als eine Art Kunst betrachtet, und ein samoanischer Junge übt sich im Klettern, wie unsere Jungen sich im Schießen oder Fechten üben. Von dem Tage an, da er die erste Kokosnuß von ihrer Höhe heruntergeholt hat, wird er unter die Männer gerechnet. Die Nuß ist sein Mannesdiplom.

Apia, Samoa, 24. Februar 1897.

Seit einigen Stunden bin ich im Missionshaus zu Apia, wo ich auf den Dampfer warte, der mich nun von dem lieblichen Samoa nach Honolulu bringen soll. Er kann in der Nacht ankommen oder morgen früh. Man kann das hier nie genau wissen, weil Samoa keine telegraphischen Verbindungen hat. Wer wegreisen will, muß daher einen oder zwei Tage vorher ganz reisefertig sein, damit er beim ersten Pfeifen des Dampfers gleich Hut und Handschuhe anziehen und an Bord marschieren kann. Ich bin schon seit gestern fix und fertig. Meine Koffer sind nicht nur gepackt, sondern sogar geschlossen. Mittlerweile mache ich meine Abschiedsbesuche, und während ich mit einem Ohr dem Gespräch folge, horcht das andere ständig auf das Dampfersignal.

Gestern war ich auch noch in Bailima, dem idealen Tropenheim des großen englischen Schriftstellers Robert Louis Stevenson, dessen Frau und Stieftochter, zwei außerordentlich interessante Damen, noch immer hier wohnen und mir manche Artigkeit erwiesen haben. Bei dieser Gelegenheit machte ich auch die Bekanntschaft der jungen Dame, der Stevenson seinen Geburtstag hinterlassen hat. Sie ist die Tochter des amerikanischen Gerichtspräsidenten und wurde an einem 29. Februar geboren. Eines Tages klagte das junge Mädchen dem großen und liebenswürdigen Schriftsteller, daß es nur alle vier Jahre einen Geburtstag habe und daher in Geschenken zu kurz komme. Da vermachte ihr Stevenson gerichtlich seinen Geburtstag.

Mein Abschied heut früh von Papauta war großartig. Die Mädchen der Schule, alle in weiß gekleidet, die Männer, Frauen und Kinder der Nachbarschaft kamen in einer langen festlichen Prozession, um mir Lebewohl zu sagen. Sie sangen dabei ein Lied, das sie auf mich gedichtet hatten, und indem eine Person nach der andern an mir vorüberzog, um mir die Hand zu schütteln, legte jede ein Geschenk zu meinen Füßen, so daß ich, nachdem die Zeremonie zu Ende war, neben einem wahren Berg von samoanischen Stoffen, Matten, Fächern, Hüten und anderen Landesprodukten stand. Nicht weniger als vierzig Ringe und mehrere Broschen von Schildkröte sind unter den Geschenken und ein speziell für mich von Tapa verfertigtes samoanisches Kleid. Schön ist es nicht, und ich glaube nicht, daß meine Eitelkeit mir je erlauben würde, es zu tragen. Aber ich nehme es doch mit, um es irgendeinem Museum zu schenken, denn das Tapamachen wird mit jedem Jahre seltener und wird jedenfalls in weniger als einem Jahrzehnt ganz vergessen sein. Was die Hüte betrifft, dreizehn an der Zahl, so ließ ich sie alle in Papauta, um die Zollbeamten in San Francisco zu schonen. Ich weiß sowieso nicht, was die Herren zu meinem Kuriositätenmagazin sagen werden!

Diesen Nachmittag führte mich die Königstochter Fa'amu noch zum Abschied spazieren. Eine große Auswahl von Fahrwegen gibt es hier zwar nicht. Apia, die samoanische Hauptstadt, hat eine einzige lange Straße, und wo die Stadt aufhört, hört auch der Weg auf. Auf der ganzen Insel gibt es keine Fahrwege, ausgenommen durch die Plantagen der Deutschen, die natürlich Privatwege sind. Wenn man die Insel durchstreifen will, muß man es zu Fuß oder zu Pferd tun.

Die Prinzessin ist ein wirklich nettes Mädchen und auch ganz gebildet, selbst mit europäischem Maßstab gemessen. Sie war einige Jahre in einer englischen Schule auf den Fidji-Inseln und spricht daher die Sprache vollkommen. Leider hat sie sich dabei europäische Modeideen in den Kopf gesetzt. Sie ist z. B. die einzige Samoanerin, die sich europäisch kleidet und, offen gestanden, sie sieht etwas grotesk darin aus. Dazu treibt sie es weiter, als notwendig ist. Sie trägt ein Korsett, das arme dumme Ding, und ein Korsett in diesem Klima ist eine Marter; ferner wählt sie mit Vorliebe dunkle Wollstoffe, bei deren bloßem Anblick es einem heiß wird, und, *last not least*, sie zwängt ihre Füße, die achtzehn Jahre fesselfrei umhergegangen, in die engsten Lackstiefelchen, die sie in Apia auftreiben kann!

Vorigen Sonntag abend gingen wir zusammen in die englische Kirche. Ihre königliche Hoheit hatte ein enganschließendes, schweres Wollkleid und ein nagelneues Paar Stiefelchen und sah zu ihrem sichtbaren Vernügen, ihr Haar und ihre Gesichtsfarbe ausgenommen, so europäisch wie nur möglich aus. Da es eine wunderschöne Mondnacht war, schlug ich vor, zu Fuß nach Hause zu gehen. Kaum hatten wir einen Seitenweg eingeschlagen, als meine Prinzessin plötzlich sich mitten auf dem Weg hinsetzte und Schuhe und Strümpfe auszog. „Ah, jetzt ist mir wohl!" rief sie jubelnd aus, als sie barfuß durch den weichen, warmen Sand watete. Warum sie es sich nicht immer so bequem macht, begreife ich nicht, besonders da sie in dem Kleid, das die zivilisierte Samoanerin adoptiert hat, viel hübscher aussehen würde. In losen Falten fällt das samoanische Kleid von den Schultern bis auf die Füße oder in eine Schleppe. Es sieht, wenn gut gemacht, graziöser aus als irgendeine heutige Kleidermode und ist natürlich bei weitem das bequemste Kleid für Damen, die ihr ganzes Leben in *dolce far niente* verträumen können. Zu denen gehöre ich leider nicht, sonst würde ich mich gleich in meiner Kleidung samoanisieren lassen.

„Der Dampfer kommt!" höre ich von draußen rufen. Es ist der Dampfer „Zealandia", einer der ältesten und schlechtesten Dampfer der Gesellschaft, der sonst nicht mehr für lange Fahrten gebraucht wird, aber dies eine Mal die Stelle eines anderen vertritt. Und da dies noch gerade die Sturmzeit des Stillen Ozeans ist, gestehe ich offen, daß mir diesmal etwas vor der Reise bangte. Dieser Brief fährt aber mit; wenn du ihn bekommst, kannst du so ziemlich sicher sein, daß auch ich mich noch unter den Lebenden befinde.

Also auf Wiedersehen auf der nördlichen Halbkugel!

An Bord des Dampfers „Zealandia", Nordpazifik,
28. Februar 1897.

Heute, ein Viertel nach zwölf Uhr, haben wir den Äquator passiert, und mir ist, als ob ich Europa bereits Hunderte von Meilen näher wäre als vor einer Stunde.

Ich hatte Papier und Feder mit auf das Verdeck genommen, weil ich mir das sentimentale Vergnügen machen wollte, dir in dem Moment zu schreiben, da ich wieder mit dir auf der nördlichen Halbkugel sein würde, aber das Schicksal oder, besser gesagt, der Stille Ozean hat es anders gewollt. Obwohl die See heute ganz ungewöhnlich hoch geht, verbrachte ich doch den ganzen Vormittag auf dem Deck. In einem Deckstuhl ausgestreckt und in Tücher gewickelt bis fast über den Kopf, obwohl wir in den Tropen sind, ließ ich mich ruhig von den Wellen des Meeres bespritzen und las Mark Twain. (Notabene: Mit einem Bande Mark Twain sollte jeder Seereisende sich versehen, da nichts so die Zeit vertreibt und oft sogar die Seekrankheit wie dieser geistreiche Humorist.) An einer der lustigsten Stellen meines Buches wurde ich plötzlich von dem Rufe: „Wir fahren über den Äquator!" unterbrochen. Ich wendete mich ein wenig, um den Sprecher, einen der Schiffsoffiziere, etwas zu fragen. Doch in diesem Augenblick schlug eine haushohe Welle auf das Deck hinunter, so daß auf einige Augenblicke alle losen Gegenstände umherschwammen wie auf dem Meere. Wir, d. h. mein Stuhl und ich, waren unter den

Schwimmenden. Wie ein Pfeil flogen wir dem Geländer zu, und wenn nicht der Offizier, der, dicht hinter mir stehend, die Gefahr gleich bemerkte, uns noch zeitig genug erwischt hätte, so würde ich jetzt keine Briefe mehr schreiben können. Was das für dich bestimmte Briefpapier, meine Feder und den lieben Mark Twain betrifft, so sind sie alle in der Meerestiefe und wundern sich wohl, wo ich steckengeblieben bin.

Eine Seereise bei solcher Witterung und auf einem solchen Meer ist wahrlich ein bedenkliches Vergnügen. Dazu haben wir die insipideste Reisegesellschaft, die man sich nur vorstellen kann. Denke dir nur, nicht weniger als sechs Hochzeitspärchen! Du weißt, wie langweilig schon ein solches Paar ist, und nun stelle dir vor, wie unausstehlich es ist, wenn man täglich und stündlich sechs vor Augen haben muß! Und dazu noch auf einem kleinen Schiff, wo man sich auf Schritt und Tritt begegnen muß! Alle diese Paare sind nicht jung. Ja es sind solche darunter, bei denen beide Parteien schon längst das Schwabenalter hinter sich haben, aber dumm sind sie alle. Ich weiß nicht, wie ich es noch fünf oder sechs Tage in so langweiliger Gesellschaft aushalten werde, besonders da ich nun keinen Mark Twain mehr habe. Wenn wir nur sonst etwas Anständiges an Bord hätten! Aber da ist gar niemand, mit dem man ein Gespräch führen kann. Außer den Hochzeitspaaren haben wir noch einen magenkranken Amerikaner, der, wie er mir sagte, seit fünfzehn Jahren ständig reist, um ein ihm passendes Klima zu finden. Natürlich sollte er da viel zu erzählen haben, aber das ist leider nicht der Fall. Er ist einer jener Menschen, die überall nur sich selbst sehen. Daher wird er ewig uninteressant und auch ewig krank bleiben. Wie könnte ein Mensch, der sein angebetetes Ego nie vergessen kann, gesund sein? Ich bedaure ihn übrigens, den Ärmsten. Auch wollte ich ihm helfen, indem ich ihm das Klima von Tasmanien, Neuseeland und einigen europäischen Orten anpries, aber er kennt sie alle und findet an jedem etwas auszusetzen. Er wird also bis an sein Lebensende nach dem idealen Klima suchen und es doch nicht finden. Armer Millionär!

Honolulu, Sandwich-Inseln, 6. März 1897.

Da bin ich nun in Honolulu, dem „Paradies des Pazifik", und wahrhaftig, was die Schönheit des Ortes anbetrifft, verdient es diesen Beinamen vollkommen. Einen schöneren Anblick als den, der sich uns gestern bot, da die „Zealandia" in den Hafen von Honolulu einlief, habe ich noch nie genossen. Rechts der wie ein mächtiger Löwe daliegende „Diamond Head" – ein erloschener Vulkan –, vor uns schön bewaldete Hügel, an deren Fuß das liebliche Honolulu aus einem Garten der üppigsten tropischen Vegetation hervorguckt. So entzückend schön habe ich mir das wirkliche Paradies nie vorgestellt.

Als wir näher kamen, wurde die Paradiesillusion nur noch verstärkt. Nicht mit Posaunenklang und Engelgesang hielten wir unseren Einzug, aber mit den wohl nicht viel minder lieblichen Tönen des hawaiischen Nationalliedes „Hawaii Ponoi", das von der königlichen oder eigentlich jetzt republikanischen * Kapelle gespielt wurde in dem Augenblick, da unser Schiff anlegte. Wenn das

* Die Sandwich-Inseln oder Hawaii sind seit 1893 eine Republik, seit 1898 ein Territorium der Vereinigten Staaten.

eine hawaiische Sitte ist, daß man ankommende Dampfer mit Musik begrüßt, so ist es nach meiner Ansicht die schönste Sitte der Welt. Wenn die hawaiische Militärkapelle vielleicht auch nicht gerade mit der des 13. Infanterieregimentes in Krakau sich messen kann, ist sie doch eine der besten. Erstens sind die Hawaiier, wie ihre Brüder, die Samoaner, von Haus aus musikalisch; dazu haben sie einen wirklichen Künstler zum Kapellmeister, einen Deutschen, Kapitän Berger, den der musikliebende König Kalakaua mit sich aus Deutschland gebracht hat, um die hawaiischen Volkslieder in Musik zu setzen. Jeden Tag in der Woche spielt die Kapelle auf einem öffentlichen Platz in Honolulu, hat man mir gesagt, und darauf freue ich mich nicht wenig.

Wer, wie ich, nicht viel über Honolulu gelesen hat und gerade von Samoa heraufkommt, erwartet natürlich, hier so ungefähr denselben Stand der Dinge zu finden, da ja die beiden Inselgruppen in demselben Ozean sind, beide dieselbe Vegetation haben, beide von derselben Menschenrasse bewohnt sind. Wie erstaunt ist man daher, alles außer der Vegetation so verschieden zu finden! Während Apia, die samoanische Hauptstadt, einem stillen, abgelegenen Dorfe gleicht, wo man weder Dampf noch Elektrizität kennt, ist Honolulu, die hawaiische Hauptstadt, obwohl sie nur 30000 Einwohner hat, eine Großstadt modernster Art. Sie ist elektrisch beleuchtet, hat Telephon in jedem Hause, *Tramways* in allen Straßen und eine schnaubende, dampfende Eisenbahn, die von einem Ende der Insel ans andere fährt. Die Eingeborenen, die wie die Samoaner und die Maoris von Neuseeland der malaiischen Rasse angehören und daher ebenfalls schön sind, kleiden sich europäisch, sprechen Englisch und bekleiden, ganz wie die Weißen, öffentliche

Beamtenstellen. Nur in einer Beziehung gleicht Honolulu noch keiner europäischen Stadt: Es hat keine Bettler. Die Inseln des Stillen Ozeans zeichnen sich dadurch sehr vor den Inseln des Indischen Ozeans aus. Seit ich Australien verließ, habe ich keinen Bettler mehr gesehen!

Einen anderen und zwar ganz merkwürdigen Vorzug genießen die drei Inselgruppen Neuseeland, Samoa und Hawaii (oder die Sandwich-Inseln): Auf keiner derselben gibt es Schlangen. Es ist dies wirklich auffällig, wenn man bedenkt, daß es auf den Nachbarinseln, wie z. B. auf den Fidji-Inseln, welche Neuseeland und Samoa so nahe liegen, buchstäblich von Schlangen wimmelt. Vor einigen Jahren soll ein Zuckerplantagenbesitzer versucht haben, die Schlangen hier einzuführen, damit sie ihm die Ratten, die seine Plantagen beschädigten, vertilgten. Er brachte ein Schlangenpaar von Indien herüber; aber sobald er sie losließ, stürzten sich hawaiische Arbeiter auf die Untiere und erschlugen sie, wofür ihnen gewiß niemand dankbarer ist als ich!

Die meisten weißen Einwohner von Hawaii sind Amerikaner. Doch gibt es auch, besonders unter den Handelsleuten und Plantagenbesitzern, viele Engländer und Deutsche. Aber es trägt doch alles den amerikanischen Stempel. Der Präsident der jungen Republik und die sämtlichen Minister sind Amerikaner sowie auch alle höheren Staatsbeamte. Ganz amerikanisch ist besonders die fabelhaft schnell fortschreitende Zivilisation der Hawaiier. Vor 70 Jahren waren sie noch Wilde; heute können sie sich in Bildung mit jeder europäischen Nation messen. Ja, unseren östlichen und südlichen Nationen sind sie sogar weit überlegen, denn es gibt keinen bewohnten Winkel des hawaiischen Archipels, wo nicht eine Schule ist, und unter den Eingeborenen gibt es keine, die nicht zwei Sprachen lesen und schreiben können, nämlich Hawaiisch und Englisch. Die einzigen, die der Schreib- und Lesekunst unkundig sind, sind die Eingewanderten.

Honolulu mit nur 30000 Einwohnern, von denen nur 8000 Weiße sind, hat über 30 Schulen, darunter ein Gymnasium, von dem dann die jungen Leute an eine amerikanische oder englische Universität gehen. Fast sämtliche Lehrkräfte sind Amerikaner, und Englisch ist überall die Unterrichtssprache.

Die Stadt hat eine schöne Bibliothek, die den ganzen Tag und auch abends für jedermann offen ist und wo dem Leser 10000 Bücher und die bedeutendsten Zeitungen der zivilisierten Welt zur Verfügung stehen. In Honolulu selbst erscheinen vier Tageszeitungen in englischer und mehrere in hawaiischer, portugiesischer, chinesischer und japanischer Sprache. Das ist amerikanische Zivilisation!

Soviel für einmal von Hawaii und Honolulu; weiteres, sobald ich mich hier etwas eingelebt haben werde, was mir nicht schwer fallen wird, da ich ein gutes Unterkommen gefunden habe im chinesischen Missionshaus, wo man auch einige Nichtchinesen in Pension nimmt.

Honolulu, 26. März 1897.

Besser als im chinesischen Missionshaus hätte ich es mit meinem Unterkommen gar nicht treffen können. Der Leiter der Missionsschule, Herr Damon, ist der Sohn eines früheren amerikanischen Missionars in Hawaii und hier geboren. In seinen jüngeren Jahren war er Diplomat und brachte zur Zeit des Königs Kalakaua einige Jahre in Berlin zu als Attaché der hawaiischen Legation. In Genf hat er Französisch gelernt und hat von dort eine außerordentliche Bewunderung für unser Land und unser Volk mitgebracht. In China, wohin er sich vor einigen zehn Jahren in einer diplomatischen Angelegenheit begeben mußte, verliebte er sich in eine sehr schöne amerikanische Missionarstochter, und weil sie nur einem Missionar ihre Hand reichen wollte, hing er die Diplomatie an den Nagel und wurde Missionar. Er gleicht noch heute in Aussehen und Manieren viel mehr einem Hofmann als einem Missionar, ist aber trotzdem ein idealer Missionar und tut Wunder in seiner Schule, wo aber auch seine geistreiche, liebenswürdige und praktische Gattin tüchtig mitwirkt. Glaube jedoch nicht etwa, daß wir weißen Pensionäre nur so *pêle-mêle* mit den chinesischen zusammen sind. Diese wohnen ganz gesondert und führen ihre eigene Küche, so daß wir sie aufsuchen müssen, wenn wir Umgang mit ihnen pflegen wollen. Ich gehe oft und gerne in die Schulzimmer hinüber, um den Unterrichtsstunden beizuwohnen, und fast jeden Abend könntest du mich sehen im Garten oder in der großen Halle, umringt von einer Schar gelber Söhne des himmlischen Reichs, denen ich von meinen Reisen erzähle, besonders von Europa und der europäischen Schuljugend, was sie am allermeisten zu interessieren scheint. Auch eine chinesische Mädchenschule hat Herr Damon gegründet; die liegt aber außerhalb des Instituts. Dort gebe ich alle Sonntage eine oder zwei Stunden Religionsunterricht – so sehr bin ich schon unter dem Einfluß der Missionare –, und die herzigen kleinen Chinesenmädchen sind mir schon ganz ans Herz gewachsen. Du kannst dir also denken, daß ich hier ganz zufrieden bin; denn wo ich Jugend um mich haben kann, ist mir fast immer wohl. Auch sonst habe ich allen Grund, dem Schicksal, das mich ins Missionshaus geführt, der Dame, die mir diese Adresse gegeben hat, dankbar zu sein, denn Herr und Frau Damon sind nicht nur die liebenswertesten Leute, deren Freundschaft hoch zu schätzen ist, sondern sie sind auch mit den angesehensten und ältesten Kolonistenfamilien allen bekannt oder verwandt – der Finanzminister der hawaiischen Republik ist ein Bruder von Herrn Damon –, so daß ich durch sie ebenso interessante wie angenehme Bekanntschaften mache. Ich habe mich deshalb entschlossen, nicht bloß einen Monat hier zu bleiben, wie ich es zuerst beabsichtigte, sondern die Dauer meines Sechsmonats-Billets Sydney-San Francisco ganz auszunützen. Meine australischen Ersparnisse erlauben mir so lange Ferien, und wer weiß, ob ich je wieder Gelegenheit haben werde, im Paradies zu weilen.

Kürzlich erhielt ich einen gar lieben Besuch. Es war dies eine Frau Tarnsworth, geborene Kesselring aus dem Thurgau, die schon 25 Jahre in Honolulu lebt, wo ihr Mann, ein Amerikaner, Hafenpilot ist, und die hier noch nie eine Landsmännin gesehen hat. Sie und ein *Tramway*führer Waldvogel aus Schaffhausen, den ich aber noch nicht gesehen, sind die einzigen Schweizer hier. Frau Tarnsworth hat aus den Zeitungen, die aus Mangel an anderem Stoff immer sehr viel Personalnachrichten bringen, erfahren, daß eine „schweizerische Weltumseglerin" hier sei, und kam, mich zu begrüßen. Daß wir seither sehr viel miteinander verkehren, brauche ich wohl nicht erst zu sagen. Ihr Haus ist auch ein wenig meine Heimat geworden.

Honolulu, 11. April 1897.

Wer mich heute beobachtet hätte, würde mich gewiß für eine außerordentlich fromme Person halten; denn ich war nicht weniger als dreimal in der Kirche, nämlich vormittags in der chinesischen Kirche, nachmittags in der japanischen Sonntagsschule und abends im amerikanischen Gottesdienst. Glaube aber nicht etwa, daß ich in einem chinesischen Heidentempel war. So etwas würde ich mich an einem heiligen Sonntag in diesem so streng protestantischen Honolulu nicht zu tun getrauen; nein, ich war nur in einer chinesisch-protestantischen Kirche. Daß ich viel gebetet habe oder von der Predigt sonderlich erbaut war, kann ich zwar nicht sagen, denn es wurde chinesisch gepredigt, und das ist eine der vielen Sprachen, die ich noch nicht erlernt habe. Dennoch kam sie mir sehr bekannt vor. Kaum hatte der Pastor angefangen zu sprechen, als ich mir sagte: „Wo in aller Welt habe ich die oder eine ähnliche Sprache gehört?" Daß es nicht in China gewesen sein konnte, wußte ich, weil ich nie dort war, und die Chinesen, denen ich auf meinen Reisen begegnet war, hörte ich entweder gar nicht oder nur Englisch sprechen. Und doch kam mir diese häßliche, gutturale Sprache so bekannt vor. Wo konnte ich sie nur gehört haben? Ich schloß die Augen, um besser hören und nachdenken zu können. Da plötzlich, auf den geflügelten Worten des Predigers wurde ich Tausende von Meilen getragen in ein kleines galizisches Judenstädtchen, Radomysl, wo ich vor Jahren einmal auf einem Markt war und mich an dem aus Hebräisch, Deutsch und Polnisch zusammengesetzten Kauderwelsch der Juden ergötzte. Ja, das war es, gerade so harsch und häßlich klang jenes Geplapper; Jüdisch und Chinesisch sind die harmonielosesten Sprachen, die ich je gehört.

Daß das Singen elend ausfiel, kannst du dir denken. Die armen Himmlischen gaben sich solche Mühe, und der Erfolg war so erbärmlich! Man könnte ja leichter einem gesprungenen Kessel Melodie entlocken als der chinesischen Sprache!

Nein, singen und lachen können die Chinesen nicht. Ich habe noch nie den Schatten eines Lächelns in einem chinesischen Gesicht gesehen, und doch saß ich kürzlich drei volle Stunden im chinesischen Theater und suchte nach irgendeinem Ausdruck in den tausend Chinesengesichtern, die dort waren; aber mochte das Spiel noch so komisch aussehen, die Musik noch so nervenzerreißend klingen, die Gesichter der Zuschauer bleiben steinern, als ob sie weder sähen noch hörten. Fehlt es den Chinesen an Seele oder an Nerven?

Obwohl sie aber weder angenehme noch liebenswürdige Menschen sind, gewinnen sie mir doch eine tüchtige Dosis Achtung ab. Ich sah sie in Australien als Gärtner, ich sehe sie hier in allen Häusern als Dienstboten, und ich bewundere ihren stillen, rastlosen Fleiß und ihre zähe Ausdauer. Auch sagen mir alle Hausfrauen, wenn man sich einmal an die Chinesen gewöhnt habe, könne man andere Dienstboten nicht mehr ausstehen. Sie arbeiten ruhig wie ein Automat und zweimal mehr als weiße Dienstboten; auch kommt es nie vor, daß sie etwas, auch nur das Geringste, vergessen. Die Hausfrau muß ihre Dienstboten durch Anschauungsunterricht belehren, wie sie die Sachen haben will, da sie selten genug Englisch können, um mündliche Befehle zu verstehen, aber man braucht es ihnen nur ein einziges Mal zu zeigen. Der Chinese ahmt alles mit der genauesten Peinlichkeit nach. Man muß daher beim Lehren sehr achtsam sein, daß man selbst keinen Fehler macht; denn es entgeht ihm nichts, und er wird alles gerade so machen, wie man es ihm gezeigt hat. Man erzählte mir von einer Dame hier, die ihrem chinesischen Koch zeigte, wie ein gewisser englischer Pudding gemacht sein muß. Das zweite Ei war schlecht, und sie warf es daher weg. Der Chinese glaubte aber, daß das Wegwerfen des zweiten Eies zur Fabrikation des Puddings gehöre, daß es wohl ein Opfer für irgendeine christliche Gottheit sei, und wirft seither das zweite Ei stets weg, wenn er denselben Pudding macht! Doch genug von den Söhnen des Himmlischen Reiches, die dich am Ende gar nicht einmal interessieren!

Honolulu, 29. Mai 1897.

Man sagt, ein Fremder könne sich nur dann irgendwo zu Hause fühlen, wenn er anfange, eine lokale Korrespondenz zu haben. Das trifft bei mir jedenfalls zu, denn ich habe in den letzten Wochen eine so rege Korrespondenz mit den verschiedenen hawaiischen Inseln unterhalten, daß ich darüber meine europäischen Freunde etwas vernachlässigte. Vor einiger Zeit schrieb mir nämlich eine meiner polnischen Freundinnen, sie habe aus einer Lemburger Zeitung erfahren, daß in Hawaii eine polnische Kolonie existiere. Ich möchte ihre Landsleute doch besuchen und ihr dann Nachricht über sie geben. Natürlich mußte ich zuerst ausfindig machen, auf welcher Insel besagte Kolonie ist, und zu diesem Zwecke besuchte ich den deutsch-österreichischen Konsul. Doch er wußte nichts von einer solchen Kolonie. Ja, er zweifelte sogar, ob es überhaupt Polen in Hawaii gebe; und doch sollte er es eigentlich am besten wissen. Da ich mich selbst aber auf all meinen Reisen nie auf dem schweizerischen Konsulat gemeldet habe, so weiß ich, daß man sich jahrelang in einem Lande aufhalten kann, ohne daß der Landesvertreter etwas davon weiß, was freilich für eine ganze Kolonie wohl schwer sein würde. Immerhin wollte ich mich noch weiter erkundigen, und da mir meine Freundin schrieb, daß die Kolonisten als Plantagenarbeiter beschäftigt sein sollen, schrieb ich an die Verwalter der großen Kaffee- und Zuckerplantagen des hawaiischen Archipels. Ich erhielt heute die Antwort des letzten dieser Herren. Keiner weiß etwas von einer polnischen Kolonie. Ist nun jene Lemberger Zeitung schlecht unterrichtet worden, oder hat ein Redakteur den Artikel über die „Polen in Hawaii" erdichtet, um die Spalten seiner Zeitung zu füllen? Weiße Plantagenarbeiter soll es überhaupt wenige hier geben, weil die meisten Plantagen von Chinesen und Japanern bearbeitet werden. Die Asiaten widerstehen dem Klima besser; auch arbeiten sie für einen Lohn, mit dem hier nicht der bescheidenste europäische Arbeiter auskommen könnte. Zwölf bis fünfzehn Dollars ist das monatliche Salär eines gewöhnlichen Plantagenarbeiters. Dabei muß er sich selbst verköstigen. Die Asiaten ernähren sich meist nur mit Reis, und da dies ein hawaiisches Landesprodukt ist und sehr billig, so können sie noch Ersparnisse machen. Aber welcher weiße Arbeiter könnte mit fünfzehn Dollars monatlich sich und eine Familie ernähren in einem Lande, wo alles teuer ist?

Ganz anders wäre es natürlich für geschickte Handwerksleute. Die werden sehr gut bezahlt. Ein Maurer soll bis fünf Dollars täglich verdienen können, ein Zimmermann oder ein Maler zwei bis vier Dollars für einen Arbeitstag von neun Stunden. Nun ist bekanntlich ein

Dollar fünf Franken, aber man muß eben auch bedenken, daß alles teurer ist als anderswo. Landwirtschaft wird nämlich hier fast gar nicht betrieben. Das ganze Land ist von Kaffee- und Zuckerplantagen besetzt. Daher muß alles, was wir essen, aus Kalifornien, das über 2000 englische Meilen von hier liegt, bezogen werden. Ein Pfund Fleisch kostet 75 Centimes bis 1 Franken 25. Brot 50 Centimes das Pfund; Butter 2 bis 3,75; Kartoffeln 10 Centimes das Pfund und ein Glas Bier oder Schnaps nicht weniger als 1,25. Da wäre also ein Rausch ein kostspieliges Vergnügen. Auch soll ein weißer Arbeiter es nie sehr lange aushalten können, obwohl es eigentlich nie sehr heiß wird; aber es ist das ganze Jahr dasselbe Einerlei. Die Temperatur variiert nur zwischen 12 und 32 Grad Celsius. Und doch scheint es ein sehr gesundes Klima zu sein. Epidemien sollen selten vorkommen, und unter all meinen Bekannten – und ich habe deren schon viele – höre ich nie von jemandem, der krank ist. Auch habe ich in den letzten Wochen über 20 Schulen und 6 Kindergärten besucht, und überall sind mir die heiteren, gesunden Kindergesichter aufgefallen. Sehr erklärlich ist es, daß in einem Land, wo ewiger Sommer herrscht, die Energie nach und nach abnimmt und man etwas schlaff wird. Ich fühle zwar bis dahin noch kein Abnehmen meiner Kräfte; im Gegenteil, mir scheint dies das idealste Klima der Welt, und ich mache – zum großen Erstaunen der Honoluluaner – meilenweite Spaziergänge auf die benachbarten Berge und durch die unvergleichlich grünen Täler, an denen die Insel Oahu so reich ist.

Es ist eigentlich schade, daß man hier so selten zu Fuß geht – man sieht nie einen Weißen zu Fuß –, denn das Land ist für den Fußgänger wie geschaffen. Keine

Schlangen, überall die üppigste Vegetation und selten staubige Wege. Es vergeht selten ein Tag, an dem es nicht ein wenig regnet, gerade genug, um die Natur grün zu erhalten und den Staub von den Straßen zu fegen. Fast nie regnet es über der ganzen Stadt, und erst gar nicht über der ganzen Insel auf einmal, sondern nur stellenweise und in kurzen Schauern, so daß man nie daran denkt, mit einem Regenschirm auszugehen. Ich habe es oft auf einer Seite der Straße regnen sehen, während auf der anderen Seite die Sonne schien. Auch rühmen sich die Honoluluaner, daß es keinen Tag im Jahr gebe, an dem sie die Sonne nicht sehen. Seit den drei Monaten meines Hierseins hat das allerdings zugetroffen, aber ich erinnere mich auch keines Tages, an dem es nicht wenigstens einige Tropfen geregnet hat. Es ist daher auch kein Wunder, daß diese Insel ein ewig blühender Garten ist.

Ja, wenn nur diese Inselgruppe nicht so arg weit von der übrigen Welt entfernt wäre, da würde ich gewiß, nachdem ich meine Welttour vollendet hätte, wieder hierher zurückkommen und den Rest meines Lebens hier verbringen. Aber das Bewußtsein, daß mich 2000 englische Meilen Stiller Ozean von allen Weltteilen trennen und daß ich nicht wegreisen kann, wenn ich will, sondern nur, wenn gerade ein Schiff hier vorüberfährt, ist mir nicht angenehm. Es ist dies die einzige Schattenseite in diesem sonnigen Paradies!

Honolulu, 5. Juli 1897.

Honolulu schläft heute; denn es hat sich zwei volle Nächte keine Ruhe gegönnt, weil es den 4. Juli, den großen amerikanischen Nationaltag, würdig feiern wollte. Obwohl Hawaii noch nicht amerikanisch ist, wurde doch der Geburtstag der amerikanischen Freiheit mit solchem Enthusiasmus gefeiert, daß man sich ganz gut in einem der Vereinigten Staaten hätte glauben können. Vorgestern um zwölf Uhr mitternachts wurden wir durch ein Yankee-Doodle-Ständchen aus dem Schlaf geweckt, und von da an nahmen Musik, Gesang und Feuerwerk kein Ende bis heute früh. Man muß junge Völker an ihren Nationalfesten sehen, um so recht wissen zu können, was Patriotismus ist; wir alten haben uns schon zu sehr an das Vaterland gewöhnt, um es so recht würdigen zu können.

Du batest mich in deinem letzten Brief, etwas Ordnung zu bringen in das Wirrwarr von hawaiischen Namen: Sandwich-Inseln, Hawaii, Kamehameha, Kalakaua, Liliuokalani usw., die dir im Kopf herumtanzen. Laß dir also gesagt sein, erstens, daß Sandwich-Inseln und Hawaii ganz dasselbe ist. Als der englische Seefahrer Cook im Jahre 1778 die Inselgruppe entdeckte, nannte er sie Sandwich-Inseln, zu Ehren des damaligen Staatssekretärs Lord Sandwich, und unter diesem Namen sind sie meistens in Europa bekannt. Aber die Eingeborenen und Amerikaner nennen sie nur Hawaiische Inseln. Man belehrt uns auch gewöhnlich, daß Cook von den Wilden der Inseln ermordet und aufgefressen wurde. Hier glaubt aber niemand daran. Professor Alexander, der hawaiische Geschichtsschreiber und der gelehrteste Mann auf der ganzen Inselgruppe, versicherte mir kürzlich, daß die Hawaiier nie Menschenfresser gewesen seien. Cook ist allerdings hier ermordet worden, aber – ich schreibe, was mir Professor Alexander gesagt hat – er hat sich seinen Tod durch eigene Schuld zugezogen. Als er landete, empfingen ihn die Eingeborenen mit göttlichen Ehren; denn sie glaubten, daß er einer ihrer Götter, Lono, sei, den sie, wie die Juden ihren Messias, seit Jahrhunderten erwartet hatten. Cook ließ es sich ruhig gefallen, als Gott angebetet und gefeiert zu werden, und für diese Vermessenheit straften ihn die Götter! Eines Tages gerieten einige seiner Matrosen in einen Streit mit Eingeborenen. Der Pseudo-Gott näherte sich den Streitenden zu sehr und wurde durch Versehen am Arm verwundet. Sobald die Hawaiier das Blut erblickten, wußten sie, daß sie einem Betrüger göttliche Ehren erwiesen hatten; denn ein Gott könnte ja nicht verwundet werden. Ihr Zorn, als sie entdeckten, daß sie in ihren heiligsten Gefühlen so schmählich betrogen worden waren, ist am Ende erklärlich und sogar verzeihlich: Sie erschlugen ihn auf der Stelle.

Was Kamehameha betrifft, so ist das der Name der hawaiischen Dynastie *par excellence*. Der Gründer war der große Kamehameha, den man oft „Napoleon des Pazifik" nennt. Er brachte im Jahre 1795 die ganze Inselgruppe unter eine Regierung; denn bisher gab es so viele Könige, als es Inseln gab. Kamehameha war aber glücklicher als Napoleon, und vielleicht auch weiser; denn während das Reich des korsischen Eroberers noch zu seinen Lebzeiten verfiel, ist das seinige beisammengeblieben und ist gar bald ein Reich geworden, das seine Vertreter an den bedeutendsten europäischen Höfen hielt. Im Jahre 1820 unter Kamehameha II. wurde von amerikanischen Missionaren das Christentum eingeführt, und von nun an schreitet hier westliche Zivilisation mit Riesenschritten vorwärts. Die Kamehamehas waren alle aufgeklärte Männer und öffneten mit Freuden ihre Tore den westlichen Lehren. Leider starb die Dynastie im Jahre 1872 aus, und nun wurde ein ganz unbedeutender Häuptling, Kalakaua, zum König gewählt. Kalakaua ist jedenfalls den Europäern am besten bekannt, weil er im Jahre 1881 eine Reise um die Welt gemacht hat und an den verschiedenen europäischen Höfen sehr viel von sich reden machte. Er soll ein lustiger Kumpan gewesen sein, aber despotisch und ein Fremdenhasser. Er starb, ohne – außer der Gründung der Militärkapelle – viel Gutes für Hawaii getan zu haben. Nach ihm kam seine Schwester, die berühmte Liliuokalani, auf den Thron. Sie trieb den Fremdenhaß und den Despotismus so weit, daß im Jahre 1893 eine Revolution ausbrach, welche die Königin entthronte und die Republik proklamierte. Liliuokalani kühlt gegenwärtig ihren Ärger in den Vereinigten Staaten, indem sie ihre Memoiren schreibt. Die hawaiische Thronerbin ist nun die Nichte der Exkönigin, die junge Prinzessin Kaiulani, die in diesen Tagen aus England erwartet wird, wo sie ihre Erziehung vollendet hat. Es gibt noch viele Royalisten; fast alle Eingeborenen, die meisten Engländer und sogar einige Amerikaner wünschen Kaiulani auf dem Thron zu sehen. Aber obwohl viel zahlreicher, sind sie doch schwächer als die republikanische Partei und werden wohl ihren Willen nie durchsetzen. Die Amerikaner, die an der Spitze der Regierung stehen, arbeiten alle für die amerikanische Annexion, und jedenfalls wird es nicht gar zu lange dauern, bis die hawaiische Inselgruppe einer der Vereinigten Staaten wird.

Insel Maui, 20. August 1897.

Seit einigen Wochen bin ich auf der Insel Maui, am Abhang des größten erloschenen Vulkans der Welt, des 10000 Fuß hohen Haleakala, was auf deutsch Sonnenpalast heißt. Eine meiner neuen Honolulufreundinnen hat hier ein reizendes Sommerheim und hat eine ganze Gesellschaft eingeladen, den Sommer mit ihr hier zu verleben. Diese Insel ist nicht so schön wie die Insel Oahu, weil man außer Zuckerrohr fast keine Vegetation erblickt, und ich muß sagen, die Aussicht über Tausende von Jucharten mit Zuckerrohr ist nicht besonders anziehend. Hier befindet sich nämlich Spreckelsville, die größte Zuckerplantage der Welt, wo 40000 Juchart Land mit nichts als Zuckerrohr bebaut sind und wo man jährlich über 25 Millionen Pfund Zucker macht und noch viel mehr machen könnte, wenn Wasser genug da wäre. Der Eigentümer dieser Riesenplantage, Herr Klaus Spreckels, ein ehemaliger mecklenburgischer Bauer, kam als junger Mann nach San Francisco, wo er eine seiner Landsmänninnen fand und heiratete. Es war der Wunsch ihres Lebens, 10000 Dollar zu ersparen und dann in die Heimat zurückzukehren, um sich dort ein kleines Landgut zu kaufen. Doch Frau Fortuna hatte etwas ganz anderes mit den guten Mecklenburgern vor. Statt der ersehnten bescheidenen 10000 warf sie ihnen Millionen in den Schoß und machte Herrn Spreckels zum hawaiischen Zuckerkönig. Er hat heute mehr als 100 Millionen Dollar, wie man mir sagt, und hat sich unlängst in San Francisco einen Palast bauen lassen, in welchem das Badezimmer für seine einzige Tochter allein 10000 Dollar gekostet hat.

Am 17. Juli, also gerade fünf Jahre nach meiner Abreise aus dem lieben alten Europa, machte eine Gesellschaft von uns einen Ausflug zu dem Krater des Haleakala. Die andern waren alle zu Pferd. Doch ich hatte mir längst vorgenommen, den Weg zu Fuß zu machen, trotzdem oder gerade weil die Honoluluaner behaupteten, daß ich es nicht würde tun können, da man nie von jemandem gehört habe, der zu Fuß bis dort hinaufgegangen sei. Ich bin also nicht nur die einzige Frau, sondern, soviel man weiß, die einzige Person, die den imposanten Sonnenpalast eigenfüßig bestiegen hat. Auch haben die Zeitungen meinen Ruf als Bergsteigerin schon im ganzen Lande, d. h. auf der ganzen Inselgruppe, verbreitet. Als ich sonntags darauf zur Kirche ging, kam die ganze Gemeinde, um mir die Hand zu schütteln und mich bewundernd anzusehen. „Sie sind die Dame, die den Haleakala bestiegen?" war der Ausruf eines jeden, der sich mir näherte. Wer hätte je gedacht, daß ich mir einen Namen als Bergsteigerin machen würde! Man kann doch wahrlich nie wissen, wozu man es bringt. Eine solche Riesenaufgabe ist es übrigens nicht, diesen Berg zu ersteigen. Läge er nicht in den Tropen, wo die Menschen gehfaul sind, so würde er schon von Tausenden bestiegen worden sein. Es gibt keine steilen Felsen, keine halsbrecherischen Abgründe, überhaupt gar nichts, was eine besondere Gewandtheit und Kühnheit im Bergsteigen erfordern würde. Man braucht nur gute Lungen, gesunde Füße und eine ziemliche Dosis Ausdauer zu haben; denn der Weg ist lang und langweilig, die zwei letzten Meilen ganz besonders; denn er führt durch fußtiefe, tausendjährige Asche, in der das Steigen zur wahren Sisyphusarbeit wird, weil man, wenn man einen Schritt vorwärts macht, den größeren Teil davon wieder zurückgleitet. Schließlich erreichte ich aber doch den Gipfel und wurde dort auch vollständig für mein Bemühen belohnt.

Ich habe vielleicht schönere Aussichten genossen in meinem Leben, aber so großartige nie. Wir schwebten über den Wolken; aber wenn sich diese lichteten, was hie und da geschah, konnten wir den ganzen hawaiischen Archipel – acht Inseln an der Zahl – übersehen. Dazu standen wir am Rande des größten Kraters der Welt, der einen Umfang von 21 englischen Meilen hat und so tief ist, daß die 14 kleinen Vulkane, die darin zerstreut sind und von denen einige 700 und 800 Fuß hoch sind, wie kleine Maulwurfhügel aussehen. Wie großartig dieser Koloß ausgesehen haben muß zur Zeit, da er noch Feuer spie! Ob er wohl wieder einmal erwachen wird?

Eines Tages hoffe ich auch, zu der Insel Hawaii, der größten Insel der Gruppe, zu fahren, um dort die Feuerseen des Kilauea zu sehen. Aber ich möchte warten, bis ein Ausbruch stattfindet, da die meisten Leute enttäuscht sind, wenn sie ihn zur Zeit sehen, da er ruhig ist, weil man nach den Beschreibungen, die man gelesen hat, so außerordentlich viel davon erwartet.

Vorige Woche machte ich die Bekanntschaft einer sehr netten norwegischen Familie, Verwandten von Dr. Nansen. Natürlich hatte ich endlose Fragen über den großen Mann zu stellen. Dabei erfuhr ich, daß „Fram“ das norwegische Wort für „Vorwärts“ ist. Brauch' ich zu sagen, daß ich nun doppelt stolz auf mein Losungswort bin, seit ich weiß, daß ich es mit dem großen Nordpolfahrer teile?

Honolulu, 2. Oktober 1897.

Diesmal, liebe Elisabeth, rate ich dir, dich bequem in eine Sofaecke zu setzen, bevor du weiterliest; denn ich sehe voraus, daß du schier in Ohnmacht fallen wirst, wenn du vernimmst, was ich dir heute zu sagen habe. Denke dir nur, ich bin vom hawaiischen Unterrichtsminister zur Lehrerin der modernen Sprachen am einzigen Gymnasium der Republik ernannt worden! Und zwar habe ich die Ehre, dieses Studium hier einzuführen, denn bisher wurde außer Englisch nur Griechisch und Latein betrieben. Wenn du also in Zukunft ganz besonders ehrerbietig von mir sprechen willst, so nenne mich: „Die Mutter der deutschen und französischen Sprache in der hawaiischen Republik."

Wie ich zu dieser Stellung gekommen, wirst du wohl fragen. Ganz unverhofft. Als ich von der Insel Maui zurückkam, hatte ich die feste Absicht, mit dem nächsten Dampfer nach Amerika zu fahren. Doch da führte mich die Vorsehung mit einigen Mitgliedern der Unterrichtskommission zusammen. Man sprach davon, welche gute Gelegenheit es wäre, jetzt den Versuch zu machen, die deutsche und französische Sprache in den hawaiischen Schulen einzuführen. Bis jetzt hat man nämlich nicht gewagt, noch mehr Sprachen an dem ohnehin schon so vielsprachigen Gymnasium einzuführen. Da nun aber jemand in Honolulu war, der in den beiden Sprachen unterrichten könnte, wollte man gern den Versuch machen. Ich wurde daher gefragt, ob ich die Aufgabe übernehmen würde. Ich finde es interessant, wenigstens in etwas Pionierin zu sein, und so sagte ich für ein Jahr zu.

Das ist aber nicht die einzige überraschende Nachricht, die ich zu geben habe. Ja, es ist eigentlich gar nichts im Vergleich zu dem, was noch kommen wird. Kannst du dir mich als öffentliche Vorleserin denken? Nein, natürlich kannst du es nicht. Wer, der mich kennt, könnte das? Und doch habe ich gestern um fünf Uhr nachmittags mein Debüt in dieser Rolle gemacht, und zwar vor einer höchst eleganten und intelligenten Zuhörerschaft.

Wieder fragst du dich gewiß, wie das nur hat kommen können? Ich frage mich selbst, wie es gekommen ist. Es ist ganz sonderbar, wie mir Dinge in den Schoß fallen, von denen ich nicht einmal geträumt.

In einer Gesellschaft, in der ich mich vor einiger Zeit befand, brachte jemand – nicht ich, ich versichere dich – das Gespräch auf deutsche und französische Literatur. Da ich die einzige Fremde in der Gesellschaft war und man daher annahm, daß ich besser über das Thema unterrichtet sein müsse als die andern, wurden mehrere Fragen direkt an mich gerichtet. Es waren gerade Fragen, über die ich so ziemlich gut Bescheid wußte. Wenn man zwei Jahre lang den Unterricht eines Philippe Godet und eines Dr. Domeier in Neuenburg genossen hat, könnte der größte Dummkopf nicht umhin, etwas von deutscher und französischer Literatur zu wissen! Plötzlich sagte eine der Damen: „Fräulein Bögli, Sie sollten hier öffentliche Vorträge über Literatur halten. Sie würden eine wahre Wohltäterin für Honolulu sein, da wir so gar keine Gelegenheit haben, Vorträge dieser Art zu hören." Ich lachte laut auf; denn die Idee, daß ich, die es nie dazu gebracht hat, in größerer Gesellschaft einen ganzen Satz zu sprechen ohne Erröten, öffentlich sprechen solle, kam mir auch gar zu absurd vor. Aber niemand wollte meine Schüchternheit gelten lassen. Der Gedanke, mich wider Willen zur Bühnenrednerin zu machen, schien gleich in vielen Köpfen Wurzeln zu fassen. Sogar der Direktor des

Gymnasiums redete auf mich ein, und der Unterrichtsminister ließ mir sagen, daß man mir mit Vergnügen unentgeltlich den großen Saal im Gymnasium zur Verfügung stelle. In einem schwachen Augenblick sagte ich denn auch zu. Natürlich bereute ich es bald nachher; aber da nun einmal das Versprechen gegeben war und es nicht meine Gewohnheit ist, mein Wort zu brechen, konnte ich nicht zurücktreten.

Gestern nachmittag um fünf Uhr wurde ich also sozusagen zur Opferbank geführt. Ich litt so furchtbar, bevor ich in den gefüllten Saal trat, daß ich aufrichtig wünschte, nie lesen und schreiben gelernt zu haben, um nie einer solchen Prüfung ausgesetzt zu werden. Glücklicherweise hielt der Direktor des Gymnasiums eine Einleitungsrede, während welcher ich mich etwas fassen konnte, und als dann die Reihe an mich kam, warf ich mich mit wahrer Todesverachtung in den Kampf. Es ging auch so so. Ich brach nicht zusammen und verlor nie den Faden, obwohl ich keine geschriebene Zeile bei mir hatte, sondern frisch von der Leber weg sprach, wie der Schweizer sagen würde. Was mein Auditorium von mir hält, siehst du aus den Zeitungsausschnitten, die ich dir hiermit sende. Ich sollte mit dem Urteil zufrieden sein, und doch bangt mir schon wieder vor dem nächsten Mal. Was aus mir werden wird, wenn ich monatelang jede Woche einen solchen Riesenkampf kämpfen muß, weiß ich nicht.

Honolulu, 28. Dezember 1897.

Ich muß wirklich um Entschuldigung bitten, daß ich Weihnachten habe vorübergehen lassen, ohne euch meine Wünsche zu schicken, aber in einem Lande, wo es ewig Sommer ist, merkt man das Herannahen des Weihnachtsfestes nicht, besonders wenn man außerdem so beschäftigt ist, wie ich es bin. Ich glaube, ich darf mir erlauben zu sagen, daß ich die geschäftigste Frau der hawaiischen Inselgruppe bin, denn zu meinen Schulpflichten und den Vorträgen habe ich auch noch eine Unmenge Privatstunden.

Glücklicherweise ist Arbeit für mich meist ein Vergnügen und hier – wenn man die Vorträge ausnimmt, an die ich mich noch immer nicht gewöhnt habe – ganz besonders. Noch nie hat mir das Unterrichten mehr Freude gemacht als hier im Gymnasium. Ich weiß nicht, ob die Knaben und Jünglinge so gut lernen, weil sie sich schämen würden, vor einer Dame ihre Lektionen nicht zu können, oder ob ihnen der Lerneifer angeboren ist; aber nie brauche ich einen wegen vernachlässigter Pflicht zu rügen.

Was den Unterricht ganz besonders interessant macht, ist das Gemisch der verschiedenen Menschenrassen, die meine Schüler repräsentieren. Es sind unter ihnen Kanaken, Neger, Chinesen, Japaner und Weiße aller Nationen. Ich habe daher gute Gelegenheit, die Lerneigenschaften der verschiedenen Rassen kennenzulernen. Die Palme gebührt entschieden den Weißen; doch ist das natürlich nicht erstaunlich, wenn man bedenkt, wie viele Jahrhunderte Zivilisation sie hinter sich haben. Von den anderen sind die Chinesen bei weitem die besten Schüler. Nicht etwa, daß sie schnell im Auffassen sind; man muß ihnen im Gegenteil alles meist mehr als einmal erklären, bevor sie es fassen. Aber wenn sie etwas einmal ganz begriffen haben – und sie geben sich nicht zufrieden, bevor sie es gründlich verstehen –, da sitzt es dann auch fest für alle Zeiten. Was den Fleiß und die Gründlichkeit dieser chinesischen Jünglinge von 18 bis 20 Jahren betrifft, so sind sie geradezu erstaunlich. Die Neger und Kanaken sind intelligent, aber ohne viel Ehrgeiz. Die Japaner sind rasch im Auffassen, aber auch rasch im Vergessen und von einer Oberflächlichkeit, die ich bei diesen Preußen des Ostens nicht erwartet hatte.

Ich habe einen sehr interessanten japanischen Privatschüler, einen Attaché der japanischen Legation in Honolulu, der ein Verwandter – Neffe glaube ich – des großen japanischen Staatsmannes Marquis Ito ist. Er, d. h. mein Schüler, hofft, bald als Gesandter nach Brüssel oder Wien geschickt zu werden, und möchte daher so schnell wie möglich etwas Französisch lernen. Auch möchte er von mir in europäischen Manieren unterrichtet werden und bittet mich immer, ihn zu korrigieren, wenn er sich nicht ganz wie ein europäischer Gentleman aufführe. Wie ein Europäer führt er sich allerdings nicht immer auf; aber zu korrigieren finde ich doch nicht viel an ihm. Denke nur, was er gestern tat. Ich war von amerikanischen Freunden zu einem Christfest in einer Kirche eingeladen. Mein Japaner hatte aber seine Lektion bis acht Uhr; daher telephonierte ich meinen Freunden, daß ich sie später in der Kirche treffen würde. Nach der Stunde bat ich meinen Schüler, mich dorthin zu begleiten; ja ich lud ihn sogar ein, mit an der Festlichkeit teilzunehmen. Da er aber ein hochgeborener Japaner ist und daher das Christentum verachtet, lehnte er meine Einladung ab. Er kam aber mit in die Kirche, suchte einen Stuhl für mich und empfahl sich dann. Welches war nicht mein Erstaunen, als um elf Uhr, nachdem die Geschichte zu Ende war, mein Kavalier sich wieder einstellte, um mich nach Hause zu begleiten! Er wartete diese zwei Stunden draußen, weil er es für seine Ritterpflicht hielt, mich wieder zurückzubegleiten! Nein, in Höflichkeit haben die Söhne aus dem Lande der aufgehenden Sonne von keiner Nation etwas zu lernen.

Honolulu, 15. März 1898.

Daß das Wetter ein verpöntes Gesprächsthema ist, weiß ich wohl, aber es wäre fast unmöglich, in dieser Zeit einen Brief aus Honolulu zu schreiben, ohne es zu berühren, denn wir haben seit Wochen von nichts als dem Wetter sprechen hören. Wenn man auf der Straße einen Bekannten trifft oder einen Besuch macht, ist immer der erste Ausruf: „Ist das ein abscheuliches Wetter!" Sogar die Mainekatastrophe* und der Krieg mußten in den Hintergrund treten. Es ist aber auch kein Wunder; denn seit Neujahr hat das liebliche, sonst so sonnige Hawaii nichts als Regen und Stürme – keine vorübergehenden leichten Schauer, wie man sie sonst hier gewöhnt ist, sondern wahre Wolkenbrüche, zehn und zwölf Zoll in vierundzwanzig Stunden! Wenn der Boden hier nicht so porös wäre, hätten wir wohl längst auf die Schiffe im Hafen flüchten müssen. So wurde gestern das Chinesenviertel überschwemmt, Brücken und Häuser weggetragen, wobei viele Menschenleben verlorengingen. So etwas hat das hawaiische Wetterbureau bisher nie zu

* Der Untergang des amerikanischen Kriegsschiffs „Maine" auf der Reede von Havanna.

verzeichnen gehabt. Als ich herkam, sagte man mir, daß Gewitter hier fast unbekannt seien, und doch haben wir in der letzten Zeit wöchentlich drei oder vier gehabt und so schreckenerregende, daß die Gewitter in den Schweizer Bergen bloße Theatergewitter sind im Vergleich mit diesen hier. Es tönt gerade, als ob alle Vulkane der Umgebung auf einmal ausgebrochen wären; die ganze Insel zittert. Ich fange an zu fürchten, daß das nächste Schiff, das hierherkommt, die Insel Oahu – das ist die Insel, auf welcher Honolulu liegt – stückweise im Stillen Ozean zerstreut finden wird.

Ein hiesiger Freund von mir war letztes Jahr einige Wochen in New York, wo man ihn bat, Vorträge über die hawaiischen Inseln zu halten. Er sprach wie alle, die einmal hier waren, ganz besonders enthusiastisch über das Klima, so enthusiastisch, daß sich mehrere New Yorker Familien daraufhin entschlossen, für den Winter hierherzukommen. Letzte Woche reisten sie wütend wieder ab; sie waren fast drei Monate hier und haben nicht ein einziges Mal die hawaiische Sonne gesehen, nachdem sie 6000 englische Meilen weit her zu diesem Zweck gekommen waren! Mein Freund I. wird sich wohl in Zukunft hüten, zu enthusiastisch über etwas zu reden.

Nachdem ich nun das Wetterthema so ziemlich erschöpft habe, komme ich auf etwas zu sprechen, das angenehmer ist, nämlich auf die königliche Hoheit Prinzessin Kaiulani. L. schrieb mir vor einigen Tagen, sie habe letzten Winter in Mentone eine reizende Miß Cleghorn aus Honolulu kennengelernt. Ich solle mich doch nach ihr erkundigen und, wenn ich sie finde, ihr viele Grüße ausrichten. Dieses eine junge Mädchen hier zu finden, ist eine viel leichtere Aufgabe, als den Wohnort einer ganzen polnischen Kolonie zu entdecken, denn

Cleghorn ist der bürgerliche Name der Thronerbin von Hawaii, falls Hawaii wieder eine Monarchie wird. Ich komme oft mit ihr zusammen und war erst gestern an einem Empfangsabend bei ihr. Kein Wunder, daß L. so entzückt ist von ihrer Honolulufreundin, wie sie sie nennt; denn Prinzessin Kaiulani ist eines der reizendsten jungen Mädchen, die ich gesehen habe. Sie besitzt die würdevolle Anmut, die ein besonderes Charakteristikum der Hawaiianerin ist, vereint mit kastilianischer Schönheit und europäischer Erziehung. Wenn ich ein Mann wäre, ich würde mich sterblich in die reizende Prinzessin verlieben. Ein Glück ist es diesmal, daß ich kein Mann bin, denn man spricht gerade jetzt sehr viel von einer Heirat zwischen ihr und dem Kronprinzen von Japan, und als Rivale des künftigen Mikados würde ich wohl wenig Hoffnung auf Erfolg haben.

Honolulu, 4. Juni 1898.

Glaube nur nicht etwa, daß mich das Wetter – das hat längst wieder in sein gewohntes sonniges Geleise eingelenkt – mich all diese Monate am Schreiben gehindert hätte, nein, diesmal ist etwas viel Wichtigeres schuld an meiner Nachlässigkeit, nämlich „der Durchzug der Zehntausend".*

Schon ganz im Anfang des Krieges brachten eines schönen Tages unsere Zeitungen die Nachricht, daß

* Reminiszenz an Xenophous Anabasis, d. h. den von dem genannten griechischen Geschichtsschreiber als Feldherrn geleiteten und beschriebenen Rückzug der zehntausend griechischen Söldlinge des persischen Thronprätendenten Cyrus im Jahr 401 v. Chr.

zehntausend amerikanische Freiwillige hier vorbeikommen werden auf ihrem Weg zu den Philippinen. Nun ist Honolulu, obschon es noch nicht zu Amerika gehört, ungemein amerikafreundlich gesinnt, und so wurden denn gleich Pläne zum würdigen Empfang der zukünftigen Helden gemacht. Es wurden viele verschiedene Komitees gebildet. Die Damen übernahmen natürlich den gastronomischen Teil des Festes und teilten sich wiederum in mehrere Komitees. Da gab es ein Fleischkomitee, ein Geflügelkomitee, ein Konservenkomitee, ein Kartoffelsalatkomitee, ein Dessertkomitee etc. Leider haben wir keinen Telegraphen,* der uns mit der übrigen Welt verbindet, so daß wir nicht wissen konnten, wann die Zehntausend da sein würden. Die Eßwaren mußten also stets bereit sein. Hunderte von Truthähnen, Enten und Hühnern wurden geschlachtet und aufs Eis gelegt, ganze Körbe voll Kuchen gebacken; ja sogar die Mayonnaise für den Kartoffelsalat wurde tagelang im Eiskalten bereitgehalten. Du kannst dir daher vorstellen, wie ungeduldig die Honolulu-Hausfrauen auf ihre Gäste warteten. Auch ich sah ihrem Kommen mit nicht geringer Aufregung entgegen, denn da Frau D., meine Kostfrau, zum Kartoffelsalatkomitee gehörte, fürchtete ich, wenn die Soldaten einen andern Weg einschlügen, würden wir den Kartoffelsalat allein aufessen müssen.

Fünf Dampfpfeifensignale sollten die Ankunft der Transportschiffe anzeigen; für gewöhnliche Dampfer ertönen nur drei. An eine ernste Arbeit war alle diese Zeit über nicht zu denken, denn jedesmal, wenn wir ein Pfeifen hörten, sprangen wir auf, und wenn es vor fünf wie-

* Am 1. Januar 1903 wurde eine Telegraphenlinie zwischen Amerika, Hawaii und den Philippinen eröffnet.

der aufhörte, war unsere Enttäuschung so groß, daß wir für den Rest des Tages zu nichts mehr taugten. Glücklicherweise für unsere Nerven wurde vorgestern abend das langersehnte Signal gegeben. Wir waren gerade beim Essen. Beim ersten Ton legte alles Gabel und Messer hin und fing an zu zählen, und sobald es über die üblichen drei hinaus war, sprangen wir auf, griffen nach unseren Hüten und eilten schnurstracks, so wie wir waren, viele von uns in vollständiger Gesellschaftstoilette, an den Hafen hinab. Es waren ihrer drei Dampfer voll – jedoch nicht 10000 –, die buchstäblich mit offenen Armen empfangen wurden; denn fast jeder amerikanische Honoluluaner hatte einen Vetter, einen Freund oder einen Bekannten unter den Angekommenen. Man hat mir sogar heute gesagt, daß auch zwei Schweizer dabei gewesen seien. Sie blieben gestern den ganzen Tag hier. An Schule und Stunden wurde natürlich nicht gedacht. Unsere einzige Pflicht war, die Vaterlandsverteidiger zu unterhalten. Die Regierung ging darin mit einem glänzenden Beispiel voran. Die Säle des Regierungspalastes wurden alle in Schreibzimmer umgewandelt und den Soldaten zur Verfügung gestellt. Ihre Briefe wurden alle auf Kosten der Regierung weggeschickt. Die Trams und Eisenbahnen waren ebenfalls frei für sie. Vormittags gingen wir natürlich alle in die Stadt hinab, um sie durch die Straßen marschieren zu sehen. Ich muß aber sagen, daß sie mir da nicht imponiert haben. Von Schritthalten war keine Rede. Jeder ging, wie es ihm paßte, seinen eigenen, individuellen Schritt. Da sehen unsere Schweizer denn doch militärischer aus, wenn sie marschieren. Um Mittag wurde in den schönen Gärten des Palastes das Essen serviert. Sämtliche Honoluludamen funktionierten als Aufwärterinnen, ich natürlich auch. Jede von uns trug als Zeichen ihrer Würde ein Stück weißes Band mit der hawaiischen und der amerikanischen Flagge und einem *„Aloha to the Boys in Blue“* darauf gedruckt. (*Aloha* ist der hawaiische Gruß.) Wenn ich die amerikanischen Soldaten beim Marschieren nicht bewundern konnte, so mußte ich dagegen ihr Betragen beim Feste bewundern. Eine artigere Gesellschaft von jungen Männern, von Soldaten gar nicht zu reden, habe ich nie beieinander gesehen. Ich muß allerdings bemerken, daß Alkohol gänzlich vom Festessen verbannt war, was der Fröhlichkeit jedoch nicht den geringsten Abbruch tat.

Nun ist die alte gewohnte Ruhe wieder in Honolulu eingezogen. Die Soldaten sind auf dem Wege nach Manila. Für wie viele von ihnen mag der gestrige Tag der letzte fröhliche Tag ihres Lebens gewesen sein!

Honolulu, 22. Juni 1898.

Heute verlasse ich das liebliche Honolulu; wenigstens bin ich darauf vorbereitet. Meine Koffer sind gepackt, und ich selbst bin reisefertig. Aber der Dampfer „Alameda“, der mich mit nach Kalifornien hinübernehmen soll, ist noch nicht da. Darum weiß ich nicht sicher, ob ich reisen werde oder nicht. Es ist nämlich gegenwärtig nicht ganz leicht, von den Inseln wegzukommen, weil durch den Krieg unsere Reisegelegenheiten bedeutend vermindert worden sind. Unsere regelmäßigen Passagierdampfer werden jetzt großenteils als Transportschiffe gebraucht, so daß uns nur noch die Dampfer bleiben, die von Australien und China kommen. Nun können wir aber nie zum voraus wissen, ob diese Dampfer noch Platz für Passagiere haben. Es bleibt uns also nichts übrig, als die Koffer zu packen, unsere Abschiedsbesuche zu machen und unsere Namen im Schiffsbureau einschreiben zu lassen. Es kann vorkommen, daß man keinen Platz findet. In diesem Falle geht man eben wieder nach Hause, sucht sich so geduldig wie möglich in sein Schicksal zu fügen und wartet einige Wochen auf den nächsten Dampfer.

Heute früh kam der Dampfer „Moana" aus Amerika an und rief hier Freude und Jubel hervor, denn er brachte die lang ersehnte Nachricht, daß der amerikanische Senat endlich die Annexion von Hawaii genehmigt habe, wonach dieses also einer der Vereinigten Staaten wird. Ich war unten am Hafen, als der Dampfer einlief, und nie habe ich solchen Jubel, solches Beglückwünschen mitangesehen. Frauen weinten vor Glück. Sogar viele Männer hatten Tränen in den Augen, als sie sich gegenseitig die Hand schüttelten. Alle grüßten und beglückwünschten einander; Leute, die ich nie gesehen, kamen, schüttelten mir die Hand und sagten: „Ist das nicht gute Nachricht?" Ich lächelte zu allem, freute mich mit allen, obwohl ich eigentlich gar nicht verstehe, was für ein besonderes Glück man von der Annexion erwartet. Ich weiß nur, daß ich während der fünfzehn Monate meines Hierseins ständig davon sprechen hörte und daß alle weißen Honoluluaner leidenschaftliche Annexionisten sind. Dagegen weiß ich aber auch, daß die Eingeborenen die Annexion hassen und fürchten; auch bemerkte ich nicht einen Hawaiier unter der glücktrunkenen Menge am Hafen. Da ich aber gern wissen wollte, wie sie die Nachricht aufnehmen, begab ich mich gleich auf den Fischmarkt, der zur Vormittagsstunde gewöhnlich das Rendezvous der Eingeborenen ist und wo es meist sehr lebhaft zugeht. Heute aber war der Ort still wie ein Kirchhof. Die Männer saßen in Gruppen beisammen, sahen dumpf brütend vor sich hin und sprachen kein Wort, oder wenn sie sprachen, geschah es leise und in abgebrochenen Sätzen. Es waren einige unter ihnen, deren Söhne meine Schüler sind und die ich daher oberflächlich kannte. Ich fragte jeden, was er denn eigentlich gegen die Annexion habe, und die Antwort war immer dieselbe: „Der Weiße wird herkommen und alles nehmen, was uns gehört, und wir werden ganz in den Hintergrund geschoben werden." Die armen Hawaiier! Als ob die Weißen nicht längst schon alles hätten! Der Hawaiier hat nichts mehr zu verlieren als seine Nationalität, seine eigene Fahne; aber die gibt man jedenfalls am wenigsten gern her. Wenn ich bedenke, was ich fühlen würde, wenn ich meine Nationalität verlieren sollte, wenn jene liebe alte Fahne, das weiße Kreuz im roten Feld, vom Erdboden verschwinden sollte, dann empfinde ich das tiefste Mitleid mit dem armen Hawaiier, und ich schäme mich, daß ich vor einer Stunde mich freuen konnte über etwas, das ein Volk um seine Unabhängigkeit bringt. Das war einer Schweizerin unwürdig!

San Francisco, Kalifornien, 30. Juni 1898.

Gestern abend kamen wir nach einer furchtbar stürmischen Überfahrt in San Francisco an. O dieser Stille Ozean! Was für eine Lüge enthält nicht sein Name! Ich bin acht verschiedene Male darauf gewesen, und jedesmal war er das Gegenteil von still. Diesmal benahm er sich wütender als je. Schon am zweiten Tage, nachdem wir Honolulu verlassen hatten, fing der Sturm an und spielte auf die übermütigste Weise Ball mit uns, bis wir ihm durch das Goldene Tor, wie der Eingang zum Hafen von San Francisco heißt, entschlüpfen konnten. Es wäre uns im letzten Augenblick noch fast schlimm ergangen; denn gerade als wir an dem den Pazifik-Reisenden so wohl bekannten „Cliffhouse" vorüberdampften, also fast hart vor dem Hafeneingang, kam zum Abschied noch ein so fürchterlicher Windstoß, daß die „Alameda" fast übergekippt wäre; die ganze Schiffsladung wurde mit einem Ruck und fürchterlichem Krach auf eine Seite geworfen, so daß das Schiff in eine ganz schiefe Lage geriet. Noch ein Stoß, und es wäre um uns geschehen gewesen.

Der Dampfer lief gerade bei Sonnenuntergang in den prachtvollen Hafen von San Francisco ein. Kein Wunder, daß die Spanier, die diesen Hafen entdeckt haben, den Eingang dazu das „Goldene Tor" nannten; wenn sie einmal einen Sonnenuntergang hier sahen, konnten sie kaum auf einen anderen Namen verfallen. Alles war goldig angehaucht, der Himmel, das Meer, die Berge und die Stadt im Hintergrunde, Gold, überall Gold! Wir waren wahrhaftig in Dorado.

Wenn das Land sein allerschönstes Kleid anzog, um mein Auge zu entzücken, so taten die Leute ihr Bestes, um mein Herz zu erfreuen. Als ich im Hotel, wo ich diesmal fürsorglicherweise ein Zimmer im voraus bestellt hatte, mein Zimmer betrat, sah ich überall Blumen, gerade wie ich draußen überall Gold gesehen hatte. Es war eher wie die Ankunft im eigenen Heim als in einem fremden Hotel. Wer mir in diesem neuen, unbekannten Land einen so freundlichen Empfang bereitet hat? Eine meiner früheren Honoluluschülerinnen, die jetzt an der Universität in Berkeley, unweit San Francisco, studierte und der ich geschrieben hatte, mit welchem Dampfer ich zu kommen hoffe und in welchem Hotel ich absteigen werde. Sie kam, so erzählte mir die Besitzerin des Hotels, heute in aller Frühe her, wählte selbst das Zimmer, verlangte sogar eine gemütlichere Einrichtung desselben und schmückte es eigenhändig mit ihren Blumen. Dank, süße liebe Mary, für die Freundlichkeit, die du einer einsamen Wanderin erwiesen hast!

Bevor ich mich schlafen legte, las ich noch ein ganzes Paket Briefe, die mir meine Honolulufreunde noch im letzten Augenblick auf den Dampfer geschickt hatten, damit ich auf der Reise etwas zu lesen habe. Nun war ich aber die ganze Zeit über viel zu seekrank, um lesen zu können. So las ich sie denn jetzt zum erstenmal, und beim Lesen kam ein wahres Heimatgefühl über mich, so schöne und herzliche Briefe waren es alle! Wenn nur der hundertste Teil der guten Wünsche, die sie enthalten, in Erfüllung ginge, so müßte ich in diesem Lande ganz außergewöhnliche Erfolge erzielen. Die Schreiber dieser Briefe sind alle geborene Amerikaner. Wie sollte ich mich nicht wohl fühlen in einem Lande, das so warmherzige Menschen erzeugen kann?

Heute tat ich schon die ersten Schritte, um Beschäftigung zu finden; ich stellte mich in zwei Lehrerinnenbureaus vor. Diese Bureaus haben nämlich hier einen viel besseren Ruf als in andern Ländern; die besten Institute, sogar die Universitäten, beziehen ihre Lehrer meist durch diese Vermittlungsbureaus, und einige dieser Agenturen, wie z. B. „The Fisk Teachers Agency", die in jeder großen amerikanischen Stadt ein Bureau hat, schicken Lehrer in alle Länder, in denen die englische Sprache gesprochen wird. Gegenwärtig sind keine Stellen offen; denn da die kalifornischen Schulen schon im Juli ihr Schuljahr anfangen, haben sie natürlich längst alle ihre Lehrer engagiert. Bis Weihnachten sei wohl wenig Hoffnung auf eine Schule; ich hätte zu keiner schlechteren Zeit kommen können, sagten mir die Leute. Das ist nicht sehr ermutigend für den Anfang, wie? Und doch gräme ich mich nicht sehr darüber. Ich bin glücklicherweise jetzt viel wohlhabender, als ich bei meiner Ankunft in Sydney war, und könnte ganz gut bis Weihnachten privatisieren, wenn ich wollte oder müßte. Aber ich glaube gar nicht, daß es dazu kommt; denn wenn ich in keiner Schule Anstellung finden kann, so bleiben ja noch Privatstunden oder Gouvernantenstellen, obwohl man hier, wo auch die allerreichsten Leute ihre Kinder in die Volksschule schicken, weniger Gouvernanten braucht als in anderen Ländern. Im äußersten Falle bleiben mir ja auch noch die Zimmermädchenstellen. Als solches würde ich von einem Tag auf den anderen eine gutbezahlte Stelle finden.

Ich will mich also nicht entmutigen lassen durch den ersten ungünstigen Bericht. Mein Schutzengel hat mich nicht verlassen, dessen bin ich sicher, denn ich fühle seine Gegenwart.

San Francisco, Kalifornien, 12. Juli 1898.

Elisabeth, denke dir nur, ich habe schon wieder eine Stelle, und zwar, trotz der ungünstigen Jahreszeit, in einer Schule. Das Glück fiel mir wieder einmal nur so in den Schoß, wie du sagen würdest. Gestern abend, als ich von einem Ausflug nach Mount Tamalpaïs, dem kalifornischen Rigi *, nach Hause kam, fand ich eine der Damen aus der Fisk Agency meiner wartend. Sie sagte mir, eine

* Schweizer Berg am Vierwaldstättersee.

der Schulvorsteherinnen sei diesen Nachmittag in großer Aufregung zu ihr gekommen und habe ihr geklagt, daß die französische Lehrerin, die sie sich diesen Sommer in Paris engagierte, telegraphiert habe, sie sei krank und könne nicht nach Kalifornien kommen. Die Schule fange nächste Woche an; sie sei daher in ungeheurer Verlegenheit. Die Damen im Bureau beruhigten sie aber, indem sie ihr versprachen, noch heute eine Person zu schicken, die für die Stelle wie geschaffen sei. Die Person war ich, und obwohl es schon spät und ich müde, hungrig und staubig war, zwang mich die Agentin, so, wie ich war, in eine Straßenbahn zu steigen und der unglücklichen Schulvorsteherin meinen Besuch zu machen. Dicke, schwere Schuhe, ein sehr kurzes Kleid, eine Jacke, die den Staub von vielen Ländern gesehen, und ein unschöner Matrosenhut, das ist mein Bergsteigerkostüm, und in diesem Aufzug mußte ich mich der gestrengen Miß H. vorstellen. Daß ich nicht gefiel, steht ganz außer Frage. Ich stelle im elegantesten Kostüm herzlich wenig vor; wie sollte ich denn im unvorteilhaften Kleid einen Eindruck machen? Auch hätte mich Miß H. ganz gewiß nicht gewählt, wenn sie eine andere Wahl gehabt hätte. Ich konnte gut sehen, wie sehr ich ihr mißfiel, und wunderte mich auch gar nicht, als sie mit der Frage anfing: „Glauben Sie, daß Sie große Mädchen, fast junge Frauenzimmer, unterrichten können?"

„Amerikanische Mädchen müßten sehr verschieden sein von den Mädchen anderer Nationen, wenn ich es nicht mit Erfolg tun könnte", war meine Antwort. Da war noch eine andere Dame im Zimmer, der ich jedenfalls noch mehr mißfiel als der Miß H.; denn als sie merkte, daß diese nachgiebiger wurde, trat sie mit einer Miene, die deutlich genug Zweifel ausdrückte, an mich heran mit der Frage: „Liebes Fräulein, halten Sie sich denn wirklich und wahrlich für fähig, große und vorgerückte Klassen zu unterrichten?" Hier riß mir dann doch die Geduld, und mein Ton war gewiß weder schüchtern noch besonders liebenswürdig, als ich der Dame antwortete: „Madame, wenn ich mich der Aufgabe nicht ganz gewachsen fühlte, würde ich mich ja gar nicht vorgestellt haben." Schließlich haben sie mich doch angestellt, aber sehr ungern, nur aus Not. Nun, wenn mir Gott die Gesundheit gibt, werde ich die Damen bald zur Einsicht bringen, daß sie gar kein so schlechtes Geschäft machten, als sie mich engagierten.

Da die Schule erst nächste Woche anfängt, bleibe ich noch im Hotel und mache Entdeckungsreisen in San Francisco. Bildest du dir auch ein, wie so viele andere Leute, daß San Francisco, weil es einen spanischen Namen hat, eine spanische Stadt sei, daß hier nur Spanisch gesprochen werde, daß stolze, faule Caballeros und hübsche, schwarzäugige Toreadors bei Tag müßig in den Straßen bummeln und abends unter den Fenstern ihrer Inamoratas Guitarre spielen? Wenn du dir so etwas eingebildet hast, so laß mich dich eines anderen belehren. San Francisco ist ganz so englisch wie London, d. h. nur Englisch wird hier gesprochen. Blond, groß und breitschultrig sind die meisten Männer, die in fieberhafter Eile durch die Straßen laufen; alles so anglosächsisch wie nur möglich. Der kalifornische Anglosachse ist aber einer der nettesten Vertreter seiner Rasse, den ich je kennengelernt. Er ist z. B. bei weitem höflicher als sein Bruder in Australien. Ich kann das nämlich beurteilen, denn wenn man soviel und stets allein reist wie ich, ist man sehr oft auf die Leute, denen man begegnet, angewiesen, und es ist ein gewaltiger Unterschied, ob sie artig sind oder nicht. Wenn ich in Sydney oder Melbourne einen Mann auf der Straße etwas fragte, erhielt ich selten eine anständige Antwort. Hier ist es ganz anders: Nicht nur, daß sie mir stets sehr höflich antworten, sondern sie begleiten mich oft weite Strecken, um mich richtiger weisen zu können. Diese Artigkeit ist um so erstaunlicher, als sie alle immer in solcher Eile zu sein scheinen. Sie laufen, als ob sie gerade nur einige Sekunden hätten, um sich an Bord ihres Schiffes oder Zuges zu begeben. Sogar die Kinder haben Eile in ihren Gesichtern geschrieben. Apropos Kinder! Was für ein unkindliches Wesen das amerikanische Kind ist! Hier im Hotel wohnen einige Familien mit Kindern, die mich jeden Tag in neues Erstaunen versetzen, ganz besonders bei Tisch. Sobald sie allein auf einem Stuhl sitzen können, nehmen sie nämlich ihre Mahlzeiten mit den Eltern im großen Speisesaal ein. Ich habe daher genügend Gelegenheit, die Sprossen des jungen, kräftigen Amerika zu studieren. An dem Tisch, der dem meinigen am nächsten ist, sitzt eine Familie mit zwei Kindern, einem herzigen kleinen Mädchen von ungefähr fünf Jahren und einem vielleicht zwei Jahre älteren Jungen. Zum Frühstück kommen die Kinder immer allein; denn der Papa, der ein Geschäftsmann zu sein scheint, frühstückt sehr früh, und die Mama ist noch bei ihrer Toilette. Die fünfjährige junge Dame tritt, dem Bruder voran, in das Eßzimmer mit dem Anstand und der Würde einer Königin, grüßt beim Vorgehen lächelnd und mit einem graziösen Kopfnicken, gerade wie die Mama es tut, ihre Bekannten und läßt sich dann ruhig von der Kellnerin auf ihren Stuhl heben. Die zwei kleinen Leute fangen nun ihr Frühstück an. Zuerst kommt Obst; davon nehmen sie natürlich, was sie wollen und soviel sie wollen. Nach dem Obst wird das bei den Anglosachsen überall übliche Porridge, eine Art Grützenbrei, serviert. Die Kleinen bedienen sich dazu selbst mit Milch und Zucker, wobei sie, nach Kinderart, besonders mit dem Zucker gar nicht spärlich verfahren. Ich bin sicher, daß die Kleine zu einem Frühstück mehr Zucker genießt, als ich in ihrem Alter in einem Monat bekommen habe. Während sie ihre Grütze essen, liest ihnen die Kellnerin den Speisezettel vor, und sie machen ihre Bestellungen für Fisch, Fleisch oder Eier; bis das Bestellte da ist, vertreiben sie sich die Zeit, indem sie dampfend heiße Brötchen essen und Eiswasser dazu trinken! Wir dinieren abends von sieben bis neun Uhr; die junge Dame ist immer da, ißt soviel wie der Papa und die Mama und spricht bedeutend mehr! Ist es bei einer solchen Erziehung zu verwundern, daß die junge Amerikanerin überall so frei und selbstbewußt auftritt? Glückliches Wesen, das die Leiden, die aus Schüchternheit und zu großer Bescheidenheit entstehen, nie kennenlernt!

San Francisco, 20. Juli 1898.

Ich komme soeben von einer Landpartie zurück, die ich hauptsächlich deswegen mitmachte, weil ich ein wahres Bedürfnis fühlte, wieder einmal so recht warm zu werden. Es ist zwar auch in San Francisco Sommer; aber hier wird es nie warm oder wenigstens nie heiß, und die San Franciscaner müssen im Sommer auf das Land gehen, um warm zu werden, gerade wie andere Städter auf das Land müssen, um Kühlung zu suchen. Wenn du eine Landkarte zur Hand nimmst, wirst du sehen, daß diese Stadt ganz an der Spitze einer schmalen Landzunge liegt, die sich in den Stillen Ozean hinaus erstreckt, wo sie einer kühlen Strömung und den von Alaska her blasenden Winden ausgesetzt ist. Wenn man auf der sonnigen Seite der Straßen geht, ist es ganz angenehm, ja mitunter sogar warm. Sobald man aber auf die schattige Seite kommt, gelangt man in eine ganz eisige Atmosphäre, und windig ist es auch immer. Rheumatismuskranken wäre also wohl das Klima von San Francisco nicht zu empfehlen. Es wird aber im Winter auch nicht kälter, als es jetzt ist. So wie im übrigen in Kalifornien sozusagen ewiger Sommer herrscht, so erfreut sich San Francisco das ganze Jahr hindurch einer halbwinterlichen Temperatur.

Ich mache natürlich jeden Tag Entdeckungsreisen durch diese schöne Hügelstadt, und ich finde mich schon ganz gut zurecht. In keiner Stadt der Welt könnte man sich leichter orientieren als hier. Die Stadt ist in Blocks, d. h. in viereckigen Häusermassen, gebaut, die auf jeder Seite je hundert Hausnummern haben. Alle Straßennummern fangen an Market Street an, d. h. in der Hauptstraße, die sich vom Hafen bis ans Ende der Stadt erstreckt und von der alle anderen Straßen abzweigen. Mit einem Plan in der Tasche findet man sich daher mit der größten Leichtigkeit zurecht, da man ja nur die Blocks, von Market Street angefangen, zu zählen braucht, um genau zu wissen, in welcher Richtung eine gewisse Hausnummer zu suchen ist. Nummer 2560 z. B. muß im 25. Block liegen. Die Straßen sind ungeheuer lang; man kann noch meilenweit von dem Ort, den man sucht, entfernt sein, nachdem man die Straße gefunden hat, wie mir dies am zweiten Tag meines Hierseins passiert ist. Ich wollte mich nach Nummer 3210 Washington Street begeben und fand auch die Straße ganz leicht; doch waren es die Nummern 25, 27 usw. Ungefähr 100 Schritt hinter mir war das Meer und vor mir ein steiler Hügel, hinter welchem ich keine Fortsetzung der Straße vermutete; ich fragte daher einen vorübergehenden Herrn, ob es zwei Washington Streets gebe. „Nein, es gibt nur eine“, sagte er, „wo wollen Sie hin?“

„Nach Nummer 3210.“

„Ach, das ist sehr weit von hier“, sagte er, indem er mit Mühe ein Lächeln unter seinem Schnurrbart zu verbergen suchte, „ich werde Sie bis an eine Straßenbahn begleiten und dem Kondukteur sagen, wo er Sie aussteigen lassen soll.“ Kein Wunder, daß der Mann lächelte; denn 3210 war meilenweit von dem Ort, wo wir uns getroffen hatten.

Glücklicherweise ist das Straßenbahnsystem in San Francisco so vollkommen und sind die Fahrpreise so mäßig, daß man die großen Entfernungen gar nicht empfindet. Für 25 Centimes kann man meilenweit fahren, und es soll kein Haus innerhalb der Stadtgrenzen geben, das man zu diesem Preis nicht bequem erreichen kann. Dagegen sind die Fiaker unverschämt teuer, drei Dollars, d. h. fünfzehn Franken, für die kürzeste Strecke. Diese steilen Hügel sind allerdings für Pferde fast unmöglich; deshalb sieht man wohl auch so gar keine Privatequipagen in den Straßen der Stadt. Millionäre benützen hier die Straßenbahnen gerade so wie der bescheidenste Arbeiter.

San Francisco, 30. August 1898.

Hoffentlich glaubst du nicht etwa, der San Francisco-Wind habe mich in den Stillen Ozean hinausgeblasen; er tat zwar sein Bestes dazu; aber es ist ihm bisher nicht gelungen; mein langes Stillschweigen ist nur dem Mangel an Zeit zuzuschreiben. Der Anfang eines Schuljahres ist immer doppelt so schwer, wenn man sich in eine ganz neue Umgebung hineinarbeiten muß.

Die amerikanischen Privatschulen, wenn ich nach der Hamlin Schule urteilen darf, sind sehr verschieden von den Privatschulen und Pensionen, die ich bisher gekannt habe. Alles wird in einem viel größeren und eleganteren Stil getan als bei uns und den Engländern. Auch viel mehr Freiheit genießen Lehrerinnen und Schülerinnen. Man verlangt von einer Lehrerin nicht, daß sie in allen erdenklichen Künsten und Wissenschaften unterrichte, sondern eine jede hat ihr spezielles Fach, und alle werden ordentlich bezahlt. 400 bis 600 Dollar ist das Salär einer Lehrerin, die im Hause wohnt und alles frei hat, und 700 bis 900 das Salär derer, die sich außerhalb verköstigen. Von den Mädchen, den Pensionärinnen, wird nur verlangt, daß sie sich pünktlich einstellen, wenn die Glocke zum Essen oder zur Klasse ruft, daß sie ihre Lektionen können und sich anständig betragen; sonst werden sie nicht auf Schritt und Tritt bewacht wie in unseren Pensionaten. Die Amerikaner scheinen ihren jungen Mädchen mehr zu trauen als die Europäer den ihrigen. Was den Unterricht anbelangt, ist er bedeutend höher als in den englischen Schulen. In dieser Hinsicht darf sich die Schule mit den besten unserer höheren Töchterschulen messen. Sie verwenden hier zwar viel weniger Zeit auf moderne Sprachen und Literatur als wir zu Hause, desto mehr aber auf höhere Mathematik und Latein; sie streben mehr nach Gelehrsamkeit als wir. Miß Hamlin selbst, unsere Vorsteherin, ist die gelehrteste Frau, die ich auf meinen vielen Reisen kennengelernt habe; Doktor der Philosophie, Autorin, Conferencière, weiß der Himmel was alles! Sie würde mit der Wucht ihrer Gelehrsamkeit uns einfache Sterbliche erdrücken, wenn sie nicht zugleich die verständigste, liebenswürdigste und großmütigste der Frauen wäre.

Noch ein Wort über unsere leibliche Verpflegung! Wir haben alle, Lehrerinnen und Schülerinnen, unsere eigenen Zimmer, und was die Kost anbelangt, so darf man sie mit europäischer und australischer Pensionskost gar nicht einmal vergleichen, denn darin ist rein gar nichts Pensionsmäßiges. In einem eleganten Hotel könnte man nicht einen besseren Tisch führen. Jeden Freitag ist allgemeiner Empfangsabend, wo wir alle unsere Freunde und Freundinnen empfangen und bewirten dürfen, und da wird ebenfalls nicht gekargt. Gegenwärtig sind es meist Soldaten, die unsere Säle füllen, denn San Francisco ist der Haupthafen an der Westküste Amerikas, von wo allwöchentlich Tausende von Freiwilligen nach den Philippinen eingeschifft werden. Die Amerikanerin teilt sonst nicht mit ihrer europäischen Schwester die Verehrung für die Uniform; aber augenblicklich hat sie eine Periode der Heldenanbetung und überschreitet darin die Grenzen des gesunden Menschenverstandes. Nur Uniformen gelten etwas; die Soldaten werden überall fetiert, als ob sie Halbgötter wären, und wenn sie am Tage ihrer Abfahrt an den Hafen hinunter marschieren, kommt das ganze weibliche San Francisco, um ihnen das Geleit zu geben oder ihnen auf dem Weg ihre Abschiedsgrüße zu überbringen. Ich habe Damen gesehen – nicht etwa Köchinnen und Kindermädchen, sondern ganz elegante Damen –, die Körbe voll Blumen auf die Soldaten schütteten, klatschten, tanzten, schrieen und sich wie verrückt gebärdeten in einem Anfall von militärischem Enthusiasmus. Wenn diese Regimenter eben von einem siegreichen Feldzug zurückgekehrt wären, könnte man den Enthusiasmus noch begreifen; aber wenn man bedenkt, daß diese Freiwilligen meistens Knaben und Jünglinge sind, die noch gar nichts für die Unsterblichkeit getan und von denen viele, sehr viele sogar, nicht aus Vaterlandsliebe, sondern nur aus Reise- und Abenteuerlust in den Krieg ziehen, dann kommt einem diese patriotische Komödie ganz sinnlos vor.

San Francisco, 3. Oktober 1898.

Heute muß ich wirklich meinen Brief wieder einmal mit dem verpönten Wetterthema anfangen; denn ich kann nicht unterlassen, dir zu sagen, daß ich heute, nach einem mehr als dreimonatigen Aufenthalt hier, zum erstenmal amerikanischen Regen sehe. Zwischen Mai und Oktober regnet es hier nie einen Tropfen, und Gewitter sind unbekannt. Was für ein Land für Gartenfeste und Landpartien! „Ja, aber wie traurig und dürr da alles aussehen muß!" wirst du sagen. Durchaus nicht! Kalifornien ist auch zur Sommerzeit ein frischer, blühender Garten. Zur trockenen Jahreszeit fällt nämlich jede Nacht ein so schwerer Tau, daß die Straßen in der Früh aussehen, als ob es geregnet hätte. Kalifornien ist ja auch der Obst- und Gemüsegarten Amerikas. Die Obstzucht ist die Hauptindustrie des Landes, seit die Goldminen erschöpft sind; besonders sind es die Orangen, die ihrer Größe und Süßigkeit halber einen Weltruf haben.

Erst gestern habe ich zufällig entdeckt, daß das große, imposante San Francisco eine ganz hölzerne Stadt ist. Ich sah nämlich, zu meinem nicht geringen Erstaunen, wie ein großes Haus die Jackson Street entlang geführt wurde, und wie ich dann sehr aufgeregt der Miß

Hamlin das Wunderbare erzählte, lachte sie und sagte: „Das ist gar nichts Außergewöhnliches bei uns; wir ziehen oft mit unserem ganzen Haus fort, wenn uns seine Lage nicht mehr gefällt; ich habe das meinige auch von drunten in der Stadt hier hinauftransportieren lassen."

„Was? Dieses große, dreistöckige Steinhaus? Das ist ja nicht möglich!" rief ich aus.

„Das ist nicht Stein, nur Holz, und läßt sich ganz gut auseinandernehmen; wir haben hier nur hölzerne Häuser, weil diese den Erdbeben viel besser widerstehen als die steinernen", entgegnete Miß Hamlin.

„Und diese schönen Häuser in Jackson Street und die imposanten Paläste in Van Neß Avenue, sind die auch aus Holz?" fragte ich noch immer ungläubig. „Alle sind aus Holz", war Miß Hamlins Antwort. Wer hätte sich das nur träumen lassen! Die San Franciscaner lassen ihre Häuser so malen, daß es gerade aussieht, als ob sie aus großen, soliden Steinplatten erbaut wären. Kein Mensch, der nicht in das Geheimnis eingeweiht ist, würde dort Farbe oder Holz vermuten. Wem soll ich noch trauen, wenn ich den eigenen Augen nicht trauen darf?

Weißt du, daß ich endlich auch herausgefunden habe, was Theosophie ist? Die Gesellschaft hat hier eines ihrer Hauptquartiere, und ich gehe oft hin, um Vorträge anzuhören, besonders da unter ihnen einige außerordentlich gute Redner sind. Je mehr ich darüber höre, desto mehr frage ich mich, was denn eigentlich unsere Kirche an den Theosophisten zu rügen habe. Es ist ja gar nicht Atheismus, wie ich bisher geglaubt, sondern sie glauben an Gott und an Christus; nur behaupten sie, daß wir schon viele Existenzen gelebt haben und daß wir noch so viele leben müssen, bis wir auch so rein und gut sind wie unser Erlöser, und dann erst vor Gottes Antlitz erscheinen dürfen. Je reiner und uneigennütziger unser Leben sei, desto schneller werden wir ans Ziel gelangen. Reinheit und Menschenliebe werden von ihnen als die Haupttugenden dargestellt. Sie glauben auch, daß der Mensch für jede Tat, die er in einem frühern Leben getan, für jeden Gedanken, den er gedacht hat, in dem gegenwärtigen Leben seine verdiente Belohnung oder Strafe erhalte, aber nicht, daß er für die Sünden seiner Väter leiden müsse. Auf diese Weise erklären sie denn auch die Ungleichheit der Menschenschicksale. „Wenn alle Menschen ganz neu in die Welt geboren würden", sagen sie, „und der eine wäre mit allen Gaben der Natur ausgestattet, während der andere ein elender Krüppel oder Idiot ist, wo würde die Gerechtigkeit eines allwissenden, allgütigen Gottes sein? Und wie könnte es gerecht sein, ein Kind für die Sünden seiner Eltern zu strafen? Nein, der Mensch leidet nur durch sein eigenes Verschulden. Derjenige, der mit schönen Gaben und in angenehmen Verhältnissen zur Welt kommt, hat sie durch ein früheres reines und uneigennütziges Leben verdient. Sollte er in diesem Leben seine Gabe nur zum Verderben der Menschheit anwenden, so kann auch er in einem späteren Leben enterbt zur Welt kommen." Sie nennen dieses Belohnungsgesetz Karma. Vieles, was sie sagen, mag ein wenig absurd klingen. Aber Schlechtes habe ich bis dahin noch nichts gehört; wohl aber sehr viel Schönes und Veredelndes. Mich spricht ganz besonders ihre Lehre von der Wiedermenschwerdung an, da ich dadurch zur Hoffnung komme, in einigen hundert Jahren wieder eine Reise um diesen schönen Erdball machen zu können. Wie ich dann wohl reisen werde? Per Elektrizität, Ballon oder etwas, von dem wir noch keine Ahnung haben? Wie dem sei, ich freue mich jetzt schon darauf!

San Francisco, 8. November 1898.

Wir haben Feiertag, weil heute Wahltag ist, was für die Amerikaner immer von der größten Wichtigkeit ist. Doch nicht etwa um die Präsidentenwahl handelt es sich, sondern nur um die Wahl sämtlicher Staatsgouverneure und der Gemeindebeamten. Aber die Aufregung ist trotzdem ganz außerordentlich. Denn jeder Mensch in diesem Lande der Freiheit hat heute ein Wort mitzureden und fühlt sich daher ungeheuer wichtig, ausgenommen Idioten, Verbrecher, Chinesen, Frauen und Kinder. Zu unserem großen Haushalt zählt also heute nur Henry, unser irländischer Hausdiener, der kaum seinen Namen schreiben kann und von Politik nicht mehr versteht als der Star vom Gurkensalat. Für ihn ist Wahltag nur ein Feiertag, ein Tag, an dem er gute Geschäfte macht; denn er verkauft seine Stimme dem Meistbietenden, und ein Tag, an dem er sich für berechtigt hält, auf die Gesundheit verschiedener Männer, von denen er nichts weiß als den Namen, sich zu betrinken. Wenn man die Sache so recht ins Auge faßt, scheint es höchst absurd, daß eine Frau von Miß Hamlins Charakter und Bildung, die ein bedeutendes Vermögen besitzt und jedenfalls dem Staate schwere Abgaben bezahlt, keine Stimme hat in der Wahl der Männer, die ihr Land und ihre Stadt verwalten sollen, und daß ihr Diener, der nichts weiß, nichts ist und nichts hat, überall mitsprechen darf, nur weil er eben ein männliches Menschenkind ist. So ungerecht ist mir die Sache sonst noch nicht vorgekommen; überhaupt habe ich wenig darüber nachgedacht. Zu Hause hatte ich sogar nie gemerkt, wenn Wahltag war, und ich war stets nur zu froh, wenn ich nie ein Wort über Politik hörte; denn ich hasse Zank und Streit; ja ich wäre sogar sehr unglücklich, wenn ich zum

Stimmen gezwungen würde, und überlasse das Geschäft herzlich gern den Männern. Nur weiß ich, daß in der Schweiz nur Schweizer das Stimmrecht haben und daß meine Landsleute alle gebildet genug sind, um zu wissen, für wen oder für was sie stimmen; wäre ich dagegen eine Amerikanerin und müßte zusehen, wie die schmutzigen, verkommenen Neger und die unwissenden, ungebildeten fremden Grubenarbeiter, denen es ganz egal ist, wie oder von wem das Land regiert wird, solange sie gut bezahlt werden, das Recht haben, mitzusprechen in einer Sache, die mich so viel mehr anginge als sie, ich würde gewiß eine passionierte Frauenrechtlerin werden.

El Verano, Sonora County, Kalifornien, 3. Januar 1899.

Ich weiß, daß Du die Gewohnheit hast, meine Briefe mit einem offenen Atlas vor dir zu lesen, damit du gleich alle Ortschaften, aus denen ich dir schreibe, suchen kannst. Diesmal aber würde dir eine Landkarte wenig nützen; denn ich glaube nicht, daß du El Verano darauf finden würdest, konnte ich es ja selbst auf einer großen Karte von Kalifornien nicht finden, und wenn ich meinen San Francisco-Freunden sagte, daß ich meine Neujahrsferien in El Verano zu verbringen gedenke, kam jedesmal die Frage: „El Verano, wo ist das?" Wie ich denn den Ort entdeckte, fragst du wohl. Ganz durch Zufall. Ich fragte eines Tages einen Schweizer, den ich in einer Gesellschaft kennenlernte, ob es in Kalifornien viele Schweizer gebe. „O ja", antwortete er mir, „bei El Verano in Sonora County ist eine ganze Kolonie unserer Landsleute." Nun war ich sehr wenig Schweizern begegnet auf meiner Reise um die Welt und wollte doch gern wissen, wie sie in der Fremde leben; daher entschloß ich mich, dieser Kolonie einen Besuch zu machen. Daß, nachdem ich meinen Landsmann wieder aus den Augen verloren hatte, mir niemand sagen konnte, wo El Verano ist, beunruhigte mich weiter gar nicht. Im Gegenteil, ich gehe mitunter gerne auf Entdeckungsreisen und finde es interessant, Erdenwinkelchen zu besuchen, die noch nicht in Reisebüchern stehen. Ich liebe Überraschungen.

Die erste Überraschung erwartete mich denn auch schon am Bahnschalter, als ich mein Billet verlangte und belehrt wurde, daß El Verano keine Station sei und daß ich, um dorthin zu gelangen, ein Billet nach Agua Rica lösen und dem Kondukteur sagen müsse, daß er mich in Kings Station aussteigen lassen solle. Das schien mir eine sonderbar umständliche Art, an mein Ziel zu gelangen, verdarb mir aber die Reiselust und den Ferienhumor keineswegs; ich habe selten einen Ausflug mehr genossen als diese mehrstündige Eisenbahnfahrt durch üppige Zitronen- und Orangenwälder. Einige Minuten, nachdem wir Sonora, die Hauptstadt des Bezirkes, verlassen hatten, hielt der Zug plötzlich im offenen Feld. Ich glaubte natürlich, daß der Lokomotive ein Unfall passiert sei, als der Schaffner auf mich zukam und mir sagte, daß wir in Kings Station seien. Mit fieberhafter Eile packte ich meine Siebensachen zusammen, ließ mir von dem Schaffner aus dem Wagen helfen, und bevor ich recht draußen war, setzte sich der Zug schon wieder in Bewegung, wie das in diesem Lande der Eile so der Brauch ist. Nun stand ich da mutterseelenallein mit meinen Bündeln auf offenem Feld an einem Kreuzweg und hatte nicht die entfernteste Idee, nach welcher Himmelsrichtung ich meine Schritte lenken sollte. Ich sah wohl Häuser in der Entfernung, aber auf allen Seiten, und nirgends war ein Wegweiser, der mir mit hölzernem Finger den Weg nach El Verano gezeigt hätte. Mich aufs Geratewohl auf den Weg machen konnte ich nicht, weil ich mein Gepäck nicht schleppen konnte, und es mitten auf der Straße liegen zu lassen, während ich auf die Suche ging, schien mir auch nicht ratsam. So blieb mir also nichts übrig, als mich auf meine Habseligkeiten zu setzen und geduldig der Dinge zu harren, die da kommen würden. Ein Glück war noch, daß es nicht regnete; denn Kings Station – warum es so heißt, das mögen die Götter wissen – hat nicht einmal ein Wetterdach, um den wartenden Reisenden vor den Regengüssen oder den sengenden Sonnenstrahlen zu schützen. Ich mochte etwa eine Stunde gesessen haben, als ein Mann mit einem mit zwei Pferden bespannten Lastwagen, auf dem etliche Säcke waren, des Weges daherkam. Ich bat ihn, mir den Weg nach El Verano zu zeigen. Seine Antwort kam in sehr gebrochenem Englisch. Als ich aber meine Frage auf Französisch wiederholte, hellte sich sein Gesicht auf. Er machte sogleich kehrt mit seinem Fuhrwerk und bot sich an, mich nach El Verano hinüberzuführen. Auf einem vollen Kartoffelsack sitzend, neben einem Führer in Hemdärmeln, der mir mit echt französischer Zungengewandtheit die Honneurs der Umgebung machte, hielt ich meinen Einzug in das geheimnisvolle El Verano. Mein Cicerone war ein Belgier, der mich dann auch zu einer seiner Landsmänninnen brachte, die im Sommer Pensionäre hält, jetzt aber ein leeres Haus hat, so daß ich wenigstens einmal keine Schwierigkeiten hatte, ein Unterkommen zu finden.

Man könnte sich hier wirklich eher in Europa als in Amerika glauben; denn nie hört man ein englisches Wort, sondern nur Französisch, da die Kolonisten lauter

Belgier oder französische Schweizer sind. Die meisten befassen sich mit Weinbau und Obstzucht und scheinen ein recht glückliches und zufriedenes Leben zu führen. Wenige unter ihnen wünschen länger als auf einen Besuch in die alte Heimat zurückzukehren. Einige alte Schweizer allein sagten mir, daß sie wohl zurück möchten, wenn sie Geld genug hätten, um zu Hause privatisieren zu können. Aber wer arbeiten müsse, für den sei Amerika bei weitem das beste Land; Kalifornien ganz besonders. Denn da es hier keinen Winter gibt, hat der Arbeiter das ganze Jahr hindurch einen Broterwerb. Was die jungen Kolonisten anbetrifft, so sind diese immer sehr darauf bedacht, einem zu verstehen zu geben, daß sie nicht Europäer, sondern Amerikaner sind. Amerika mit seiner Freiheit, seinem ungeheuren Spielraum, seinen unermeßlichen Möglichkeiten hat es den jungen Geistern angetan; sie kennen und wollen keine andere Heimat.

Napa, Kalifornien, 31. Mai 1899.

Bevor ich wieder meinen Wanderstab ergreife, muß ich dir noch einen letzten Gruß aus dem schönen Kalifornien senden. Wir hatten am 23. Schulschluß, und ich hätte gleich am nächsten Tag ostwärts ziehen können; aber eine Napadame lud mich dringend ein, sie für einige Tage zu besuchen, um mich auszuruhen und zu stärken – wie sie sagt –, bevor ich eine neue Reise in das Unbekannte unternehme. In Wahrheit habe ich noch nie der Erholung so bedurft wie gerade jetzt; denn das Klima von San Francisco ist mir nicht sehr wohl bekommen; in meinem ganzen Leben habe ich nie so viel an

Schnupfen, Zahnweh, Halsweh und unzähligen anderen Wehen gelitten wie in den letzten Monaten. Glücklicherweise war ich nie so krank, daß ich meine Pflichten nicht erfüllen konnte; aber ständiges Unwohlsein macht das Leben recht schwer. Dennoch bin ich glücklich, dir sagen zu können, daß mein Rückzug von meinem kalifornischen Arbeitsfeld sehr ehrenvoll war. Mein letzter Schultag war ein Triumphtag, wie man deren in einem Lehrerinnenleben wenig zählt. Miß Hamlin hat nämlich in diesem letzten Jahr ihre Schule mit der Universität von Kalifornien verbinden lassen, damit die Mädchen künftig gleich von ihrer Schule an die Universität können, ohne weitere Examen machen zu müssen. Daher hatten wir in der letzten Zeit ständig Professoren in der Schule, die herkamen, um unsere Klassen zu prüfen und den Stunden beizuwohnen, um zu sehen, was wir können. Der französische Professor kam am allerletzten Tag und gerade in der Stunde, da ich meine beste Klasse hatte. Wenn du je unterrichtet hättest, würdest du nämlich wissen, daß es Klassen gibt, deren Schüler alle auf den Kopf gefallen zu sein scheinen und keinen Begriff von Pflichtgefühl haben, gerade als ob ein hervorragender Dummkopf alle andern ansteckte, und wiederum solche, in denen alle eine normale Intelligenz haben und musterhaft sind. Eine solche Klasse hatte ich, als Professor Howard ganz unerwartet in mein Schulzimmer trat. Natürlich ging alles vortrefflich, wie ich es von diesen Mädchen nicht anders erwartet hatte. Nicht e i n e Frage des Professors blieb unbeantwortet, und da war kein Zögern und Zittern und Stammeln, wie dies bei jungen Mädchen in solchen kritischen Momenten gewöhnlich der Fall ist, sondern ganz militärisch kurz und klar wurde jede Frage beantwortet. Es war eine Freude, es mitanzuhören. Der Professor sagte zwar nicht ein Wort über seine Meinung zu uns; aber nachdem er fort war, kam Miß Hamlin freudestrahlend in meine Klasse und kündigte uns an, daß Professor Howard erklärt habe, noch nie eine so gutunterrichtete und wohlgeregelte Klasse examiniert zu haben. Ob ich glücklich war? Das kannst du dir denken. Die Art und Weise, wie dann die Mädchen alle auf mich zukamen, um mir zu danken, hätte mich nicht nur für die Mühen der letzten Monate, sondern für die Mühen meiner ganzen Lehrerkarriere entschädigt. Natürlich mußte ich mir gestehen, daß da das Glück wieder einmal tüchtig mitgespielt hatte; denn der Herr Professor hätte ja ebensogut eine meiner dummen Klassen treffen können, und wie ganz anders wäre da das Urteil ausgefallen! Es ist wahrhaft merkwürdig, wie mir oft das Schicksal zu Hilfe kommt; denn einen glänzenderen Beweis hätte man gar nicht finden können, die gute, liebe Miß Hamlin zu überzeugen, daß das kleine, unbedeutende Ding, das sie am 11. Juli vorigen Jahres so ungern engagiert hatte, doch ihrer Stelle gewachsen war.

Doch nun genug von meinen Schultriumphen; ich habe dir anderes zu erzählen, das dich ebensosehr, wenn nicht mehr interessieren wird. Denke dir nur, ich habe vorgestern an einem Empfangsabend, den meine Wirtin gab, eine Dame aus Neuchâtel und Schulfreundin deiner Tante Marguerite kennengelernt. Im Laufe des Abends kam sie zu mir und sagte: „Aus allem, was ich von Ihnen höre, muß ich schließen, daß Sie die Dame sind, über die ich vor einigen Wochen einen Artikel in einer Zeitung von San Francisco gelesen habe; nur kann ich mich des Namens, der dort stand, nicht erinnern. Sind Sie es nicht?"

„Das kann ich nicht sagen; allerdings stand im ‚San

Francisco Call' ein sehr poetischer Artikel über meine prosaische Wenigkeit; aber ob Sie gerade den gelesen haben, weiß ich natürlich nicht."

„Sind Sie aus Neuchâtel, wie der Artikel sagt?"

„Nein, aber ich habe meine Schulzeit dort abgeschlossen."

„Ich bin Neuenburgerin", sagte die Dame, „am Ende haben wir gar gemeinschaftliche Bekannte dort."

„Wohl möglich; kennen Sie Frau H.?"

„Geborene Marguerite P.? Gewiß kenne ich sie; denn sie war meine beste Schulfreundin."

„Und ihre Nichte Elisabeth Beckström ist meine beste Schulfreundin", sagte ich.

Du kannst dir denken, wie nach dieser Entdeckung unsere Zungen arbeiteten. Wir fanden noch massenhaft andere Bekannte, über die wir uns vieles zu sagen hatten. Wie sich doch die Menschen im Leben begegnen!

Morgen werde ich leider meinen guten Freunden hier und dem stillen friedlichen Napa-Tal Lebewohl sagen müssen. Wenn alles gut geht, wirst du meinen nächsten Brief aus Utah, dem heiligen Lande der Mormonen, erhalten.

Salt Lake City, Utah, 4. Juni 1899.

Ich kam heute in aller Frühe hier an und bin so müde und krank, als ob ich eine ganze Woche auf dem Stillen Ozean herumgeworfen worden wäre. Du hast natürlich schon von den berühmten amerikanischen Schlafwagen gehört, wie bequem und angenehm sie sein sollen. Nun, ich habe diese zwei letzten Nächte in einem solchen zugebracht, und ich versichere dir, wenn es von mir abhängt, so wird mich niemand mehr in einem Pullman-Schlafwagen sehen; von allen unbequemen Reisearten, die ich kenne, ist diese die allerunbequemste. Sie ist sehr teuer – das ist der einzige Luxus, den ich entdecken kann. Natürlich, wenn sich jemand einen Privatwagen oder wenigstens das Saloncoupé erlauben kann, wo man ganz ungeniert ist und genügend Raum und Luft hat, so mag man angenehmer nicht reisen können, das gebe ich gerne zu. Wenn man aber seinen Schlafraum mit vielen fremden Leuten beiderlei Geschlechts teilen muß, wenn man sich mit so wenig Platz begnügen muß, daß man weder sich rühren noch sitzen oder stehen kann, sondern hinlegen muß, ob man will oder nicht, und wo man noch dazu keine frische Luft zu atmen hat, da hört für mich alle Gemütlichkeit auf, und wenn man das bequem nennt, so habe ich bisher das Wort „bequem" gar nicht verstanden. Ich war in meinem Leben in keinem Schlafwagen und habe auch gar nie versucht, mir einen solchen vorzustellen. Erst als ich bei Thomas Cook in San Francisco mein Schlafwagenbillet löste und gefragt wurde, ob ich ein oberes oder unteres Bett wünsche, fing ich an, mir vorzustellen, daß es so etwas sein müsse wie auf den Schiffen, nur Coupés statt Kabinen. Nicht gering war daher mein Erstaunen, als ich in einen zwar sehr eleganten, aber gewöhnlichen, langen Wagen geführt wurde, der schon ziemlich von Männern und Frauen besetzt war. Von Coupés war keine Rede. Auf jeder Seite des Ganges befanden sich zehn gepolsterte Doppelsitze, gerade wie wir sie in vielen von unseren Schweizer Wagen sehen. Wo da die Betten hinkommen würden, konnte ich mir gar nicht denken, und daß man den vielen Männern erlaubte, hereinzukommen und es sich da bequem zu machen, konnte ich erst gar nicht verstehen; denn das war doch gewiß ein Damenschlafwagen; es ist wahrhaftig schon unbequem genug, sein Schlafgemach mit zwanzig Damen teilen zu müssen; die beiden Geschlechter wie Kraut und Rüben zusammenzuwerfen, das wäre ja ganz unerhört und in einem zivilisierten Land wie den Vereinigten Staaten unmöglich. So und ähnlich räsonierte ich, um mich zu beruhigen, denn es wurde mir bei der zunehmenden Männerzahl immer banger, und als erst gar noch ein Wagendiener hereinkam und mir gegenüber in meine Abteilung ein sehr elegantes Herrenköfferchen hinstellte, dem bald darauf ein nicht weniger eleganter Herr folgte, da war ich der Verzweiflung nahe. Ich tat zwar das Möglichste, meine Unruhe nicht zu verraten, und als mein elegantes Gegenüber sich höflich verbeugend sagte: „Hoffentlich geniere ich Sie nicht, Fräulein", antwortete ich mit wunderbarer Kühle: „O gewiß nicht"; aber sobald er in den nebenan liegenden Raucherwagen verschwunden war, eilte ich, den Schaffner zu suchen und ihn zu fragen, ob man mir denn wirklich meinen richtigen Platz gegeben habe. „Was ist Ihre Nummer?" fragte er. „Nummer fünf."

„Nummer fünf, das ist das untere Bett; der Herr vis-à-vis hat das obere, das stimmt; Sie sind *‚all right'*, Fräulein", sagte der Mann beruhigend und ging weiter. Mir aber war ganz und gar nicht zumute, als ob ich *„all right"* wäre, denn das war mir doch etwas zuviel amerikanische Freiheit, und ich sage dir, ich litt ganz unsäglich während der zwei ersten Stunden unserer Reise.

Ungefähr um neun Uhr, nachdem wir Sacramento, die Hauptstadt Kaliforniens, verlassen hatten, kamen die Wagendiener und fingen an, die Betten zu machen. Die zwei Sitze jeder Abteilung werden zusammengefügt, Matratzen, Kissen, Tücher und Decken darauf zurechtgemacht, Vorhänge darum gezogen, und da hat der eine Inhaber des Abteils sein Bett. Dann wird über diesem eine Art Schublade herausgezogen, auf der ein zweites Bett aufgebaut wird; das ist der Ruheplatz des anderen Inhabers. Auf diese Weise ist wirklich jeder *chez soi*; so arg, wie ich mir die Sache vorgestellt hatte, ist es also nicht, und dennoch wären separate Coupés soviel angenehmer und bequemer, besonders da man sich hinter den Vorhängen gar nicht rühren kann. Man muß sich in sitzender Stellung aus- und anziehen, weil kein Stehraum da ist, und dann das obere Bett so nahe, daß sogar ich, so klein ich bin, nicht Platz genug hatte, mir das Haar aufzustecken. Am Ende des Wagens ist allerdings ein Wasch- und Ankleidezimmerchen – für die Damen auf der einen Seite, für die Herren auf der anderen –, aber es ist so klein, daß nicht mehr als eine Person darin Platz hat, und auf dem Wege dahin ist man ja auch ständig der Begegnung der Herren ausgesetzt. Nein, dieses ganze Schlafwagensystem macht dem vielgepriesenen amerikanischen Komfort keine Ehre! Zu all den anderen Unbequemlichkeiten kommt noch das Ärgste: Mangel an Luft, wenn man das Fenster nicht öffnen kann, was auf unserer Reise durch die große amerikanische Sandwüste leider der Fall war. Um uns vor dem Staub zu schützen, waren sogar Doppelfenster da, und die Vorhänge, die um das Bett gezogen waren, waren so schwer und dick, daß kein Lüftchen hindurch konnte. Mitunter versuchte ich, sie ein wenig auf die Seite zu ziehen, aber jedesmal, wenn der Wagendiener, der die ganze Nacht zwischen den Reihen von Betten auf- und abspazierte, an dem meinigen vorbeikam, zog er die Vorhänge wieder zu, so daß ich fast erstickte, besonders da es noch furchtbar heiß war. Schon bald nach zwei Uhr stand ich auf, machte meine Toilette und brachte den Rest der Nacht draußen auf der Plattform auf einem Schemel zu, betrachtete die Monotonie der Wüste, wie Sand und Salbeigras, Salbeigras und Sand abwechselnd an uns vorüberzogen, und gelobte mir im stillen, nie, nie wieder in einem amerikanischen Schlafwagen zu reisen.

Von Salt Lake City sage ich heute nichts, als daß es mir ein Paradies zu sein scheint. Aber jemandem, der eben aus der Wüste kommt, würde jeder grüne Flecken paradiesisch vorkommen. In einem solchen Augenblick ist man unfähig, ein unparteiisches Urteil zu fällen. Weiteres also ein andermal!

Salt Lake City, Utah, 20. Juni 1899.

Mein erster Eindruck von Salt Lake City war doch ein bleibender; je länger ich da bin, desto besser gefällt es mir. Erstens ist es die ruhigste und reinste Stadt, die ich je gesehen; zweitens liegt sie wunderhübsch am Fuße des stolzen, schneebedeckten Felsengebirges und ist, obwohl sozusagen eine Wüstenstadt, das grünste und frischeste Fleckchen Erde, das man sich nur wünschen kann. Die breiten Straßen der Stadt sind auf beiden Seiten mit schönen, großen Bäumen bepflanzt; in jeder Straße gibt es einen oder mehrere Brunnen, und in den Straßenrinnen sprudelt das kühlste, klarste Bergwasser. Wenn man bedenkt, daß hier vor einem halben Jahrhundert noch Wüste war, daß all das schöne Wasser von weither geleitet wurde, daß diese imposante Stadt, dieser blühende Garten auf Wüstensand gebaut wurde von einem Häuflein armer, todmüder Flüchtlinge zu einer Zeit, da diese Gegend noch keine Verbindung mit der übrigen Welt hatte und die nächstliegende Stadt gerade 1000 englische Meilen von hier entfernt war, so muß man staunen über die Arbeitsamkeit, die Willenskraft und Ausdauer solcher Menschen, und ich sage mir, wenn die Mormonen sonst alle Fehler und Laster der Welt hätten, so würden wir ihnen dieser Schöpfung wegen unsere Achtung nicht versagen können.

Ich hatte im vergangenen Jahr in Kalifornien sehr viel über die Mormonen gelesen und gehört aus Zeitungen oder von Leuten, die Salt Lake City auf ihrer Durchreise nach Colorado zum Wagenfenster hinaus beschaut hatten und daher natürlich alles vortrefflich wußten; aber nie hatte ich etwas anderes als Schlechtes über sie vernommen. Der Teufel ist nie mit so schwarzen Farben gemalt worden, wie in Amerika die Mormonen gemalt werden. Daß ich mich trotzdem herwagte, ist nur meinem Eigensinne zuzuschreiben, denn es fehlte nicht an guten Bekannten, die mir die Gefahren beschrieben, denen ich mich damit aussetzte. Aber ich stellte mir vor, ich hätte eine Mission zu erfüllen, und fühlte mich schon seit Monaten ganz gehoben in dem Gedanken, daß ich mein Leben für ein edles Werk aufs Spiel setzen werde. Es wurde mir nämlich gesagt, es seien hier sehr viele Schweizerinnen, die durch falsche Vorspiegelungen aus ihrer Heimat hierhergelockt worden und nun hier als polygamische Weiber ein unerträglich elendes Leben führten. Ich hatte mir nun vorgenommen, herzukommen, die Sache zu studieren und dann an einige der besten Schweizer Zeitungen zu berichten, welche die Aufmerksamkeit der Regierung auf sich ziehen würden, die dann auf irgendeine Weise der Auswanderung der Schweizer Mädchen nach Utah Einhalt tun würden usw. Wie die Regierung das würde tun können, war mir freilich ganz unklar; ich hatte immer nur mein Vorhaben vor Augen und hatte mich schon so recht in meine Befreierwürde hineingedacht. Nun sind es kaum drei Wochen her, daß ich mich für eine angehende Heldin hielt, und heute ist mein Heldentum schon in alle Winde zerstoben. Alle meine guten Vorsätze sind gescheitert an den neuen Heimstätten, den zufriedenen Gesichtern meiner Landsmänninnen hier. Daß ich nicht zum Bekehrer geboren bin, sehe ich jetzt deutlich ein. Es fehlt mir an Fanatismus. Sobald ich anfange, andere Menschen zu studieren mit dem Vorsatz, ihnen auf den rechten Weg zu helfen, finde ich meistens so viele gute Eigenschaften bei ihnen, daß ich mich schäme, mich einen Augenblick für besser gehalten zu haben, und aus ist es mit meinem Bekehrungseifer. Gerade so ist es mir hier ergangen.

Man hatte mir gesagt, ich würde keine Gelegenheit finden, das Familienleben der Mormonen zu studieren, da sie ihre Türen Andersgläubigen streng verschließen, aber auch hier war mir das Glück günstig. Der Eigentümer des Hotels, in dem ich wohne, ist ein Deutscher, der schon zwanzig Jahre hier wohnt und viele Mormonen kennt, freilich nur oberflächlich; denn ein Mormone setzt nie den Fuß in ein Wirtshaus; sonst würde Herr E. sie wohl besser kennen. Zufällig ist aber sein Goldschmied und Uhrenmacher ein Schweizer, der daneben auch Präsident der deutschen Mormonenkirche ist. Unter dem Vorwand, meine Uhr untersuchen zu lassen, führte mich Herr E. im Geschäft meines Landsmanns ein. Natürlich gerieten wir bald in ein animiertes Gespräch über die alte Heimat, und wie er herausgefunden hatte, daß ich ganz unabhängig und mit eigenen Mitteln reise, nicht, wie zuerst befürchtet, Zeitungsreporter bin, und da überdies seine vierte Frau auch eine

Bernerin ist, so lud er mich ein, sie zu besuchen, was ich dann auch schleunigst tat.

Durch Frau R. Nr. 4 wurde ich dann auch mit den anderen Nummern und den Frauen von anderen Mormonen bekannt, während Herr R. mir die Männer vorstellte, so daß ich die letzten zwei Wochen fast ständig in Mormonengesellschaft verlebt habe, wo ich weniger Elend und Verdorbenheit gesehen habe als an anderen Orten, allerdings auch weder Luxus noch Eleganz. Wo ich auch hinsehe und hingehe, sehe ich nur Leute, die ein sehr einfaches und arbeitsames Leben führen. Sie müssen viel arbeiten, erstens weil sie so viele und große Familien haben und noch dazu der Kirche den Zehnten ihres Einkommens abtreten müssen; zweitens weil die Kirche, die an allen Ecken und Enden des Staates ihre Offiziere oder Aufseher hält, Arbeitsamkeit und Abstinenz von ihnen verlangt. Sie erlaubt ihren Kindern weder zu rauchen noch alkoholische Getränke zu genießen und auch sonst keinen unnötigen Aufwand zu machen. Wenn einer arbeitsunfähig ist, unterstützt ihn die Kirche; ist er arbeitslos, so findet sie ihm Arbeit; aber faulenzen darf niemand. Was ihre Vielweiberei betrifft, so ist diese sehr verschieden von der Vielweiberei der Orientalen. Eine jede Frau hat ihr eigenes Heim und hat die Hauptstimme in der Erziehung ihrer Kinder, die sie ja überhaupt stets um sich hat, während der Vater, der abwechselnd eine Woche mit jeder Familie leben muß, nur zeitweise erscheint. Daß eine solche Existenz ganz unverträglich wäre für eine gebildete Frau, die in der Ehe mehr sucht als rein materielle Versorgung, versteht sich von selbst, aber unter den Frauen, die ich hier kennengelernt habe, ist nicht eine, die höhere Ansprüche machen könnte. Meine Landsmännin sowie auch die Deutschen und Skandinavierinnen, die ich gesehen, gehören alle den unteren Arbeiterklassen an, die wahrscheinlich ihr ganzes Leben mit materiellen Bedürfnissen gekämpft haben und für welche eine anständige Wohnung und ein gut gedeckter Tisch gleichbedeutend ist mit Glück. Sie sind also hier wirklich glücklicher, als sie es zu Hause sein würden, weil sie bei geringerer Arbeit weit besser leben, und hier haben sie, dank der Strenge ihrer Kirche, Männer, die auch arbeiten müssen, während diese Klasse von Frauen daheim nur zu oft alle Arbeit allein tun muß und dabei nicht genug zu essen hat, weil die Herren und Gebieter alles vertrinken und sie noch dazu schlagen.

Ob nicht die Eifersucht sie fast aufreibe, wirst du dich fragen, und ob die Frauen nicht unter sich in Zank und Streit leben? Anscheinend nicht. Ich habe beobachtet, wie sie schwesterlich miteinander verkehren – sie nennen sich Schwester –, und die Frau R. hat mir erzählt, wie schön die älteren drei Frauen ihres Mannes ihr Haus und ihren Tisch geschmückt haben, als sie ihren Einzug als junge Frau hielt. Ich habe mit vielen von ihnen über dieses Eifersuchtsthema gesprochen; die Antwort ist immer ungefähr dieselbe: „Polygamie ist eine Einrichtung Gottes; wir müssen Gottes Willen tun." Ich glaube, es wäre ihnen lieber, wenn Gott es nicht verlangen würde; aber so schickt man sich eben darein. Übrigens suchen sie mich immer zum Schweigen zu bringen, indem sie mich fragen, ob ich glaube, daß unsere Männer einer Frau durchs ganze Leben treu bleiben; und wenn ich antworte, ich glaube ganz bestimmt, daß es treue Männer gibt, gerade wie es treue Frauen gibt, lachen sie mich aus und sagen achselzuckend: „Man sieht eben, daß Sie die Männer nicht kennen." Aus allen meinen Beobachtungen ziehe ich folgenden Schluß: Im Vergleich mit unseren guten Ehen ist die Mormonenehe eine armselige Einrichtung, aber im Vergleich mit unseren schlechten ist die Mormonenehe sogar sehr gut.

Wenn ich nie das letzte Wort behalte in meinen Gesprächen über Vielweiberei mit den Mormonenfrauen, so geht es mir erst recht schlecht, wenn ich mit den Männern darüber rede. „Warum schickt Gott so viel mehr Frauen in die Welt als Männer? Eben damit ein Mann mehr als eine Frau heiraten soll", sagen sie mir immer. Nach ihrem Glauben kann nämlich keine unverheiratete Person, Mann oder Frau, selig werden; daher ist es, weil das weibliche Geschlecht in großer Mehrzahl, durchaus notwendig, daß sich die Männer opfern, um allen Frauen zur Seligkeit zu verhelfen, und die Polygamie somit eine Notwendigkeit.

Im Jahre 1892 ist zwar die Vielweiberei von der Regierung der Vereinigten Staaten verboten worden; aber da es sozusagen der erste und oberste ihrer Glaubensartikel ist, werden sich die Mormonen dem Gesetze nie ganz unterwerfen und es zu hintergehen suchen, wo sie nur können. Diejenigen, die vor diesem Zeitpunkte mehrere Frauen hatten, mußten sie natürlich behalten.

Was im übrigen die Religion dieser Leute betrifft, so sehe ich keinen großen Unterschied zwischen ihnen und einigen anderen unserer protestantischen Sekten, den Stündelern z. B. Ich gehe jeden Sonntag und zu jeder Gebetsversammlung in ihr Tabernakel, sehe und höre aber nichts, was ich nicht schon vorher gesehen und gehört hätte. Sie haben keine regelrechten Pastoren; denn sie sagen, das Studium könne einen Mann nicht würdig machen, Gottes Diener zu werden. Vielmehr sei jeder Mann, ob er Schuster sei oder Schneider, wenn er die Mormonentaufe empfangen habe und sich durch reinen

Lebenswandel besonders auszeichne, würdig, das Priesteramt auszuüben. Es sind ihrer immer mehrere, die predigen, weshalb denn auch ihr Gottesdienst unendlich lange dauert, oft drei bis vier Stunden. Das Lesen der Bibel nimmt auch viel Zeit in Anspruch, und daraufhin kommen noch einige Kapitel aus dem Buch der Mormonen, das von ihrem Propheten Joseph Smith im Jahre 1820 auf wunderbare Weise gefunden und von ihm mit göttlicher Hilfe ins Englische übersetzt worden ist. Das Buch behandelt die Geschichte der ersten Einwohner Amerikas – eines der biblischen Stämme – und weißen Vorfahren der späteren degenerierten Rothäute. Die Mormonen sind die fleißigsten und andächtigsten Kirchenbesucher; das Tabernakel, das nicht weniger als 10000 Menschen fassen kann, sieht immer ziemlich voll aus. Dieses Tabernakel, dessen Akustik weltbekannt ist, ist nebst dem prachtvollen Tempel und anderen großartigen Gebäuden von Smiths Nachfolger, Brigham Young, der sein Volk hierherführte und im Jahre 1877 starb, erbaut worden.

Zu den bedeutenden Gebäuden der Mormonenstadt gehört auch der schöne Badepavillon am Salzsee, der jedenfalls eines der schönsten Badehäuser der Welt ist. Dort herrscht jeden Nachmittag reges Leben; die Musik spielt, und die Eisenbahn bringt alle halbe Stunde mehrere Wagen voll badelustiger Menschenkinder aus der Stadt. Der Badepavillon scheint der einzige Ort zu sein, wo Mormonen und Nichtmormonen ungezwungen miteinander verkehren. Auch abgesehen von der Lustigkeit ist das Baden im Salzsee ein großes Vergnügen. Das Wasser ist von einer höchst angenehmen Temperatur, und ich fühle hier nach einem Bade nie die Mattigkeit, die ich sonst von Salzwasserbädern mit nach Hause bringe; man fühlt sich gestärkt, verjüngt, zu allem fähig. Leider ist das Schwimmen im See unmöglich, weil das Wasser zu schwer ist, dreimal schwerer als Meerwasser. Man kann sogar drauf sitzen, wenn man es versteht, die Füße auf eine gewisse Art heraufzuziehen. Sinken kann man unmöglich; ja sogar den Boden mit den Füßen berühren kann man nicht, wenn man nicht ganz nahe am Ufer bleibt, und ich muß mich immer an einem Seil halten, das zu diesem Zweck über das Wasser gespannt wird; denn auf dem Wasser gehen habe ich noch nicht gelernt. Wenn man aber nicht sinken und daher nicht ertrinken kann, so kann man dagegen erblinden oder ersticken, wenn einem zuviel Wasser in Mund, Nase oder Augen kommen sollte, da es so salzig ist. Kein lebendes Wesen kann in diesem Wasser existieren. Es ist ein totes Meer; auch mündet ein Jordan ein, und drüben in der Entfernung sieht man die stolzen weißen Türme des Tempels und die Dächer stattlicher Gebäude in der Abendsonne glänzen. Das ist das „Neue Jerusalem", die heilige Stadt der Mormonen, die sich rühmen, „das auserwählte Volk des Herrn" zu sein.

Denver, Colorado, 27. Juni 1899.

Im Jahre 1859 bestand Denver – so las ich in einer Geschichte von Colorado – aus zwanzig kleinen Bretterhütten; heute ist es eine Stadt von 160000 Einwohnern. So schießen hier, in diesem jungen, kräftigen, gesunden Amerika, die Städte nur so aus dem Boden hervor. Denver, das die Denverianer gern „die Königin der Ebene" nennen hören, liegt in einer fruchtbaren Ebene, umgeben von großen Landgütern und kolossalen Weidewirtschaften (*cattle ranches*), und auch nicht weit von den reichen Bergwerken am Fuße des Felsengebirges, weshalb es zu Festzeiten ein Sammelplatz der Grubenarbeiter und der „Cowboys" ist. Es ist daher kein Wunder, daß die Stadt so reich wird; denn Goldgräber und Cowboys geben bekanntlich ihr Geld leicht aus, wenn sie einmal zur Gelegenheit kommen, es auszugeben. Für den Touristen und noch mehr für die Touristin, die sich weder für Bergwerke noch für Landwirtschaft oder Viehzucht besonders interessiert, hat natürlich Denver wenig Reize, denn es zeichnet sich weder durch Schönheit der Lage noch durch die Großartigkeit seiner Anlagen und Gebäude noch durch interessante Menschen aus. Die letzteren kommen mir ganz besonders unfreundlich und ungehobelt vor, ganz und gar nicht wie die Amerikaner, die ich bisher kennengelernt habe. Ich hoffe nur, daß ich diesseits des Felsengebirges nicht einen ganz anderen Menschenschlag finden werde als auf der anderen Seite; denn das wäre eine große Enttäuschung für mich.

Omaha, Nebraska, 30. Juni 1899.

Wieder bin ich einige hundert Meilen weiter östlich, d. h. der Heimat näher. Ich bilde mir immer ein, daß ich mich der lieben Heimat ganz nahe fühlen werde, sobald ich den Atlantischen Ozean erblicken kann, weil ich mir dann wenigstens sagen kann: Dasselbe Meer berührt die Ufer des lieben alten Europa.

Omaha, am mächtigen Missouri-Strom gelegen, ist die Hauptstadt der Prärien. Von Denver bis hierher, d. h. einige hundert englische Meilen, fährt der Zug fast ununterbrochen durch Prärien. Ich hätte nie gedacht, daß eine Prärielandschaft schön sein könnte; aber sie hat wirklich auch ihren Reiz, und zwar einen ganz eigenen, besonderen, einen melancholischen Reiz, möchte ich fast sagen. Diese scheinbar endlosen Korn- oder Maisfelder, die in der Ferne die Wölbung des Himmels zu berühren scheinen, geben wirklich, besonders bei Sonnenuntergang, ein schönes Bild ab. Es ist ein Bild des Friedens, der Ruhe. Ich verstehe erst jetzt, was einst ein junges Präriemädchen zu mir gesagt hat, daß es nie länger als ein paar Tage in der Schweiz leben könnte, weil es immer das Gefühl haben würde, von den umgebenden Bergen erdrückt zu werden. Daß ein Mensch, der an den unendlichen Horizont der Ebene gewöhnt ist, sich zwischen unseren Bergen nicht besonders wohl fühlen würde, begreife ich jetzt vollständig. Ich bedaure sehr, daß wir den größten Teil des Weges zwischen Denver und Omaha bei Nacht zurücklegen mußten. Ich hätte mich gern etwas mehr an diesem eigenartigen, mir so ungewohnten Bilde weiden mögen, denn hier von der Stadt aus sieht alles schon viel begrenzter aus.

Wie du dir denken kannst, reise ich nicht mehr im Schlafwagen. Ich habe die Nächte zwischen Salt Lake City und Denver und dann wieder zwischen Denver und hier im gewöhnlichen Tagwagen zugebracht und befand mich ganz wohl dabei. Diese Wagen sind nachts fast leer, denn der Amerikaner betrachtet es als ein Zeichen der höchsten Armut, wenn jemand nachts nicht im Schlafwagen fährt, und da er der letzte Mensch der Welt ist, welcher für arm gelten möchte, so fährt er im Schlafwagen, wenn ihn auch das viele Geld, das er dafür bezahlen muß, furchtbar reut und ihm die Unbequemlichkeit manchen Fluch entlockt. Daher haben es also die wenigen bescheidenen Reisenden, welche nachts im Tagwagen fahren, ganz gut, Platz genug, Luft genug und völlige Freiheit zu sitzen oder zu stehen, wenn man nicht liegen mag. Vorletzte Nacht hatte ich sogar Gelegenheit, mich einer Mitreisenden nützlich zu machen, was im Pullman auch nicht möglich gewesen wäre. Gegen zehn Uhr kam nämlich eine Frau mit drei kleinen Kindern herein und nahm einige Sitze vor mir Platz. Die zwei älteren schliefen bald auf beiden Seiten der Mutter ein, und die arme Frau, das jüngste, ein ganz kleines Baby, im Arm haltend, tat ihr möglichstes, aufrecht zu sitzen, um die Kleinen nicht zu stören, nickte aber doch alle Augenblicke ein, schwankte bald auf die eine Seite, dann auf die andere, bis sie dann plötzlich wieder aufwachte und einige Sekunden lang wieder gerade saß. Dieses Kämpfen gegen eine unbezwingbare Macht war erbärmlich anzusehen; auch konnte ich den Anblick nicht lange aushalten, und obwohl ich nur höchst ungern ganz kleine Kinder anrühre, aus Furcht, sie zu zerbrechen, ging ich zu der Frau hin und bot ihr meinen Sitz an, wo ein *shawl* und ein Kissen zu ihrer Verfügung lagen, während ich ihre kleine Familie hüten wollte. Sie nahm mein Anerbieten auch an, ohne die geringsten Umstände zu machen, und nun saß ich dort mit einem Kind auf dem Arm und zwei Kinderköpfchen auf dem Schoß, ohne mich während drei vollen Stunden rühren zu dürfen. Am Anfang ging alles ganz gut, und die Kinder schliefen wie die Murmeltierchen, aber nach einer Stunde oder so hätte ich mir furchtbar gern etwas Bewegung gemacht, und später, wie die Frau sich immer noch nicht einstellte, überkam mich eine furchtbare Angst, sie könnte unbemerkt ausgestiegen sein. Die Lehnen der Sitze waren so hoch, daß ich sie nicht sehen konnte, wenn ich mich auch noch so oft umwandte. Was wäre leichter gewesen für sie, als hinter meinem Rücken auszusteigen und mir ihre kleine Familie zu hinterlassen? Ich habe von solchen Fällen gehört, und besonders erinnerte ich mich eines Falles, der einige Wochen vor meiner Abreise in Österreich passiert ist, wo eine Frau in einem Coupé eine andere bat, auf ihr Kind achtzugeben, während sie ans Buffet ging. Sie kam nie zurück. Nun war die andere eine kinderlose, verheiratete Frau, die schließlich glücklich war, das Kind, das ihr das Schicksal sozusagen anvertraut hatte, zu behalten; aber ich? Gott im Himmel, was sollte ich anfangen mit drei Kindern, ohne Mann und ohne Heim? Wer wird mir glauben, wenn wir in Omaha ankommen, daß das nicht meine Kinder sind? Der Schaffner hat mich viel mehr bei ihnen gesehen als die Mutter; auf ihn wäre also als Zeugen nicht zu rechnen. Im Wagen war nur noch ein Mann, der wohl die Abmachung bemerkt haben mochte; aber leider war er längst wieder ausgestiegen, und wer weiß, ob er als Zeuge überhaupt getaugt hätte; sein Benehmen mir gegenüber war so sonderbar. Wie der Zug an seiner Station hielt, kam er zu mir herüber, den Hut in der Hand, und sagte mit der ernstesten Miene der Welt: „Fräulein, ich muß hier aussteigen; würden Sie so gütig sein und mir erlauben, Ihnen die Hand zu schütteln?" Und wie ich dann meine Hand in die seine legte, fügte er ganz gerührt hinzu: „Ich bin sehr glücklich, Sie gesehen zu haben." Sonderbarer Mensch! Er sah weder verrückt noch betrunken aus, sondern vielmehr wie ein sehr nüchterner und unsentimentaler Landarzt, und doch muß er nicht recht bei Trost gewesen sein, denn wer würde ein Frauenzimmer, mit dem er nie ein Wort gewechselt, das er vorher nie gesehen, auf diese Weise anreden? Oder war das etwa die Art der Präriemänner? Werden alle Männer in Omaha mir die Hand schütteln wollen? Traurig war ich aber dennoch, daß mein unbekannter Freund ausgestiegen, denn er war meine einzige Hoffnung als Zeuge in der Kinder-Affäre. Es blieb mir nichts weiter übrig, als mich in mein Schicksal zu fügen und die drei kleinen Wesen zu behalten, falls niemand sie mir abnehmen sollte, und so fing ich denn langsam an, Pläne für die allernächste Zukunft zu schmieden. Die Kleinen würden natürlich mein ganzes Leben umgestalten; ans Reisen durfte ich nicht mehr denken, sondern mußte gleich ein Heim finden und dann arbeiten von früh bis spät, um den kleinen Haushalt zusammenzuhalten. In Gedanken sah ich mich schon von Haus zu Haus jagen, um meine Stunden zu geben, und wie glücklich würde ich abends sein, wenn ich meinen Kleinen mit ihren Schulaufgaben nachhalf oder mich an ihren Spielen beteiligte; wie gern vermißte ich schöne Kleider, Gesellschaften, Reisen, alles Überflüssige, um meinem Trio eine gute Erziehung geben zu können. Ich hoffte, zwei von ihnen würden Knaben sein, denn ich wollte einen Arzt und einen Ingenieur aus ihnen machen. Und das Mädchen? Das sollte ganz einfach ein liebes, praktisches Menschenkind werden, willig und fähig zu helfen, wo zu helfen war, zu trösten, wo Trost nötig schien. So weiter und weiter träumend, sah ich mich schon als stolze Mutter guter und nützlicher Männer und einer lieblichen großen Tochter, als plötzlich neben mir eine Stimme sagte: „Danke Ihnen sehr, Fräulein; ich nehme sie jetzt wieder", und fort waren all meine Träume, verschwunden war das herzige Heim, in dem ich mich so glücklich sah. Ich war wieder allein und einsam! Wenn die Frau nur eine Stunde früher aufgewacht wäre, wieviel Angst und Sorge hätte sie mir erspart! Aber jetzt, da ich mich entschlossen hatte, ihre Kinder zu behalten, jetzt, da ich sie erzogen, ja fast verheiratet hatte, jetzt, da ich mich so nahe am Ende eines schönen, nützlichen Lebens sah, sie mir jetzt wegzunehmen, das war hart, das war grausam! Ach wie kalt und leer es auf einmal um mich wurde! Ja, obgleich es schon zwei Tage her sind, seit ich soviel besaß und soviel verloren, und obschon es mir in Omaha ganz gut gefällt, fühle ich mich noch immer unsäglich traurig. Ist es die stille, weite, geheimnisvolle Prärie, die diesen melancholischen Einfluß auf eine Tochter der Alpen übt?

Chicago, Illinois, 30. Juli 1899.

Dieser letzte Monat, den ich in der Stadt der hohen Häuser und Millionäre verlebt habe, ist mit einer solchen Geschwindigkeit vorübergegangen, daß ich dessen gar nicht bewußt geworden bin, und doch habe ich mehr neue Eindrücke und ganz gewiß mehr Ellbogenstöße erhalten als sonst in einem ganzen Jahr. Ich glaubte mich in San Francisco an amerikanische Hast und Eile gewöhnt zu haben; aber ich sehe jetzt ein, daß die guten Kalifornier ein ganz gemächliches Völklein sind im Vergleich zu ihren östlichen Brüdern. Das Getriebe von Chicago ist ganz einfach sinnverwirrend. Ich habe das Gefühl, als ob ich eine ganze Woche Karussell gefahren wäre. Es geht mir fast wie Montesquieus Perser in Paris. Ich werde auch fast totgeschlagen in den Straßen von all den kräftigen kampfgewandten Ellbogen, die mir ständig Stöße versetzen und mich alle Augenblicke in einem Halbkreis drehen; und wenn ich Straßenbahn fahre, fühle ich mich erst recht in Todesgefahr; denn man steigt nicht aus und ein wie an anderen Orten, sondern springt auf und ab, weil sie sich nie die Zeit nehmen, richtig zu halten. Wie alte und gebrechliche Leute hier die Straßenbahn benützen können, begreife ich nicht; jedenfalls gibt es wenig alte Leute in Chicago; denn wie könnte der Mensch bei einem solchen Hetzen und Jagen alt werden?

Obwohl Chicago die amerikanische Stadt *par excellence* ist, sieht man da doch mehr Fremde aller Nationen als selbst in Paris oder London. Ja, in einigen Stadtvierteln könnte man sich ganz leicht in einem orientalischen oder europäischen Lande glauben, denn man hört dort viel weniger Englisch als in Deutschland und der Schweiz. Chicago hat Fremdenviertel, die so groß sind wie europäische Städte; das polnische Viertel z. B. hat nicht weniger als 100000 Einwohner, das italienische und das chinesische fast ebensoviel. Was die Deutschen betrifft, so haben die natürlich kein eigenes Viertel; aber man findet sie überall; die meisten großen Geschäftshäuser führen deutsche Namen, und unter den Plutokraten sind sehr viele deiner Landsleute.

Wenn aber fast alle Nationen der Welt ihre eigenen Stadtviertel hier haben, so scheinen doch viele ihr Vergnügen in dem wirklichen amerikanischen Chicago zu suchen, und zwar in dem geschäftsreichsten Teile der Stadt, was denn auch Chicago einen ganz eigenen Charakter verleiht. In den Hauptstraßen, wie State-Street, hört man alle Sprachen und sieht alle Trachten der Welt, und was noch eigenartiger ist, die beiden Hälften der Menschheit, die Reichen und die Armen, oder besser gesagt die Gebildeten und die Ungebildeten, scheinen die Straßen ganz brüderlich zu teilen. Auf der einen Seite der Straße befinden sich die großen Gebäude, die eleganten Geschäftshäuser usw.; dort sieht man den sogenannten guten Teil der menschlichen Gesellschaft; auf der gegenüberliegenden Seite aber sind die elenden, schmutzigen Restaurants, billige Kramläden und allerhand Marktbuden, wo die anspruchslosere Welt sich amüsiert.

Daß Chicago eine schöne oder besonders reinliche Stadt ist, kann ich nicht sagen. Einige Teile der Stadt, wie z. B. die Swift- und Armour-Quartiere oder die Nähe des Flusses, sind fast unmöglich ohne Riechfläschchen. Eine Kindergärtnerin erzählte mir kürzlich, daß, als sie eines Tages ihren Kleinen von den Reizen des Landlebens erzählte, von den Bäumen, den Blumen, den Bächlein und Flüssen, eines der kleinen Mädchen gesagt habe: „O Lehrerin, ich möchte um alles nicht auf dem Lande leben, wenn es dort Flüsse gibt; die stinken ja so!" Die arme Kleine hatte außer dem Chicagofluß nie einen Fluß gesehen; kein Wunder also, daß sie eine schlechte Meinung davon hatte! Der Chicagofluß wird nämlich von den vielen Fabriken gänzlich aufgesogen, so daß er meistens nur aus einer dicken, braunen Brühe besteht, und an seinen Ufern liegen die Schlachthäuser von Swift und Armour, die eingemachtes Fleisch in alle Weltteile versenden, aber daheim nicht besonders angenehme Nachbarn sind.

Schöne Stadtteile gibt es hier wohl auch; die Vorstädte, wo die Reichen wohnen, mit ihren breiten boulevardähnlichen Straßen sind wahre Gärten. Um diese Jahreszeit sind aber die schönsten Stadtteile fast leer, weil die Millionärsfamilien auf dem Lande sind. Glücklicherweise für mich wohne ich auch in einer recht hübschen Vorstadt, und zwar so weit vom Zentrum der Stadt, daß es bis dort eine wahre Reise ist; denn du kannst dir denken, welchen Umfang eine Stadt von über zwei Millionen Einwohnern hat. Am Abend meiner Ankunft hatte ich sogar dieser Entfernung wegen eine sehr unangenehme Viertelstunde. Ich hatte nämlich zum voraus mein Zimmer in einer Privatpension bestellt, weil ich mich in einer so verrufenen Stadt wie Chicago fürchtete, allein in ein Hotel zu gehen. Es war ungefähr elf Uhr nachts, als der Zug ankam, und da ich keine Idee hatte, wo und wie weit Madison Avenue vom Bahnhof entfernt war, konnte ich nicht gut mit der Straßenbahn hinfahren, sondern mußte einen Fiaker nehmen. Wäre ich direkt aus Europa gekommen, so hätte mir wohl der Preis – drei Dollars –, den der Kutscher für die Fahrt verlangte, eine Idee von der großen Entfernung gegeben. Aber ich kam aus San Francisco, wo drei Dollars der gewöhnliche Fiakerpreis sind. Daher bezahlte ich auch meinen Kutscher, ohne ein Wort zu sagen. Wir fuhren zuerst lange, unendlich lange, wie mir schien, durch einen sehr belebten Teil der Stadt. Dann wurde es ruhiger. Wir schienen in einem Teil zu sein, wo große Geschäftshäuser sind, die nur tagsüber offen sind. Nur die Wachleute und einige vereinsamte Fußgänger sah man auf den Straßen. Nach einer Weile wurde es noch ruhiger und auch dunkler. Wir schienen durch eine Gartenanlage zu fahren und dann durch stille, menschenleere Straßen. Mir fing an, bange zu werden. Ich erinnerte mich auf einmal all der Raub- und Mordgeschichten, die man sich von Chicago erzählt; ich erinnerte mich ganz besonders der Schauergeschichten, die mir meine alte Maitlandfreundin von Fiakerkutschern erzählte, und meine Angst stieg mit jeder Minute, besonders da der Kutscher auf mein wiederholtes Klopfen und Rufen gar nicht achten wollte, sondern immer schneller fuhr; es war, als ob er um die Wette führe. Schließlich entschloß ich mich, bei der ersten Straßenecke, wo ich einen Polizisten sehen würde, aus dem Wagen zu springen und um polizeilichen Schutz zu bitten. Doch bevor ich einen Wachmann sah, hielt der

Fiaker, und der Kutscher parlamentierte mit einem Zivilisten, der aus einem nahestehenden Haus kam. Diesen hörte ich zu meiner ungeheuren Beruhigung dem Fiakerkutscher sagen: „Sie müssen noch die ganze Länge der 74. Straße fahren, und gerade bevor Sie an den Terminus kommen, werden Sie Madison Avenue sehen." Es war also doch alles in Ordnung. Der Mann fuhr jedenfalls nur so rasend, weil er fürchtete, heute gar nicht mehr nach Hause zu kommen. Es war längst nach Mitternacht, als wir vor „Asham Hall" hielten, und der arme Mensch sagte in einem ärgerlichen Tone: „Sie sind aber billig zu dieser Fahrt gekommen; wenn ich gewußt hätte, wie weit es ist, hätte ich nicht bloß drei Dollars von Ihnen verlangt." Deswegen also ist er so verrückt gefahren. Er mußte seinen Zorn an seinem armen Gaul auslassen. Ich fand aber, daß er recht hatte, und dann hatte ich ihm so vieles abzubitten, das ich in Gedanken gegen ihn versündigt hatte, daß ich ihm von Herzen gern noch einen Dollar Zuschlag gab. Die ausgestandene Angst werde ich aber nie vergessen, und in Zukunft werde ich mich immer erst nach der Entfernung erkundigen, bevor ich mich irgendwohin fahren lasse.

Boston, Massachusetts, 21. August 1899.

Seit Jahren, ohne eigentlich recht zu wissen warum, habe ich den Wunsch gehegt, Boston kennenzulernen, und nun bin ich endlich am Ziel eines meiner vielen Wünsche. Nur selten entspricht die Wirklichkeit unseren Erwartungen, aber diesmal darf ich mich nicht beklagen, denn Boston hat mir keine Enttäuschung bereitet. Ein heimeliges Gefühl überkam mich gleich bei unserem

Eintritt in den Staat von Massachusetts. Die Wälder, die wohlbebauten Felder, die in Obstgärten versteckten Bauernhöfe, alles erinnerte mich an die Heimat, und Boston mit seinen alten Häusern und seinen krummen, engen Straßen ist ganz wie eine europäische Stadt. Es ist mir ein wahrhaft kindliches Vergnügen, mich in den krummen Gäßlein zu verlieren und bei jeder Wendung etwas zu entdecken, das ich nicht schon eine Viertelstunde zum voraus sehen konnte. Wenn man sieben Jahre lang nichts als neue Länder, Städte von gestern und meilenlange, schnurgerade Straßen gesehen hat, ist diese altmodische Unregelmäßigkeit ungemein erquickend. Ich habe eine ungeheure Bewunderung für die rastlose Energie der Bahnbrecher in neuen Welten, für die mit Riesenschritten vorrückende Zivilisation auf den abgelegensten Inseln der Erdkugel. Aber zu meinem ständigen Wohnsitz wählte ich doch am liebsten ein Land, das eine Geschichte hat, ein Land, wo ich noch hie und da Zeit zum Nachdenken finden kann. Boston ist zwar in dieser letzteren Beziehung nicht gerade das Wünschenswerteste; denn von Langsamkeit und Gemächlichkeit merkt man hier auch nicht viel; wenn es auch etwas ruhiger zugeht als in Chicago, so merkt man immerhin, daß man in Amerika ist. Aber wenigstens ist es ein Teil der neuen Welt, der seine Geschichte hat, und eine interessante Geschichte obendrein, und ein Teil, der sich nicht nur durch Kriegstaten, sondern auch durch Geistestaten berühmt gemacht hat, ist ja Massachusetts die Heimat von Amerikas größten Denkern und Dichtern; denn hier lebten und wirkten Emerson, Hawthorne, Longfellow, Whittier und überhaupt alles, was Amerika an großen Geistern aufzuweisen hat; Boston wird daher auch das Zentrum des intellektuellen Amerika genannt, während sich

New York auf seine Börsenfürsten und Washington auf seine „wohlgeborene" Gesellschaft nicht wenig einbilden. In Boston soll man den Fremden, bevor man ihm die Türe öffnet, fragen: „Was weißt du?", in New York: „Was hast du?" und in Washington: „Wer bist du?" Die übrigen Amerikaner werfen den Bostonern vor, sie seien eingebildet und halten sich alle für gescheit und gelehrt. Vielleicht ist dem auch so; aber sicher gibt es unter ihnen angenehme Leute; davon habe ich mich selbst überzeugt. Daß sie bedeutend verschieden sind von ihren westlichen Brüdern, das ist allerdings wahr; sie sind zurückhaltender, weniger demonstrativ und machen einen feineren, gebildeteren Eindruck. Bei den Frauen ist dies ganz besonders bemerkbar. Sie kleiden sich viel weniger auffällig, tragen ihre Diamanten nicht auf der Gasse zur Schau und sprechen und lachen ruhiger und leiser als die Frauen in dem so viel neueren Westen. Ich gestehe aufrichtig, daß ich mich gern bei ihnen niederlassen würde, aber die „Fisk Agency" hat mir schon am zweiten Tag meines Hierseins wieder eine Stelle an einer Schule in der Nähe von Philadelphia angetragen, und da die Bedingungen gut sind, habe ich sie angenommen. Ich werde mich aber erst Ende September auf meinen neuen Posten begeben müssen, und bis dahin bleibe ich in dem Land der Denker und der Puritaner.

Concord, Massachusetts, 14. September 1899.

Endlich habe ich ein außereuropäisches Fleckchen Erde gefunden, wo ich nicht abgeneigt wäre, den Rest meiner Tage zu verleben; das ist Concord, die Wiege der amerikanischen Freiheit, der Geburtsort so bedeutender Menschen wie Emerson und Thoreau und jenes Lieblings der jugendlichen englischen Leserwelt, Louisa Alcott; ein reizendes Dörfchen, ganz in Bäumen versteckt, ruhig und abgelegen und doch so nahe bei Boston, daß man per Eisenbahn in weniger als einer Stunde dort sein kann, und jede Stunde fährt ein Zug. Man lebt also hier ganz außerhalb der Welt und kann doch, wenn man es nur wünscht, auf die bequemste Art und in kürzester Zeit wieder in die große Welt gehen. Seit Jahren habe ich kein so angenehmes Leben geführt, wie ich hier führe. Gleich nach dem Frühstück nehme ich ein Buch unter den Arm und ziehe mich an eines der idyllischen Plätzchen zurück, an denen die Umgebung von Concord so reich ist. Auf dem Schlachtfeld, wo am 19. April 1775 der erste Schuß fiel in dem Krieg, der den Vereinigten Staaten die Unabhängigkeit gab, las ich noch einmal die Geschichte des Befreiungskrieges. Eine einfache Steinsäule zeigt die Stelle an, wo der erste Engländer fiel, und einige Schritte weiter steht ein schönes Standbild, das einen Neuengland-Bauer darstellt, der die eine Hand am Pfluge hat, während er in der anderen ein Gewehr hält. Es durchzieht mich jedesmal ein wahres Vaterlandsgefühl, wenn ich dieses Standbild ansehe; denn erstens hat der amerikanische Freiheitskrieg so manches gemein mit unseren Kämpfen gegen österreichische Tyrannen, und der Bauer, der da so ruhig und stolz auf dem Steinsockel steht, ist einem Schweizer Bauer unserer Heldenperiode so ähnlich, daß er ganz ebensogut irgendwo in den Urkantonen stehen könnte. Man gebe ihm eine Armbrust statt eines Gewehrs in die Hand, und wir haben einen Walter Fürst, einen Stauffacher, einen Arnold von Melchtal. Ein anderer Ort, wo ich sehr gerne sitze und lese oder träume, ist ein kleines Wäldchen gerade hinter dem Hause, in dem Louisa Alcott ihre Kindheit und Jugend verlebt hat und wo sie ihr Erstlingswerk *Little Women* geschrieben, das sie nachher so berühmt gemacht und so viele Tausend Mädchenherzen entzückt hat. Der Schauplatz dieser reizenden Jugendgeschichte ist Concord selbst, und man findet alles noch gerade so, wie sie es beschrieb; ja sogar der Baum ist noch da, welcher Joe und Laurie als Postablage diente. Die Personen waren die Verfasserin, ihre Schwestern und Nachbarn. Joe war Louisa Alcott selbst; Amy, die Künstlerin, ist erst vor kurzem in der Schweiz, wo sie verheiratet war, gestorben, und Mag, die älteste, lebt noch hier in Concord als Frau Pratt. Ich sah sie kürzlich auf der Straße und widerstand kaum dem Verlangen, an sie heranzutreten und einige Worte mit ihr zu wechseln, aber meine Schüchternheit gab es nicht zu. In dem Wäldchen und nächst der Scheune, wo die Kinder im Buch Joes Theaterstücke aufführten, las ich vorige Woche noch einmal *Little Women*, und ich fand, daß ich es noch ganz so genoß wie damals, als ich es zum erstenmal las. Ja ich lebte mich so in das Buch hinein, daß mir war, als ob lustige Stimmen aus der nahen Scheune zu mir herauftönten, und als ich einen Jungen bemerkte, der über den Gartenzaun mich neugierig anguckte, hätte ich ihn beinahe als Laurie angeredet. Ich sage dir, es war eine herrliche Illusion, sich wieder jung und kindlich zu wähnen!

Noch einen dritten besonderen Lieblingsplatz habe ich hier. Es ist dies Walden Pond, ein lieblicher, stiller Waldsee, und so abgelegen, daß ich oft tagelang dort saß, ohne ein menschliches Wesen zu sehen. Dort lebte der Naturforscher und Philosoph Thoreau einige Zeit als Einsiedler und schrieb sein Buch *Walden*. Am Ufer des Sees, in der Nähe, wo einst des Einsiedlers Hütte gestanden hatte, liebe ich es, im Gras zu liegen und zu träumen, und in solchen Momenten bin ich glücklich. Ich kann mir nämlich kein größeres Vergnügen denken, als dort im Gras zu liegen, das sanfte Plätschern des Wassers zu meinen Füßen zu hören, den vorüberziehenden weißen Wölklein über mir mit den Blicken zu folgen, mich von den Vögeln in den Schlaf singen zu lassen und keine menschliche Stimme zu vernehmen, die mich in die rauhe Wirklichkeit zurückzurufen vermöchte. Ach, wie selten haben wir Kinder dieses schnellebenden Jahrhunderts Zeit zum Träumen! Ich habe mir seit meinen Kinderjahren dieses Vergnügen nicht erlauben dürfen; auch fühle ich mich glücklicher, kräftiger und kampfesfähiger, nachdem ich meine Träume im stillen, lieblichen Concord geträumt habe.

Ogontz School, Pennsylvania, 20. September 1899.

Seit gestern abend zähle ich unter die Hausgenossen der Ogontz-Schule; aber ich hatte solche Schwierigkeiten, den Ort zu finden, daß ich mich jetzt noch mitunter in den Arm kneife, um mich zu vergewissern, daß ich wirklich da bin und nicht etwa nur träume. Ogontz ist einer der Orte, die man auf keiner Karte findet, außer etwa auf einer solchen von Philadelphia und Umgebung. Ich wußte, daß es in der Nähe von Philadelphia sei, und so fuhr ich denn gestern früh ganz wohlgemut von Boston ab, ohne zu ahnen, was an diesem Tag meiner noch wartete. Erstens goß es in Strömen, und der Zug wurde einigemal aufgehalten, weil der Regen die Linie beschädigt hatte, so daß wir mehrere Stunden Verspätung hatten und statt um fünf Uhr erst nach acht Uhr in Philadelphia ankamen. Dazu fehlte unserem Zug, was den amerikanischen Schnellzügen sonst nie fehlt, ein Speisewagen, und wir hielten nirgends, ausgenommen im offenen Feld, lange genug, um uns außerhalb eine Mahlzeit zu verschaffen. Du kannst dir denken, wie unangenehm das Fehlen des Speisewagens ist für Reisende, die darauf gezählt hatten, und wie es scheint, hatten wir alle darauf gezählt; denn es entstand gegen Nachmittag eine Unruhe und Unzufriedenheit in den Wagen, die sich auf verschiedene Art und Weise Luft machte. Die Männer gingen wütend auf und ab, schimpften und fluchten gegen die Eisenbahngesellschaft, die sich erlaube, freie amerikanische Bürger auf diese Weise zu behandeln; die Frauen saßen traurig und bleich in ihren Ecken. Ich war auch fast einer Ohnmacht nahe; denn ich hatte vor sechs Uhr gefrühstückt, und leider bin ich keines jener ätherischen Wesen, die von Luft leben können. Mit welcher Sehnsucht ich daher unserer Ankunft in Philadelphia entgegensah, kannst du dir leicht denken. Auch hatte ich mir fest vorgenommen, mich allererst nach einem guten Nachtessen umzusehen. Wie ich aber ausstieg, fragte ich den Schaffner, wo die Züge nach Ogontz halten. „Von diesem Bahnhof können Sie gar nicht nach Ogontz. Sie müssen an den Reading-Bahnhof fahren", sagte der Mann. Also nahm ich einen Fiaker und ließ mich nach Reading-Station führen, weil ich dachte, ich würde dort gemütlicher mein Abendessen verzehren können. Zu meiner Freude sah ich auch gleich den Speisesaal vor mir, als ich die Treppe hinaufkam; auf dem Wege zu meinem momentanen Paradies traf ich aber einen Portier und fragte ihn, wann der nächste Zug nach Ogontz fahre. „Um neun Uhr siebzehn; Sie haben gerade zwei Minuten Zeit; beeilen Sie sich!" Also mußte ich wieder auf das

Essen verzichten; denn da es schon so spät war, getraute ich mich nicht, einen Zug zu verfehlen. Übrigens tröstete ich mich mit dem Gedanken, daß ich doch bald am Ziele meiner Reise sein würde, wo mich gewiß ein gutes Abendessen erwartete. Nach einer halben Stunde kamen wir auch wirklich an der kleinen Station an; ich war die einzige Person, die austieg; die Station war schlecht beleuchtet, und nachdem der Zug weg war, herrschte dort Todesstille. Keine Packträger, keine Fiaker, kein lebendes Wesen konnte ich im ersten Augenblick sehen. Nach einigem Suchen fand ich einen jungen Mann, der eine Art Bahnhofsvorstand zu sein schien. Ich fragte ihn, ob es weit sei nach Ogontz-School. „Gute zwanzig Minuten", sagte er.

„Wo kann ich einen Fiaker finden, um mich hinfahren zu lassen?"

„Nach sieben Uhr abends gibt es hier keine Fiaker mehr", war seine mürrische Antwort.

„Könnten Sie mir also ein Hotel anweisen, wo ich die Nacht zubringen kann?"

„Da müssen Sie nach Philadelphia zurück; denn Hotels gibt es hier keine."

„Wenn dem so ist, so muß ich ganz einfach die Nacht hier im Wartezimmer zubringen."

„Das können Sie nicht tun, denn wir schließen alles ab für die Nacht", sagte der junge Barbar kühl.

Diesmal mußte ich wirklich eine überweibliche Anstrengung machen, nicht in Tränen auszubrechen. So elendiglich, so unfreundlich wie hier in der Stadt der „Bruderliebe" bin ich noch nirgends empfangen worden. Ich weiß nicht, was ich getan hätte, wenn nicht gerade in diesem Augenblick ein ungefähr vierzehnjähriger Knabe ins Bureau getreten wäre, der sich mit einiger Mühe bereden ließ, mich zu der Schule hinaufzubegleiten. So wandelten wir also dahin in der schwarzen, regnerischen Nacht, und noch immer hielt mich die Hoffnung auf ein Abendessen aufrecht. Wie wir an ein großes, imposantes Parktor kamen, sagte mein Begleiter: „Das ist der Eingang zum Schulpark; aber ich gehe nicht mit hinein, denn die haben einen Nachtwächter, der jeden niederschießt, der nachts in den Park kommt." Ich versuchte ihm zu erklären, daß das gewiß nur eine Fabel sei, um die Jungen in der Nachbarschaft vom Obstgarten fernzuhalten, und bot meine ganze Überredungskunst auf, ihn zum Mitgehen zu bewegen, weil ich mein Handgepäck nicht allein tragen konnte; es half aber alles nichts, bis ich ihm einen ganzen Dollar anbot, für den er dann auch willig sein Leben aufs Spiel setzte. Nach einem ferneren kurzen Marsch standen wir vor einem weißen, palastartigen Gebäude; das war endlich Ogontz School. Es war aber alles still und dunkel; kein Lichtchen flackerte in einem der unzähligen Fenster des großen Hauses; nicht das geringste Geräusch war zu hören; man hätte sich vor Dornröschens Schloß glauben können. Dennoch näherte ich mich dem Hauptportal, um die Glocke zu ziehen, wurde aber plötzlich von einem ungeheuren Hund zurückgeschreckt. Er war angekettet, so daß er mich nicht verfolgen konnte; aber an die Hausglocke zu gelangen war unmöglich. Was sollte ich nun anfangen? Es rührte sich noch immer nichts; selbst der gefürchtete Nachtwächter zeigte sich nicht. Endlich fragte ich den Jungen, ob er pfeifen könne, und auf seine bejahende Antwort gingen wir auf eine Seite des Hauses, wo ich die Schlafzimmer vermutete, und versuchten die Dornröschen des verzauberten Schlosses aus ihrem Schlaf zu pfeifen. Plötzlich sagte eine Stimme hinter mir: „Was will denn das heißen?" Es war der Nachtwächter, der, nachdem er meine Leidensgeschichte teilweise vernommen hatte, mich freundlich in das Haus führte und dann eine der Damen wecken ging, die auch bald in einen Schlafrock gekleidet erschien und mich in mein Zimmer führte. Man hatte mich heute längst nicht mehr erwartet; deswegen hatte man auch keinen Wagen an die Bahn geschickt. Abendessen hat man mir keines angeboten; denn man glaubte jedenfalls, daß ich im Zug oder in Philadelphia gegessen habe, und ich hatte nicht den Mut, um etwas zu bitten; so mußte ich also hungrig zu Bette gehen. Daß ich gut schlief, kann ich nicht sagen, trotz der Müdigkeit; nach meiner Ansicht ist das Alpdrücken ein angenehmes Gefühl im Vergleich mit dem, das ein leerer Magen verursacht.

Nun, was sagst du zu meinem Einzug in Ogontz? Wenn ich eine abergläubische Person wäre und an Vorbedeutungen glaubte, würde ich wahrscheinlich in aller Frühe wieder Abschied genommen haben. Statt dessen habe ich meine Koffer ausgepackt, und zwar mit dem guten Vorsatz, alles so optimistisch wie möglich zu betrachten. Übrigens sieht heute nach einem guten Frühstück auch alles ganz anders aus. Sogar der Cerberus von gestern abend sieht bei Tageslicht ganz zahm und unschuldig aus.

Die Schule fängt erst in einer Woche an. Bis dahin habe ich Zeit, mich von meiner Enttäuschung zu erholen, und wenn ich einmal wieder in der Arbeit stecke, werde ich viel Unangenehmes ertragen können.

Ogontz School, 22. Dezember 1899.

Dies ist der erste Tag unserer Weihnachtsferien. Das letzte Mädchen ist vor einer Stunde abgereist, und Ogontz ist wieder fast so ruhig, wie es am Abend bei meiner Ankunft war. Ich bin die einzige Lehrerin, die dableibt, weil ich die einzige bin, die weder Familie noch Verwandte noch Bekannte in dieser Weltgegend hat, und reisen mag ich zu dieser Zeit nicht. Nachdem ich sieben Jahre keinen Schnee gesehen habe, bin ich für die Kälte sehr empfindlich geworden. Ich bleibe also hier und vertreibe mir die Zeit mit Briefschreiben.

Ich bin glücklich, dir sagen zu können, daß ich seit jenem fatalen ersten Abend keine Enttäuschungen mehr erfahren habe, sondern sehr viele angenehme Überraschungen. Erstens ist die Schule ideal schön gelegen in einem 40 Juchart großen Park. Das Hauptgebäude ist ein Palast, mit allem erdenklichen Komfort und größter Eleganz eingerichtet: Wintergarten, Privattheater, Zentralheizung, elektrisches Licht, alles, was man sich nur in einem mit Luxus eingerichteten Hause denken kann; auch der Tisch entspricht dem übrigen. Wenn nicht das Pianoklimpern und das Violinengekreische von allen Richtungen des Hauses hertönte, würde kein Mensch, der zur Zeit kommt, da die Mädchen in der Klasse und daher nicht sichtbar sind, sich in einer Schule glauben. Von der gewöhnlichen Pensionsschäbigkeit ist da nirgends etwas zu sehen. Daß die Pensionspreise etwas höher sind als bei uns, brauche ich dir wohl kaum zu sagen. 10 000 Franken ist das Pensionsgeld für acht Monate, denn von Anfang Juni bis Anfang Oktober haben wir Ferien. Daß junge Mädchen, die so viel bezahlen können, von Haus aus an Eleganz und Luxus gewohnt und anspruchsvoll sind, läßt sich denken, und da die

Amerikanerin von Kindesbeinen an eine quasi Herrscherrolle spielt, kann man sie in dem Alter, wie wir sie haben – von vierzehn bis zwanzig Jahren –, nicht mehr als Schulmädchen behandeln. Im Alter von sechzehn Jahren ist sie schon eine Weltdame, kleidet sich in Schleppkleider und benimmt sich in der Gesellschaft mit der Freiheit und Gewandtheit einer vierzigjährigen Gesellschaftsdame. Sie hat über alles ihre eigenen Ansichten und drückt sie gern und leicht aus, ebensowohl in Gegenwart alter Damen und grauhaariger Senatoren als ihren jungen Freunden gegenüber. Sie kennt weder Furcht noch Schüchternheit noch Unbehelflichkeit, sondern wagt alles und weiß sich überall zu helfen. Sie ist meist eine begabte, fleißige und sonderbarerweise auch gehorsame Schülerin; nur darf man nicht tyrannisch mit ihr verfahren. Wehe einer Lehrerin, die sich erlaubte, ohne Grund zu strafen, und ihre schlechte Laune an den Schülerinnen auszulassen sucht! Wenn ich aber einem meiner Mädchen klar machen kann, warum ich es strafen muß, so wird es sich mit einer Gutmütigkeit meiner Strafe unterwerfen, die ich selten gesehen, und mich dafür eher mehr als weniger lieben. Das amerikanische Mädchen ist daher trotz seiner Unabhängigkeit eine der besten und angenehmsten Schülerinnen.

Der Unterricht hier ist gut, doch weniger gründlich als in der Hamlin-Schule, weil sich diese Mädchen nicht auf die Universität vorbereiten, und das Schöne in der Ogontz-Erziehung ist, daß das Gleichgewicht zwischen der Bildung des Geistes und des Körpers erhalten wird. Nach dem Luncheon gibt es keine Stunden mehr, sondern der ganze Nachmittag wird Körperübungen gewidmet: Spielen, Turnen, Militärübungen. Ein Offizier kommt zweimal in der Woche von Philadelphia heraus, um mit den Mädchen zu exerzieren, und alle müssen dem „Ogontz-Bataillon" angehören. Auch Fechten wird gelehrt, ist aber nicht obligatorisch, und man spricht davon, auch eine Feuerwehr zu schaffen; denn kürzlich wurde auf der anderen Seite von Philadelphia eine Feuersbrunst von der Mädchenfeuerwehr einer naheliegenden Schule gelöscht, lange bevor die Feuerwehr von Philadelphia auf dem Platz erschien.

Was unsere Vorsteherin, Miß Bennett, betrifft, so ist sie ganz einfach das wundervollste weibliche Wesen, das ich je gekannt habe, auch hege ich für sie ein Gefühl, das nahezu an Anbetung grenzt. Es ist daher kaum nötig beizufügen, daß ich sehr gerne hier bin.

Zum Schluß noch ein Wort über meine Kolleginnen: Auch in diesem Punkt ist alles sehr befriedigend. Es sind 15 Lehrerinnen, die in der Schule wohnen, und wir leben untereinander ein sehr glückliches, zufriedenes Leben. Am meisten habe ich mich an die deutsche Lehrerin, Fräulein Klock, angeschlossen; wir sitzen oft beisammen, gehen zusammen spazieren und plaudern ständig von unseren lieben Heimatländern.

Washington, Distrikt Columbia, 16. April 1900.

Es ist wohl angemessen, daß ich dir auch aus Amerikas hübscher Hauptstadt einige Zeilen schreibe. Ich habe meine Osterferien hier zugebracht und bin ganz entzückt von allem, was ich sehe. Washington ist nach meiner Ansicht bei weitem die schönste Stadt der Vereinigten Staaten, und dann ist sie viel angenehmer als andere Städte dieses Landes, weil sie so viel reinlicher und ruhiger ist. Hier gibt es nämlich gar keine Fabriken, so daß die Stadt nicht durch schwarze, rauchende Schornsteine und häßliche Fabrikgebäude verunstaltet wird. Auch sieht man nichts von der Unrast und Eile, die in anderen Städten so ermüdend wirkt; denn Washington ist von lauter Staatsbeamten bewohnt, und die erhalten natürlich ihre Besoldung, ob sie etwas tun oder nicht. Hier haben zudem auch sämtliche fremden Gesandtschaften ihren Wohnsitz, und daher ist Washington das Zentrum des eleganten gesellschaftlichen Lebens. Fast alle Millionäre des Landes haben hier Paläste, wo sie einige Monate im Winter zubringen, wenigstens so lange, bis sie ihre Töchter bei einem aristokratischen fremden Gesandten oder Attaché angebracht haben. Daß an einem solchen Ort ein ungeheurer Aufwand gemacht wird, kannst Du dir denken. Washington ist eine Stadt von Palästen. Dazu kommen noch die Staatsbauten wie das Kapitol, die Staatsbibliothek und viele andere, die durch ihre Pracht und ihren Reichtum geradezu überwältigend wirken. Die Amerikaner sparen nicht, wenn es sich darum handelt, ihre Hauptstadt zu schmücken. *A propos* Hauptstadt! Hast du gewußt, daß die Amerikaner nie die größte und bedeutendste Stadt ihrer Staaten zu Hauptstädten wählen! San Francisco z. B., die bei weitem größte Stadt Kaliforniens, ist nicht die Hauptstadt, sondern ein ganz kleines Städtchen von einigen tausend Einwohnern, Sacramento ist es, und so ist nicht New York, trotz seiner Wichtigkeit als Weltstadt, die Hauptstadt des Staates New York. Diese Ehre genießt ein unbedeutendes Städtchen am Hudson, Albany. Auch Washington, die nationale Hauptstadt, ist viel kleiner als die übrigen Großstädte der Vereinigten Staaten, denn es hat bloß 300000 oder 400000 Einwohner. Warum die verschiedenen Regierungen ihre Sitze an so kleinen Orten haben, kann ich dir nicht sagen. Ich weiß, daß es aus politischen Gründen geschieht, aber aus welchen, das darf man nicht fragen. Ich verstehe herzlich wenig von Politik im allgemeinen, und die amerikanische scheint mir womöglich noch verworrener als die anderer Länder. Selbst von den zwei großen politischen Parteien, Republikaner und Demokraten, weiß ich nur so viel, daß die eine Partei die Regierung in der Hand hat, während die andere Hände und Füße rührt, um jene hinauszuwerfen und sich selbst an ihren Platz zu setzen. Die gegenwärtige Regierung ist republikanisch; denn Mac Kinley gehört dieser Partei an, während sein Vorgänger Cleveland Demokrat war. Auf diese Weise hat Amerika alle vier Jahre eine neue Regierung, und alle Ämter werden von neuen Leuten besetzt, ob sie dazu passen oder nicht. So z. B. habe ich zu meinem großen Erstaunen erfahren, daß die Posthalterstellen nicht an geprüfte Postbeamte vergeben werden, sondern ganz einfach an Männer, die Freunde und Anhänger des regierenden Gouverneurs sind und die natürlich meist nicht die entfernteste Idee vom Postwesen haben.

Da ich nun gerade von Postbeamten rede, muß ich dir einen interessanten Besuch, den ich vorgestern im hiesigen Postbureau machte, erzählen. Ich saß stundenlang in dem Bureau, wo man die Briefe und Pakete aufmacht, die ihre Bestimmung nicht erreicht haben, weil sie entweder gar nicht oder schlecht adressiert waren. Es ist ganz unglaublich, wie viel zerstreute Menschen es in der Welt gibt, denn als ich zu dem Beamten, der mir die Honneurs machte, sagte: „Sie finden doch gewiß selten einen unadressierten Brief", zeigte er mir einen Postrapport, auf dem schwarz auf weiß gedruckt war, daß jährlich durchschnittlich 30000 unadressierte Briefe und Pakete in das

Nationalpostbureau geschickt werden, von denen, die undeutlich adressiert sind, gar nicht zu reden. Hier werden die undeutlichen Adressen von Handschriftexperten, deren stets mehrere beschäftigt sind, entziffert, oder wenn das unmöglich ist, wird der Brief den Aufmachern überliefert, die an einem langen Tische sitzen und den ganzen Tag nichts tun als Briefe öffnen. Wenn im Briefe sich eine Adresse befindet, wird er an diese weiterbefördert. Da aber, wie mein Cicerone lächelnd sagte, zerstreute oder unordentliche Menschen auch meist unterlassen, eine deutliche Adresse in ihren Briefen anzugeben, so können verhältnismäßig wenige weiterspediert werden. Viele dieser Briefe enthalten Geld oder Bankschecks, so daß über eine Million Dollars jährlich auf diese Weise an die Hauptpost, d. h. an die Regierung, fällt. Auch befindet sich hier ein wahrer Kaufladen von Sachen, die Paketen entnommen worden und nun hier zur Identifikation ausgestellt sind. Unter anderen wunderlichen Dingen war da ein Schädel und ein oberes in Gold gefaßtes Gebiß; daneben massenhaft Ringe, Armbänder, Medaillons und solche Sachen. Man kann sich denken, was für Herzeleid das Nichtankommen vieler dieser Schmucksachen verursacht hat.

Vorige Woche machte ich auch einen Besuch in Mount Vernon, dem Wohnhause George Washingtons. Es ist ein anspruchsloses Haus, aber sehr bequem und gemütlich eingerichtet und bietet eine wunderschöne Aussicht über den Potomac-Fluß. Die Einrichtung ist noch ganz so, wie sie zu Lebzeiten des großen Mannes war. In der Vorhalle hängt auch noch der Schlüssel der Bastille, den Lafayette nach dem verhängnisvollen 14. Juli 1789 seinem Freunde George Washington, „dem Vater der Freiheit", als Geschenk übersandte.

Am Ostermontag wohnte ich auch einem Empfang im „White House", wie der Präsidentenpalast heißt, bei, und hatte daher Gelegenheit, den jetzigen Präsidenten, Mac Kinley, aus der Nähe zu sehen. Er hat ein ungemein liebes, gutes Gesicht und ist so einfach und väterlich in seinem Betragen, daß man sich gleich bei ihm zu Hause fühlt. Kein Wunder, daß alle, die in seiner Nähe leben, ihn so verehren.

Morgen reise ich wieder nach Ogontz zurück, und zwar ist es die höchste Zeit, wenn ich nicht verhungern will. Nicht daß man mir hier nicht genug zu essen vorlegt, aber alle Dienstboten in den Hotels und Restaurants sind Neger, und so sehr ich mich auch bemühe, ich kann mich nicht an sie gewöhnen. Ich kann noch so hungrig sein, sobald ich die schwarze Hand bemerke, die mir den Teller oder die Platte reicht, ist es um meinen Appetit geschehen.

Ogontz School, 8. Juni 1900.

Schon wieder Ferien! du wirst bald denken, wir haben ständig Feiertag. Wirklich gewährt Amerika seinen Schulen mehr Ferien als irgendein anderes Land in der Welt; diejenigen, die jetzt anfangen, werden nicht viel weniger als vier Monate dauern.

Wir hatten unseren Schulschluß letzten Dienstag, und da alles so ganz anders zuging, als es an solchen Tagen in unseren Privatschulen zugeht, mußt du mir erlauben, ihn dir zu beschreiben. Erstens prangte der ganze Palast – denn ein Palast ist es – in Blumenschmuck, und draußen im Garten und im Park spielten alle Springbrunnen; dazu war das prachtvollste Wetter, so daß es an dem Tage bei uns feenhaft aussah. Gegen die zehnte Stunde brachten Wagen und Automobile Hunderte von Gästen, die Damen meist in Toiletten, die bei einem fürstlichen Gartenfest am Platz gewesen wären.

Schlag zehn fingen die Schulübungen an, du mußt aber nicht etwa denken, daß unsere Gäste der Marter ausgesetzt wurden, stundenlang dem Pianogeklimper und den peinlichen Rezitationen kleiner Anfängerinnen zuzuhören – das würde ja übrigens bei unseren 100 Mädchen kein Ende nehmen –, nein, unsere Künstlerinnen waren nur die Mädchen, die dieses Jahr aus der Schule treten, alle über achtzehn Jahre alt, und von denen viele singen und spielen, daß einem das Zuhören gar nicht peinlich wird. Zudem wurde alles mehr hofmäßig als schulmäßig getan, so daß das Ganze auch für das Auge angenehm war. Auf einer großen, schön eingerichteten Bühne saß die Prinzipalin, Miß Benett, und wie das Zeichen zum Anfangen gegeben wurde, kamen die Mädchen der Seniorklasse, 17 an der Zahl, alle in schönen weißen Schleppkleidern, der Reihe nach herein, machten vor der Vorsteherin eine Hofreverenz und setzten sich dann auf beiden Seiten von ihr auf der Bühne nieder, wonach eine nach der anderen etwas vortrug, aber nicht so viel, daß es ermüdend wirkte. Nach den Übungen wurde unter den Klängen einer sehr guten Musikkapelle aus Philadelphia in den verschiedenen Sälen, auf den Altanen, im Garten für mehrere hundert Menschen Lunch serviert, und nachmittags verwandelten sich die Schulübungen in ein Gartenfest. Gegen Abend reisten die Mädchen mit ihren Eltern oder Verwandten ab. Auch die meisten Lehrerinnen verließen die Schule schon am ersten Tag. Ich wäre auch längst schon fort, wenn ich nicht einer lieben Bekannten, einer Bankiersfrau aus Philadelphia, die zu wohltätigen Zwecken gestern ein Gartenfest gab, meinen Beistand als Wahrsagerin versprochen hätte. Zu meiner Demütigung sei es gesagt, daß ich darin mehr Erfolg gehabt, als ich je in etwas gehabt habe oder haben werde; denn ich hatte kaum zwei Stunden lang den Finanzfürsten der Quäkerstadt die Karten gelegt und dabei bemerkt, daß die Männer viel abergläubischer sind als die Frauen, als ich auch schon der Festgeberin eine Kasse überreichen konnte, die nahezu 1000 Franken enthielt. So viel Geld werde ich wohl in so kurzer Zeit nie wieder verdienen.

New York, 1. Juli 1900.

Kaum drei Wochen habe ich in dieser Riesenstadt zugebracht und bin ihrer schon so müde, daß ich mein Leben sozusagen nur so dahinschleppe. Ich komme mir vor wie ein weiblicher Ahasverus, der todmüde ist von einem jahrhundertelangen Leben und doch noch Jahrhunderte länger ein hoffnungsloses, elendes Dasein führen muß. Nichts ist so erdrückend wie das Leben in einer großen Stadt, wenn man keine nützliche Arbeit hat und keine Seele, die von unserer Existenz auch nur eine Ahnung hat. Allein sein auf dem Lande ist nicht einsam sein, denn man hat die Natur um sich herum, die Natur, die uns tröstet, die sich mit uns freut, wenn wir glücklich sind. Aber allein sein in einer Stadt von Millionen menschlicher Wesen, von denen nicht eines einen Gruß, einen freundlichen Blick für uns hat, wo wir nicht einmal die Straße entlang wandeln können, während unsere Gedanken am andern Ende der Welt sind, weil wir riskieren, überfahren zu werden, wo wir weder pfeifen noch singen noch ein *Sottovoce*-Selbstgespräch führen können, ohne Gefahr zu laufen, als Verrückte eingesperrt zu werden, wo wir nicht einmal in dem Hause, wo wir wohnen, einen Menschen haben, der sich für uns interessiert oder mit dem man ein Gespräch führen könnte –, das ist Einsamkeit, eine Einsamkeit, die einen zur Verzweiflung bringen kann! Ich hoffe nur, daß ich nie genötigt sein werde, in einer sehr großen Stadt meinen ständigen Wohnsitz aufzuschlagen, denn ich brauche frische Luft, Bäume, Blumen, Vögel und einen wenigstens mäßig weiten Horizont, um glücklich zu sein.

Für die Amerikaner selbst ist New York der große Anziehungspunkt, wie Paris für die Franzosen. Sie behaupten, daß man hier allein alles haben könne, was der Mensch zum Glücklichsein braucht. Hier bekommt man das Allerbeste und Allerneueste, was Amerika zu bieten hat in Musik, Theater usw. Für die Frau, die ihr Glück im Einkäufemachen findet, ist allerdings New York ein Paradies, denn nirgends gibt es so großartige Läden und eine so große Auswahl von schönen Sachen, die zudem nicht teurer sind als in Europa. Wenn die Amerikanerin sich Kleider und Hüte mit aus Paris herüberbringt, so geschieht es keineswegs der Billigkeit oder besonderer Schönheit wegen, sondern nur um in den Blättern für die Gesellschaft sich als Besitzerin von Pariser Toiletten erwähnt zu sehen. Was Eleganz und Chic anbetrifft, so hat die Amerikanerin von der Französin nichts mehr zu lernen; in keinem Lande sieht man so gut gekleidete Frauen wie in Amerika, und zwar ist die Kunst des Kleidens hier in allen Klassen verbreitet, nicht wie in Frankreich das Monopol einer Klasse, die es sich zur Lebensaufgabe macht. Die Amerikanerin, welcher Klasse sie auch angehöre, hat eine ganz besondere Gabe, sich nett und sauber zu kleiden; mag ihre Toilette noch so einfach sein, sie wird es verstehen, irgendwo ein Band anzubringen, das dem ganzen Anzug einen gewissen Chic verleiht. Ja, die einfachste Waschbluse sieht an ihr elegant aus, während wir Europäerinnen in diesem Kleidungsstück fast immer etwas negligiert aussehen. Ich glaube, die Männer tragen hier viel zur Ankleidekunst der Frauen bei. Denn der Amerikaner, sei er ein Millionär oder nur ein einfacher Arbeiter, liebt es ganz besonders, die Frauen seines Hauses hübsch gekleidet zu sehen. Er arbeitet lieber ein wenig mehr oder versagt sich selbst etwas, um seiner Frau oder seinen Töchtern nette Kleider gestatten zu können.

Doch genug von Mode und Toiletten. Ich habe mir in letzter Zeit oft das melancholische Vergnügen gemacht, die Ankunft der Auswandererschiffe in Castle Garden zu beobachten, und ich stelle dabei oft recht traurige Betrachtungen an über die Zustände in unserem zivilisierten Europa. Was da nicht wöchentlich für Menschenmassen durch Castle Garden in dieses Land strömen! Und was für Leute meistens! Wenn man so die Hunderte von italienischen und slawonischen Bauern sieht mit ihren schmutzigen Bündeln, da muß man sich sagen, daß es wahrlich kein Wunder ist, wenn der Amerikaner nicht immer die Achtung vor uns hat, die wir zu verdienen glauben. Gestern kam ein Schiff an mit 700 Italienern, alles armselige Menschen! Seit dem letzten März sind nicht weniger als 35000 Italiener hier gelandet. Was für eine Aufgabe für Amerika, alle diese Menschenmassen zu zivilisieren! Ja, die Amerikaner haben schließlich doch einen guten Grund für ihren wenn auch etwas übermäßigen Nationalstolz. Wäre ich nicht Schweizerin, so möchte ich am liebsten Amerikanerin sein!

Niagarafall, 22. Juli 1900.

Sehr oft lesen wir von Leuten, die vom Niagarafall in den Tod gelockt wurden, und viele meiner Bekannten haben mir gesagt, daß sie, nachdem sie einige Zeit in den weißen, schäumenden Abgrund geschaut, haben an sich halten müssen, um sich nicht hineinzustürzen. Ich muß also verschieden veranlagt sein von den meisten Menschen; denn nirgends könnte der Gedanke an Selbstmord weiter von mir entfernt sein als hier angesichts eines der größten und schönsten Naturwunder. Mich lockt es nicht hinein in seine wilden Fluten. Wohl aber bannt es mich an die Stelle. Ich kann stundenlang an einem Ort sitzen oder liegen, ohne mein Auge von dem Wasser abzuwenden, und mich dabei so vollkommen glücklich fühlen, daß, wenn eine Fee vor mich hinträte und mir die Erfüllung eines Wunsches anböte, ich nur sagen könnte wie Diogenes zu Alexander: „Hebe dich hinweg!"

Du hast natürlich Bilder vom Niagara gesehen; aber sie können dir nur eine ganz schwache Idee von der Wirklichkeit geben; denn die Großartigkeit der Fälle liegt nicht in ihrer Tiefe, die kaum 160 Fuß beträgt, sondern in der kolossalen Wassermasse und dem prachtvollen Farbenwechsel, der sich ständig in dem Wasserstaub abspielt; dann ist auch das donnerähnliche Getöse fast überwältigend. Kein Wunder, daß die Indianer den Fall – eigentlich die Fälle; denn es gibt zwei, den größeren auf der kanadischen und den kleineren auf der amerikanischen Seite – mit dem Namen Niagara, d. h. der Donnerer, getauft haben. An Wasser fehlt es hier nie; denn der Niagarafluß rollt seine Wassermassen aus dem großen Eriesee, der nur einige Meilen oberhalb des Falles liegt, so daß es wirklich ein See ist, der sich über einen 160 Fuß hohen Felsen in einen anderen See – den Ontario – wirft. Ich stelle mir gern vor, wie diese Fälle aussehen würden, wenn sie die großartige Umgebung der Fälle in den Blauen Bergen von Australien hätten. Dann wäre der Niagarafall ganz entschieden das überwältigendste natürliche Schauspiel der Erde. Leider ist seine Umgebung aber nichts weniger als großartig, ja nicht einmal natürlich; auf beiden Seiten hübsch angelegte Gärten, Spielplätze mit Karussell und allerhand Marktbuden, photographische Ateliers, Kaufläden, Hotels und Restaurants, das ist der banale Rahmen zu diesem Prachtsbilde. Die Engländer suchen auf ihrer Seite, d. h. auf der kanadischen, den Rahmen noch so anständig als möglich zu erhalten; aber die Amerikaner haben so sehr gegen alle Schönheitsgesetze gesündigt, daß sie sich sogar vermessen haben, am Fuße des „Riesendonnerers" Fabriken zu bauen und so sein weißes, schaumiges Wasser zu verunreinigen. Solche Profanation sollte als Majestätsbeleidigung bestraft werden.

In einigen Tagen werde ich meiner Wanderexistenz wieder ein Ende machen müssen; denn ich habe für den Rest der Ferien eine Sommerstelle angenommen. Ich fürchte nämlich, daß ein viermonatiges ständiges Umherreisen mehr als meine Jahreseinkünfte aufzehren würde. Übrigens möchte ich gern mehr vom amerikanischen Familienleben sehen; fast alle die Amerikaner, die ich bisher gekannt, leben ständig in Hotels oder Pensionen, weil sie behaupten, daß es viel billiger und angenehmer sei, zwei Dinge, die ich nicht glauben kann. Nun werde ich aber in ein kleines Städten kommen, wo doch hoffentlich die Leute ihr eigenes Heim haben.

Naples, 18. September 1900.

Du wirst wohl staunen, wenn du die Postmarke „Naples" auf meinem Briefe siehst, und glaubst am Ende gar, ich sei drüben im alten lieben Europa? Nein, so nahe bin ich leider der alten Heimat noch nicht, und das Neapel, in dem ich mich befinde, ist nicht jenes berühmte Neapel, das man gesehen haben muß, bevor man sich erlauben darf zu sterben; aber auch dieses ist ein *dolce Napoli*, ein nettes kleines Städtchen in einem der fruchtbarsten Täler des Staates New York, in unmittelbarer Nähe des sehr hübschen Canandaiguasees, umgeben von üppigen Weinbergen und dazu bewohnt von einem emsigen, heiteren, liebenswürdigen Völklein, das nach meiner Ansicht dem Volke seiner stolzen alten Namensschwester weit vorzuziehen ist. Ja, ich habe ein sehr glückliches Leben geführt diese zwei Monate bei meinen guten Neapolitanern. Der Zufall – ich bekam die Stelle durch die Zeitung – hat mich in eine reizende Pastorsfamilie geführt, wo ich dem einzigen Sohn des Hauses, einem vierzehnjährigen Jungen, täglich eine Stunde deutschen Unterricht geben muß, und da mein Zögling immer sehr besorgt ist, nicht mehr als die vorgeschriebenen sechzig Minuten meiner kostbaren Zeit in Anspruch zu nehmen, brauche ich mich nicht etwa zu überarbeiten. Dazu habe ich ein sehr angenehmes gesellschaftliches Leben, da Frau P. selbst viel in Gesellschaft verkehrt und als Pastorsfrau die ganze Stadt kennt und mich als ihren „Gast" überall einführt. Ich genieße alles in vollen Zügen, denn nach der Schulmonotonie und dem einsamen Wanderleben, das ich meistens führe, ist etwas Gesellschaftsleben ungemein erquickend. Glücklicherweise wohnen die Neapolitaner in ihrem eigenen Heim, so daß ich also wirklich einmal Gelegenheit habe, den Amerikaner ganz *chez lui* zu sehen. Wenn mir schon früher die amerikanische Frau als Lehrerin und Geschäftsführerin Bewunderung einflößte, so tut sie es als Hausfrau nicht weniger. Ja, ich bin oft ganz verblüfft und frage mich, wie in aller Welt sie es anstellen, so viel zu vollbringen und dabei so gemütlich auszusehen. Die Dienstbotenfrage ist nämlich in Amerika womöglich noch schwieriger als in Australien, und auf dem Land oder in kleinen Städten ist es fast unmöglich, Dienstmädchen zu bekommen, so daß hier oft sehr wohlhabende Frauen, solche, die in Europa zwei bis drei Dienstboten haben würden, die Arbeit der Dienstmädchen selbst besorgen. Dazu muß man noch bedenken, daß hier jede Familie ein ganzes Haus in Anspruch nimmt; man zwängt sich nicht in drei oder vier kleine Zimmerchen. Ich kenne in Naples Dutzende von Frauen, die sich ohne fremde Hilfe behelfen, dabei ihr Haus in musterhafter Ordnung halten und, was mir erst recht unerklärlich ist, doch noch Zeit und Kraft finden, ihren gesellschaftlichen Pflichten nachzukommen. Natürlich besteht hier nicht die unsinnige Sitte, sich um elf Uhr vormittags zu besuchen; dies Vergnügen spart man sich für den Nachmittag. Aber auch da würden wir europäischen Frauen, wenn wir all unsere Arbeit selbst tun müßten, keine Zeit oder keinen Humor zum Ausgehen oder gar zum Gesellschaften-Geben finden. Freilich verstehen es die amerikanischen Mütter auch, ihre Kinder früh zu nützlichen Wesen zu machen, und zwar wird da kein Unterschied zwischen Knaben und Mädchen gemacht. Die ersteren müssen ganz ebenso wie ihre Schwestern in der Haushaltung behilflich sein und müssen, seien sie Gymnasiasten oder Universitätsstudenten, ihre Zimmer selbst in Ordnung bringen, bevor sie in die Schule gehen, falls kein Dienstbote im Haus ist. Auch das Kleiderbürsten und Schuheputzen müssen die jungen Herren selbst besorgen, sogar wenn ein Dienstmädchen da ist, denn zu solchen Arbeiten erniedrigt sich ein weiblicher Dienstbote nicht, und sie von seiner Mutter oder seinen Schwestern zu erwarten, das würde einem sich selbst respektierenden Amerikaner nicht einmal im Traum einfallen. Natürlich werden die so erzogenen Söhne auch gute, hilfreiche Ehemänner. Ein Ehemann würde sich schämen, sich von seiner Frau cajolieren und bedienen zu lassen, selbst wenn sie dumm genug wäre, es zu tun. Er flucht und schimpft nicht jedesmal, wenn ihm irgendwo ein Knopf fehlt, sondern er näht ihn selbst an, und er bleibt nicht im Lehnstuhl sitzen, wenn er weiß, daß er seiner Frau helfen könnte. Ich habe eine junge Bekannte, die selbst Doktor der Philosophie und mit einem gutsituierten Arzt verheiratet ist. Da sie aber auch in einem kleinen Städtchen wohnen, wo keine Dienstboten zu haben sind, besorgt die gelehrte junge Frau alles selbst. Mehr als einmal kam ich gerade hinzu, wie sie beschäftigt war, das Geschirr abzuwaschen, während ihr Mann mit aufgestülpten Hemdärmeln und eine große Schürze umgebunden es trocknete, wobei beide lustig waren wie die Lerchen. Ich kenne viele Männer dieser Art hier, eine Art, die in anderen Ländern leider unbekannt ist.

Doch genug von amerikanischen Männern! Ich darf nicht vergessen, dir zu sagen, daß es in der Umgebung von Naples sehr viele unserer Landsleute gibt. Fast alle Weinbauern der Gegend sind Deutsche oder Schweizer. Ein so gutes Geschäft wie bei uns ist zwar der Weinbau und Weinhandel hier nicht, weil die Amerikaner so viel weniger trinken als wir. Seit ich in Amerika bin, bin ich doch ziemlich viel in Gesellschaft gewesen, besonders in

Kalifornien, erinnere mich aber nicht, irgendwo außer in den Häusern meiner Landsleute Wein auf dem Tisch gesehen zu haben; auch an keinem Feste bin ich gewesen, bei dem alkoholische Getränke gereicht wurden, und trotzdem geht es immer sehr lustig und fröhlich zu, wo mehrere Amerikaner zusammenkommen. Ein Weinhändler, Schweizer, sagte kürzlich zu mir: „In der Schweiz würde mein Weinberg eine Goldgrube sein; hier dagegen bringt er wenig ein, weil die verdammten Amerikaner nicht ‚saufen' wollen. Ich kann meine Weine nur in New York und Buffalo unter meinen Landsleuten anbringen." Hier wird in Privathäusern erst gar nicht getrunken, auch in Australien nicht, wo man sonst im Trinken weniger mäßig ist als hier. In den acht Jahren, die ich außerhalb Europas zugebracht, habe ich ein einziges Glas Bier getrunken, und zwar in San Francisco einmal nach dem Theater in einem deutschen Restaurant und in Schweizer Gesellschaft. Wein habe ich in diesen acht Jahren jedenfalls im ganzen genommen auch keine Flasche getrunken und lebe doch noch.

Ogontz School, 29. Mai 1901.

Entschuldige, daß ich wieder einmal eine so lange Pause im Briefschreiben gemacht; aber in der Monotonie des Schullebens vergeht eben die Zeit, ohne daß man weiß wie, und in den kurzen Weihnachts- und Osterferien machte ich verschiedene mehrtägige Besuche bei Bekannten, so daß ich da auch nicht zum Schreiben kam.

Du fragst mich in deinem letzten Brief, wie das reiche amerikanische Mädchen sich die Zeit vertreibe zwischen dem Schulabschluß und der Verheiratung! Auf eine

Weise, die von einer guten, altmodischen deutschen Hausfrau kaum gebilligt würde. Es verbringt die schönsten Jahre seines Lebens nicht mit dem Anfertigen seiner Aussteuer und hat daher nicht das jahrelange Vergnügen, ein erwartetes Glück in seine zukünftigen Handtücher und Staublappen hineinzuträumen; denn erstens versteht das amerikanische Mädchen gar nicht zu träumen, weil es kein Atom von Sentimentalität in seiner Natur hat; zweitens ist nicht immer die Ehe das Ziel, wonach es strebt, und drittens findet es, daß es früh genug sei, an die Aussteuer zu denken, wenn der Mann gefunden ist. Den Vergnügungen nachzujagen ist, wie mir scheint, die Hauptbeschäftigung des reichen amerikanischen Mädchens. Doch gibt es auch viele, die daneben noch Zeit finden, an etwas Ernsteres zu denken. So z. B. weiß ich von mehreren Wohltätigkeitsvereinen, die ganz nur von jungen Mädchen gebildet und geleitet werden. Einer dieser Vereine, dem ich volle Bewunderung zolle, ist der „Chicago Ogontz Club", dessen Mitglieder die Chicagoer Mädchen sind, die ihre Erzichung in der Ogontz-Schule vollendet haben. Der Verein hat sich im geschäftsreichsten Teile von Chicago ein großes Haus gekauft, das sie nett eingerichtet haben und wo die Ladenmädchen und Arbeiterinnen der Nachbarschaft ihre Abende und ihre freien Tagesstunden angenehm und lehrreich zubringen können. Auch für das Essen wird gesorgt. Die Mädchen können dort zum Kostenpreise eine gute, gesunde Mahlzeit haben; aber sie brauchen nicht dort zu essen, wenn sie nicht wollen, und dürfen doch hinkommen, um sich während der Mittagsstunden auszuruhen und abends einige Stunden gesellschaftliches Zusammenleben zu haben. Es ist eine reiche Bibliothek da, große Lesezimmer, Spielzimmer, Musikzimmer, ein großer Tanzsaal, aber auch mehrere Schulzimmer, wo die Lernbegierigen unentgeltlich Unterricht bekommen in Handarbeiten, Buchführung, Stenographie, Maschinenschreiben, neueren Sprachen und sogar auch im Malen, Singen und in der Musik. Ständig sind einige Vertreterinnen des Vereins da, sitzen mit den Mädchen am Tisch, lesen denen, die zuhören wollen, vor, spielen mit anderen irgendein Spiel oder machen Musik für sie. Abends sieht es dort ganz besonders gemütlich aus; da ist immer etwas Lustiges los, das die armen Mädchen nach ihrer langen und oft so eintönigen Tagesarbeit aufheitern kann und sie von anderen weniger unschuldigen Vergnügen fern hält. Wieviel Gutes so ein Verein tun kann in einer großen Stadt, wo Tausende von Mädchen ohne Heim sind oder oft nur einen armseligen Winkel haben, den sie Heim nennen, kannst du dir denken. Daß das ganze Werk von jungen Mädchen geleitet wird, ist eben das Schönste und macht es den Arbeiterinnen viel zugänglicher und angenehmer, als wenn sie ständig unter der Aufsicht von strengen älteren Damen wären. Du siehst also, daß wenn die amerikanische Plutokratentochter sich zu unterhalten versteht, sie es auch versteht, anderen Unterhaltung zu verschaffen. Zu einem solchen Werke braucht man natürlich viel Geld, mehr als unsere europäischen Mädchen zu vergeben hätten. Die Amerikanerinnen haben eben darin den Vorteil, daß sie nicht nur die reichsten, sondern auch die freigiebigsten Väter haben. Es ist unglaublich, was für Summen einige unserer Mädchen als monatliches Taschengeld bekommen; 50 Dollar scheint noch ganz bescheiden. Ich ging vor einiger Zeit mit einem unserer jüngsten Mädchen nach Philadelphia, wo es in weniger als zwei Stunden über 100 Dollar, d. h. über 500 Franken, ausgab. Als wir nach Hause kamen, fragte ich die Vorsteherin, ob wir Lehrerinnen kein Recht hätten, solche Verschwendung zu verbieten. „Ich sehe nicht ein wie", erwiderte sie, „was können wir denn tun, wenn ihnen die Eltern so viel Taschengeld geben? Ich werde aber an den Vater des betreffenden Mädchens schreiben und ihn bitten, seine Tochter etwas knapper zu halten." Einige Tage später zeigte mir die Vorsteherin die Antwort, die sie auf jenen Mahnbrief erhalten hatte. Der gute Papa schrieb unter anderem: „Meine Tochter soll soviel Geld haben, als sie nur ausgeben mag." Und diese Tochter, ich bitte dich, ist noch nicht ganz fünfzehn Jahre alt! Natürlich will ich nicht behaupten, daß alle amerikanischen Väter ganz so dumm und vulgär in ihrer Großmut den Töchtern gegenüber sind. Aber ganz gewiß würde außer Amerika kein Land einen solchen Phönix von Vater aufweisen können. Du fragst dich wohl, was solche Mädchen tun, wenn sie auf einmal arm werden, was ja hier nicht selten geschieht. Das ist eben das Wunderbare: Mit demselben guten Humor, mit dem sie das Geld ausgab, wird sie sich im Falle der Not an das Gelderwerben machen. Es gibt keine resolutere und praktischere Frau als die Amerikanerin; im Handumdrehen weiß sie ihre größeren und kleineren Talente nützlich zu verwerten und nimmt dabei nicht eine Märtyrermiene an, wie dies unsere gefallenen Größen so gern tun. Sie eröffnet ein Modegeschäft oder geht in ein Geschäft als Verkäuferin, Stenographin oder so etwas und glaubt sich deshalb nicht um eine Sprosse auf der gesellschaftlichen Leiter erniedrigt. Und was noch wunderbarer ist, sie hat sich auch in den Augen ihrer Bekannten nicht erniedrigt. Das ist eben das Schöne in einem Lande, wo Arbeit ehrt und nur Trägheit mißbilligend kritisiert wird.

Rouses Point, 7. Juni 1901.

Da sitze ich schon einen ganzen lieben langen Nachmittag in einem unschönen, uninteressanten kleinen Nest an der Grenze zwischen den Vereinigten Staaten und Kanada, in einem Nest, wo nichts zu tun, nichts zu sehen und sehr wenig zu essen ist, wie ich schon herausgefunden habe, und warte mit der größten Ungeduld auf den Zug, der mich nach Montreal bringen soll. Wer hätte gedacht, daß etwas so Altmodisches wie das lange Warten auf einen Zug in Amerika zu finden wäre!

Der erste Teil meiner Reise hier hinauf war sehr interessant, denn von New York bis Albany fuhr ich per Dampfer auf einem der schönsten Flüsse der Welt, dem Hudson, den die Amerikaner ihren Rhein nennen, wobei sie behaupten, daß ihr Rhein dem unserigen an Schönheit weit überlegen sei. Auch kann man sie darin gar nicht einmal ungerecht nennen. Wenn ich nicht Schweizerin wäre und daher aus Patriotismus dem Rhein, weil er schweizerischen Ursprungs ist, den Vorzug geben muß, so würde ich selbst fast geneigt sein, den Hudson schöner und großartiger zu nennen. Er ist nirgends so reißend und wild, wie der Rhein an einigen Stellen ist. Auch fehlen dem Hudson natürlich die alten Burgen, die mittelalterlichen Städte und alle die Sagen, die den Rhein so interessant machen, aber er ist imposant durch seine ungeheure Breite, und seine Ufer sind, wenn auch nicht grandios, so doch ungemein lieblich. An Schlössern und anderen stolzen Bauten fehlt es auch nicht, denn viele der New Yorker Börsenfürsten haben hier Paläste und Landhäuser wie Schlösser, deren Türme überall kokett aus dem üppigen frischen Grün hervorgucken. Nur ist eben alles zu neu. Es fehlt dem Ganzen, was man so oft den großen Schönheiten nachsagt, an Seele. Es gibt nur zu sehen hier, aber nichts zu denken, denn der Hudson hat keinen historischen Hintergrund, keine Sagen, keine Poesie. Man möchte fast jenem Schulmädchen zustimmen, das auf die Frage ihrer Lehrerin, warum der Rhein interessanter sei als der Hudson, antwortete: „Weil er älter ist."

Gestern nachmittag und die Nacht brachte ich in Albany, der Hauptstadt des Staates New York zu, einem unbedeutenden und uninteressanten Städtchen, von dem man wohl nie etwas hören würde, wenn es nicht die Hauptstadt des bedeutendsten Staates der Union wäre und am Hudson läge.

Ich hatte gewünscht, die Reise von Albany über die durch ihre Schönheit berühmten Seen George und Champlain zu machen. Leider wird aber die Schiffahrt auf diesen Seen erst im Juli eröffnet, so daß ich also sehr gegen meinen Willen die Eisenbahn benutzen mußte, die mich dann auch mit unamerikanischer Langsamkeit in dieses langweilige Nest brachte, wo ich bis abends warten muß, so daß ich dann wieder erst um Mitternacht in Montreal, einer großen, mir ganz fremden Stadt, ankommen werde, was auch nicht eine angenehme Aussicht ist. In solchen Augenblicken verwünsche ich das Reisen und beneide die Menschen, die gemütlich zu Hause sitzen und sich nie über die Grenzen ihrer Gemeinde hinaus wünschen.

Montreal, Kanada, 15. Juni 1901.

Es war ungefähr elf Uhr nachts, als ich an jenem langweiligen Freitag vor einer Woche endlich in Montreal ankam. Da ich die Hotels hier selbst dem Namen nach nicht kenne, ließ ich mich in die christliche Frauenherberge führen, was in Amerika immer das sicherste ist. Denn eine solche gibt es in allen großen Städten dieses Staates, und wenn sie einen nicht selbst annehmen können, so werden sie einen stets an einen ordentlichen Ort weisen. So ging es mir denn auch hier. Das Frauenheim war voll; aber man führte mich zu einer englischen Dame in der Nachbarschaft, welche Kostgänger hält und bei welcher ich dann auch ein sehr gutes Unterkommen fand.

Ich exploriere Montreal auf meine gewöhnliche Art. Jedesmal, wenn ich in eine große Stadt komme, kaufe ich mir vor allem einen Führer mit einer guten Karte und studiere jeden Tag einen Teil der Stadt so gut, daß ich mich dann getrost ohne Buch dorthin wagen darf. Es ist mir nämlich widerwärtig, von jedem vorbeigehenden Gassenjungen als Tourist taxiert zu werden; ich führe daher ein Reisebuch nur mit, wenn ich gar keine andere Wahl habe. Den Plan der Stadt präge ich mir dafür so deutlich ein und lerne die Namen der Straßen und der Straßenbahnen, die ich zu benützen habe, so gut auswendig, daß ich selten irre gehe. Sollte ich mich aber nicht zurechtfinden, so bleibt mir ja immer noch das Fragen, wenn ich unter Menschen bin, deren Sprache ich verstehe. Hier in Montreal sind zwei Sprachen notwendig, um gut auszukommen; denn obwohl Kanada seit 1763 englisches Besitztum ist, spricht doch die Hälfte seiner Untertanen kein Wort Englisch, sondern nur Französisch. Es ist mir ganz unerklärlich, wie zwei Menschenrassen über ein Jahrhundert lang nebeneinander leben können, ohne daß die eine die Sprache der anderen lernt. Ja, ich würde es gar nicht glauben, wenn ich mich nicht überzeugt hätte, daß dem so ist.

Das französische Kanada ist sehr katholisch, während natürlich das englische protestantisch ist. Aus diesem Grund ist die Erziehung der Jugend ganz geteilt. Die Engländer besuchen die Staatsschulen, während die Franzosen von ihren Priestern erzogen werden, und diese, sei es aus Haß gegen die Engländer oder aus Furcht, daß zuviel Wissen auf dem Wege der englischen Sprache in das Volk geraten könnte, verbieten ihren Leuten, Englisch zu lernen, so daß es also ganze Stadtteile gibt, wo Englisch nicht nur nicht gesprochen, sondern nicht einmal verstanden wird. Daß dem so ist, habe ich auf eine ganz eigene Weise herausgefunden, die mir oft Spaß macht. Ich gehe nämlich in eines der Franzosenviertel und erkundige mich bei alt und jung, groß und klein nach irgend jemand oder etwas, aber in englischer Sprache. Von allen bekomme ich dieselbe Antwort: *„J'sais pas anglais"*, von einem ausdrucksvollen Achselzucken begleitet. Ich erwecke aber meistens die Neugierde oder die Sympathie der Leute. Sie geben sich die größte Mühe, zu erraten, was ich wohl suchen könnte, und folgen meinen Schritten, so daß ich in kurzer Zeit von einer ganzen Menge umringt bin. Wenn ich finde, daß ich alle habe, die ich an Ort und Stelle sammeln könnte, wende ich mich um und stelle meine Frage auf französisch. Du solltest sehen, was da plötzlich für Leben in die Menge kommt, wie heiter die Gesichter werden, wie lose die Zungen. Sie wollen alle auf einmal reden und mich zurechtweisen. Oft muß ich sehr aufpassen, um sie nur zu verstehen; denn sie sprechen ein ganz kurioses, altmodisches Französisch. Es ist die noch fast unverfälschte Sprache ihrer Vorväter, der französischen Bauern, die zur Zeit Ludwigs XIII. und XIV. nach Kanada ausgewandert sind.

Montreal ist eine wunderhübsche Stadt von ungefähr 300000 Einwohnern, am nördlichen Ufer des großartigen St. Lorenz-Stromes gelegen und am Fuß des schönen Mont Real, der von dem tapferen französischen Seefahrer Jacques Cartier im Jahre 1534 entdeckt und getauft worden ist und von dem die Stadt ihren Namen erhielt.

Wen, denkst du, habe ich letzten Sonntag abend in der Kirche kennengelernt? Einen höchst interessanten Landsmann, von dem du vielleicht schon gehört hast; denn er ist Präsident des Weltvereins christlicher Männer, Monsieur Charles Fermaud aus Genf. Der christliche Männerverein von Montreal, welcher der erste seiner Art auf dem amerikanischen Kontinent war, feiert nämlich diese Woche das Jubiläum seines fünfzigjährigen Bestandes. Zu diesem kam Herr Fermaud her. Zufälligerweise trat ich letzten Sonntag abend gerade in die Kirche, wo er von der Kanzel herab eine großartige Anrede an seine amerikanischen Brüder hielt. Er sprach so hinreißend schön, daß die Amerikaner, die sonst ganz und gar nicht für Fremde eingenommen sind, sich nicht enthalten konnten, stürmisch zu applaudieren, obwohl wir in der Kirche waren. Mein Herz gewann er ganz besonders durch seinen Schlußsatz. Nachdem er nämlich mit Bewunderung von den vielen schönen Institutionen dieses Landes gesprochen hatte, die vielen Vorteile hervorgehoben, die seine Zuhörer besäßen, indem sie einer so großen, freien Nation angehörten, sagte er: „Glaubt aber nicht etwa, meine Freunde, weil ich meine Bewunderung für all das Schöne und Große, das ich in eurem Lande finde, ausspreche, daß ich etwas anderes sein möchte, als ich bin; denn ich bin stolz, ein Schweizer zu sein", welchem Ausspruch ich ganz hörbar hinzufügte: „Ich auch."

Quebek, Kanada, 25. Juni 1901.

„Das amerikanische Gibraltar" wird Quebek sehr oft genannt, und wirklich, wenn ich die Bilder, die ich von Gibraltar gesehen, mit dem Bilde vergleiche, das uns Quebek bot, als wir uns ihm von der Wasserseite näherten, muß die Ähnlichkeit ganz frappant sein. Ein kahler, steiler Fels, auf dessen Höhe die Festung – die stärkste des amerikanischen Kontinents – steht, und unten am Wasser armselige Hütten und häßliche Warenhäuser sind das erste, was der mit dem Dampfer von Montreal herkommende Reisende von Quebek erblickt. Die Enttäuschung ist im ersten Augenblick groß; denn man hat so viel von der unvergleichlich schönen Lage Quebeks gehört und gelesen, daß man natürlich mit hochgeschraubten Erwartungen dem Ort entgegendampft. Lange dauert aber die Enttäuschung nicht, denn gar bald hat das Schiff den Felsen umsteuert, und nun liegt das schöne, malerische, so mittelalterlich aussehende Quebek vor uns. Auf stolzer Höhe steht das imposante Schloß Frontenac – jetzt leider in ein Hotel verwandelt –, während die Stadt sozusagen am Schloßberg hängt. Eine Stadt, die älter aussieht und mehr an die feudalen Zeiten erinnert, habe ich in Europa nie gesehen, obwohl Quebec eigentlich, mit dem Alter unserer Städte verglichen, gar nicht alt zu nennen ist, da es ja erst im Jahre 1608 von Samuel de Champlain, einem französischen Offizier und Freunde Heinrich IV., gegründet worden ist. Und dieser Eindruck des Altertümlichen ist nicht nur äußerlich, sondern wird womöglich noch verstärkt, wenn man in der Stadt herumgeht. Die altfranzösische Architektur so mancher Häuser, die engen, halsbrecherischen Gäßlein, wo man buchstäblich klettern muß, um hinaufzugelangen, und ganz besonders das veraltete Französisch seiner Einwohner versetzen einen nicht nur in die alte Welt, sondern auch in die alten Zeiten. Ganz besonders leicht ist es, sich in das Zeitalter Ludwig XV. hineinzuträumen, denn in fast jeder Straße der Altstadt stehen noch die Gebäude, die in jener Zeit eine Rolle spielten. Da sind noch die Häuser, wo die nichtsnutzigen Intendanten und Offiziere des liederlichen Königs ihren lustigen Hof hielten und, gleich ihrem Monarchen, im sorglosen Freudentaumel das Leben verbrachten, während die schöne, reiche Kolonie ganz sachte und von den lustigen Wüstlingen fast unbemerkt in die Hände der Engländer hinüberglitt. Als ihnen dann die Erkenntnis kam, war es zu spät. Kanada war für Frankreich verloren, und zwar durch Frankreichs eigene Schuld.

Vorgestern machte ich einen Spaziergang zu der Ebene von Abraham, wo am 13. September 1759 die große Schlacht geschlagen wurde, die über das Los Kanadas zugunsten der Engländer entschied, und wo die zwei tapferen Führer der beiden Heere ihren Tod fanden. Ein einfaches Denkmal steht im Garten des Gouverneurs mit dem Namen „Wolf" auf der einen Seite und „Montcalm" auf der andern – kein Wort mehr. Warum auch? Jedes Kind weiß ja, was die Namen bedeuten. Ich finde sie schön, diese Idee, ein Denkmal zu errichten für zwei feindliche Heerführer, die beide so bedeutende Männer waren und sich gegenseitig bewundern mußten, wenn es auch ihre traurige Pflicht war, sich zu bekämpfen.

So viel ich auch von der Schönheit Quebeks erwartet hatte, fand ich doch meine Erwartungen von der Wirklichkeit weit übertroffen, als ich von der Höhe des Schlosses Frontenac auf das prachtvolle Panorama hinabsehen konnte. Am Fuße des Berges, auf und an welchem die Stadt liegt, mündet der große St. Charles-Fluß in den ohnehin schon so mächtigen St. Lorenz-Strom, so daß dieser von hier aus einem großen fließenden See gleicht, und im Hafen wimmelt es so von Schiffen, daß man sich an einem Meerhafen glauben könnte. Wendet man sich um, so sieht man vor sich das lange und breite St. Charlestal mit seinen kuriosen kanadischen Bauerndörfern. Hier sind nämlich die Bauernhöfe nicht zerstreut, wie dies bei uns meist der Fall ist; sondern die Häuser stehen in langen Reihen auf beiden Seiten der Landstraße, und die Güter, die dazu gehören, ziehen sich in ganz gerader Linie hinter jedem Haus bis entweder an den Fluß oder ans Gebirge, so daß ein Bauer oft eine Reise machen muß, bis er an seinen äußersten Acker kommt. Hohe Zäune trennen die Güter voneinander, so daß man zu ebener Erde fast gar nichts von Vegetation sieht, was einen furchtbar unwirklichen und öden Eindruck macht, besonders da auch nur selten ein Baum zu sehen ist. Man sagt, sie bauen die Häuser so aneinander zum Schutz und Hort gegen die strengen Winter und jedenfalls in früheren Zeiten auch gegen die Indianer; es wäre aber soviel netter, wenn diese guten Franzosen einander besser trauen würden und ihre Äcker nicht durch Zäune voneinander trennten; es wäre soviel gemütlicher und schöner.

Diese Gegend von Kanada ist noch viel französischer

als die Gegend um Montreal herum. Draußen in den Dörfern gibt man sich nicht einmal die Mühe, Anzeigen, Weisungen und solche Dinge auch Englisch zu schreiben, und die Schaffner der lokalen Eisenbahnen sprechen kein Englisch. Der Engländer muß sich hier in seinem eigenen Lande ganz so in der Fremde fühlen, als ob er in Frankreich wäre. An der Universität Quebek wird nur in französischer Sprache vorgetragen, und die Herren des Landes müssen Französisch lernen, wenn sie die Vorlesungen besuchen wollen; und doch gehört dieses Land schon seit fast anderthalb Jahrhunderten den Engländern! Da soll mich noch jemand wollen glauben machen, daß England nicht die freieste und gutmütigste aller Kolonialmächte ist! Natürlich lieben die französischen Kolonisten deswegen ihre englischen Oberherren nicht mehr; aber sie sind viel höflicher gegen sie als gegen ihre Landsleute und bedienen sie weit besser; ja ich glaube, man ist nur dann gut bedient, wenn man sich als Engländer ausgibt. Ich befand mich kürzlich in einem Laden, als ein französischer Kunde zu dem ebenfalls französischen Kaufmann sagte: „Wenn ich ein Engländer wäre, würden Sie sich gar nicht getrauen, mich so schlecht zu bedienen, wie Sie es immer tun." Der Vorwurf frappierte mich; denn ich dachte, wie treffend er auch bei uns und in allen anderen Ländern Europas sei. Man nehme nur die meisten unserer Schweizer Hotels, wo die Engländer und Amerikaner behandelt werden, als ob sie gekrönte Häupter wären, während unsereins nichts gilt. Der Engländer wird fast nirgends geliebt, und doch erhält er überall das Beste, was zu haben ist, selbst wenn er nicht am besten dafür bezahlt. Warum? Weil der Engländer es so vortrefflich versteht, den Herrn zu spielen.

Rochester, New York, 2. Juli 1901.

Wenn du am letzten Sonntag so gegen Mitternacht in Rochester, irgendwo zwischen dem Bahnhof und Clinton-Straße, gewesen wärest, hättest du deiner Freundin in Begleitung eines Polizeidieners begegnen können. Was du wohl gedacht und getan haben würdest? Wahrhaftig, ich muß lachen, wenn ich mir die Gesichter meiner Freunde aller Länder vorstelle, die mich gerade dann gesehen hätten. Von all meinen unerwarteten Reiseabenteuern war wohl diese polizeiliche Begleitung die unerwartetste, denn ich war nie eine Leserin von Kriminalromanen, und Polizeidiener haben bisher gar keine Rolle weder in meinem Leben noch in meiner Einbildung gespielt. Daß ich einmal von einem solchen durch die belebtesten Straßen einer Großstadt würde geführt werden, hätte ich nie für möglich gehalten. Zu was man doch im Leben nicht kommen kann!

Ich hatte eben wieder – wie fast jedesmal, wenn ich in eine große fremde Stadt komme – das Unglück, mitten in der Nacht anzukommen. Wie anderwärts, so wollte ich mich auch hier in das christliche Frauenheim führen lassen; da ich aber keine Idee hatte, in welcher Himmelsrichtung die Anstalt lag, und mich der in Chicago ausgestandenen Angst erinnerte, wollte ich mich vorerst nach der Entfernung erkundigen, bevor ich mich einem Fiakerkutscher mit Sack und Pack überlieferte. Zu diesem Zwecke wendete ich mich an einen der Polizisten am Perron. „Sind Sie allein?" fragte der Mann statt aller Antwort, indem er mich von seiner Höhe herab musterte. „Ja, ich bin allein."

„Da ist es wohl am besten, wenn ich Sie hinbegleite; es ist zwar nicht weit von hier; aber sehr wahrscheinlich ist das Frauenheim um diese Zeit geschlossen, und dann wären Sie allein auf der Gasse, bis es jemand einfiele zu öffnen." So sprechend schickte er sich an, mich zu begleiten. Einen Fiaker hielt er für unnötig, da ja das Heim gar nicht weit sei, und so sah ich mich denn gezwungen, neben meinem großmächtigen Polizisten herzutrippeln und mich von allen Vorübergehenden neugierig betrachten zu lassen. Mein Führer hatte zwar den Takt, sobald er sah, daß mich jemand sehr fixierte, gleich ein Gespräch anzufangen, jedenfalls um zu zeigen, daß ich nicht seine Gefangene sei. Mit der Anstalt hatte er es erraten. Sie war geschlossen, und alles schien im tiefsten Schlaf zu liegen, denn es brauchte eine geraume Zeit, bis man auf das wiederholte und energische Läuten meines Begleiters die Türe öffnete. Wie dankbar ich da dem Manne war, kann ich kaum sagen! Was für ein Glück, daß ich mich gerade an ihn gewendet hatte, denn daß alle Rochester Polizisten solche Gentlemen seien, ist doch wohl kaum anzunehmen. Ja, mein Schutzengel hält immer noch Wache über mich!

Rochester ist eine schöne, aber eben auch fast nagelneue Stadt, einige Kilometer südlich vom Ontariosee und nicht weit von Buffalo, das gegenwärtig durch seine Ausstellung der Anziehungspunkt für sämtliche Amerikaner ist. Man erzählt sich Wunder von dieser Ausstellung, und doch gelüstet es mich nicht hinzufahren. Im Menschengetümmel bin ich nämlich der reinste Hasenfuß, wenn ich mich allein weiß. Da ist mir dann männlicher Schutz durchaus Bedürfnis, und bis ich den gefunden, muß ich wohl oder übel auf Ausstellungen verzichten. Übrigens habe ich in den letzten Wochen so vieles gesehen und genossen, daß ich mich nach Ruhe und Einsamkeit sehne, um all das Erlebte noch einmal so recht zu überdenken, und so habe ich denn von einer guten

Freundin eine Einladung aufs Land angenommen. Es wäre ja geradezu schade, wenn ich durch neue Eindrücke die eben genossenen zu verwischen suchte.

Meine Reise von Quebek hinauf per Dampfer durch den großartigen St. Lorenz-Strom war so wunderschön, daß ich sie noch recht lange frisch in der Erinnerung behalten möchte. Unsere Fahrt durch die „Tausend Inseln" war ganz besonders entzückend. Ich möchte wissen, warum wir in Europa so wenig von den Naturschönheiten dieses Kontinents hören. Jedenfalls ist es die Schuld der Amerikaner; die kommen jedes Jahr in solchen Massen zu uns herüber, daß wir natürlich anfangen, uns einzubilden, daß sie in ihrem Land nichts Sehenswertes haben. Ja, die Amerikaner selbst wissen nicht, was sie haben; kenne ich doch eine New Yorker Dame, die schon viermal in Europa war, alle schönen Winkelchen unserer Schweiz kennt, aber ihren Niagara noch nie gesehen hat! Mit den „Tausend Inseln" steht es fast noch ärger. Ich habe wenig Amerikaner gekannt, die dieses Feenländchen im St. Lorenz kennen, und doch lohnt es sich der Mühe, eine weite Reise zu machen, um es zu sehen. Die „Tausend Inseln" – eigentlich eintausendundvier – befinden sich unweit des Ontariosees auf einige Meilen des Stromes zerstreut. Einige dieser Inselchen sind groß genug, um drei oder vier Häusern Raum zu gewähren; die meisten sind aber gerade nur groß genug für ein Haus mit Gärtlein. Diese winzigen Inselchen werden von reichen Leuten angekauft, die sich denn auch hier wahrhaft paradiesische Sommerheime bauen. Nur selten beneide ich die Reichen; aber um den Luxus eines dieser kleinen Inselreiche beneide ich jeden, der sich das leisten darf. Eine indianische Sage erzählt von einer Göttin, die eines Tages mit einem Arm voll Rosen über den Strom schwebte und hier ihre ganze duftende Last in das Wasser fallen ließ, worauf aus jeder Rose eine Insel wurde. Man sollte noch hinzufügen, daß danach die Göttin ihre Schöpfung zum Wohnsitz wählte; denn die „Tausend Inseln" wären wahrhaftig selbst für Götter ein würdiger Wohnsitz.

Waterloo, New York, 19. September 1901.

Heute ist ein Tag der Trauer für die ganze amerikanische Nation; denn diesen Nachmittag um halb vier Uhr wurde ihr geliebter Präsident Mac Kinley beerdigt. Schlag halb vier, d. h. im Augenblicke, da man annahm, daß der Sarg in die Erde gesenkt werde, hielt für fünf Minuten jeder Zug und jede Straßenbahn in den Vereinigten Staaten. Ich war gerade in einem Tram, als das Zeichen gegeben wurde. Augenblicklich blieb alles stehen, nicht nur die Trambahnen, sondern auch alle Fuhrwerke und die Fußgänger. Alles stieg aus; die Männer zogen den Hut ab; kein Wort wurde gesprochen; mit gesenktem Haupt stand alles da. In diesem Augenblick stand die ganze amerikanische Nation am Grabe ihres Präsidenten in Canton.

In den drei Jahren, die ich in Amerika bin, habe ich es mir zur Aufgabe gemacht, täglich die politischen Nachrichten wenigstens einer Zeitung zu lesen, und ich war oft empört über die Sprache, mit der Mac Kinleys Gegner seine Politik angriffen. Ich bin daher nicht wenig und angenehm überrascht, jetzt diese allgemeine Loyalität zu sehen. Seit der traurigen Katastrophe in Buffalo, am sechsten dieses Monats, da ein polnischer Anarchist, Szolgosz, auf den Präsidenten schoß und ihn tödlich verwundete, bis heute gab es keine Republikaner und Demokraten mehr, sondern nur noch Amerikaner. Alle politischen Differenzen sind weggewischt worden in der allgemeinen Angst und Sorge um das Haupt der Regierung oder vielleicht noch mehr um den Mann Mac Kinley; denn nach allem, was ich sehe und höre, trauerte man nicht so sehr um den Präsidenten als um den Mann. Mac Kinley mag nach der Ansicht vieler als Präsident Fehler gemacht haben; aber als Mann haben seine bittersten Gegner ihm nichts vorzuwerfen; er war ein guter Mensch, ein edler, reiner Charakter, und mögen Pessimisten sagen, was sie wollen, die Welt bewundert doch im Grunde immer noch Charakterreinheit mehr als alles andere.

Zum Glück für Amerika findet der verstorbene Präsident einen würdigen Nachfolger in Theodor Roosevelt. Ein ganz anderer Mann ist zwar der neue Präsident, jedenfalls weniger weise und gewiß nicht so liebenswürdig wie der eben Hingeschiedene. Aber was für ein ehrlicher, gerader, charakterfester Mann dieser Roosevelt sein muß! Man braucht nur die Karriere dieses Mannes während der drei letzten Jahre zu verfolgen, um zu wissen, daß er zum Menschenführer geboren ist. Bevor ich nach Amerika kam, hatte ich den Namen Roosevelt gar nie gehört, obwohl ich auch in anderen Ländern Zeitungen las. Aber nach der Schlacht von San Juan konnte man keine Zeitung zur Hand nehmen, ohne den Namen Roosevelt obenan zu sehen. Bald darauf wurde er zum Gouverneur von New York gewählt und damit wieder zum Lieblingsgesprächsthema. Letztes Jahr machte er sich einen Namen als Schriftsteller mit seinem *Leben Cromwells* und wurde bald darauf zum Vizepräsidenten der Vereinigten Staaten gewählt. Heute ist er, obwohl noch ein junger Mann, 42 Jahre alt, der erste Mann in diesem großen Lande.

Doch nun genug von großen Menschen. Kommen wir zu meiner Wenigkeit. Du fragst dich gewiß, was ich wohl in diesem amerikanischen Waterloo treibe und wie ich hergekommen bin. Nichts treibe ich, und hergekommen bin ich auf die Einladung einer Freundin. Waterloo ist weder durch Naturschönheit hervorragend noch geschichtlich von Bedeutung, trotz seines Namens. Es ist ein angenehmes, ruhiges Bauerndorf im nordwestlichen Teile des Staates New York. Warum es Waterloo heißt, das mögen die Götter wissen; denn soviel ich herausfinden kann, ist es weder aus Bewunderung für Wellington noch aus Haß gegen Napoleon von den ersten Settlern so getauft worden, sondern ganz einfach, weil sie keinen anderen Namen fanden. Die Amerikaner, die doch sonst eine so bedeutende Erfindungsgabe haben, sind ganz außerordentlich tatenlos, wenn es sich darum handelt, für ihre neuen Städte und Dörfer Namen zu finden. Sie können gar keine Originalnamen finden, sondern nur nachahmen. Diesem Teil Amerikas fehlt es ganz einfach an interessanten oder originellen Namen. Ganz in der Nähe von hier ist auch ein Genf; etwas weiter ein Italien, ein Helvetien, Ithaca, Syrakus; überhaupt ganz Europa und Asien sind vertreten, nur nicht Amerika. Warum man den Ortschaften nicht indianische Namen gibt oder ihnen diejenigen läßt, die sie hatten, begreife ich gar nicht, da sie viel wohlklingender sind als die unserigen. Vermutlich wird es nicht getan, weil es den Anglosachsen überhaupt so schwer wird, neue und besonders lange – wie die indianischen Namen fast alle – Worte zu lernen; also aus Bequemlichkeit.

In einigen Tagen werde ich meine Zigeunerexistenz

wieder gegen das sehr zivilisierte Ogontzleben vertauschen müssen; aber so sonderbar es auch scheinen mag: Ich sehne mich danach; ich sehne mich wieder ins Arbeitsjoch zurück – ein so unnatürlicher Mensch bin ich geworden!

Salisbury, North Carolina, 1. Januar 1902.

Ob wohl irgendein anderes menschliches Wesen die neue Jahreszahl mit mehr Entzücken schreibt als ich? Das Jahr eintausendneunhundertundzwei ist endlich da, das Jahr, nach dem ich mich zehn Jahre lang gesehnt, das Jahr, das meiner freiwilligen Verbannung aus dem lieben alten Europa ein Ende macht! Welche Freude!

Wie du siehst, bin ich wieder in einem neuen Teile der Vereinigten Staaten, diesmal in dem sogenannten „sonnigen Süden", der aber leider gerade dieses Jahr ein kalter, regnerischer Süden ist. Ich habe in den zwei Wochen meines Hierseins die Sonne noch nie gesehen, und doch kam ich, um mich an ihren Strahlen zu wärmen. Dagegen wurde ich schon so von der Kälte mitgenommen wie noch nie in meinem Leben, obwohl ich mehr als einen schweizerischen und polnischen Winter durchlebt habe. Vorige Woche mußte ich sogar einen Tag im Bett bleiben, um nicht zu erfrieren, und fast jeden Morgen muß ich das Eis auf dem Wasser in meinem Zimmer brechen, bevor ich mich waschen kann. Du kannst dir gar nicht vorstellen, was für Mut es da erfordert, sich nur einigermaßen reinzuhalten. Natürlich ist ein solcher Winter etwas ganz Ungewöhnliches für diese Gegend; deswegen ist man auch gar nicht darauf vorbereitet. Die Häuser sind alle gebaut wie Sommervillen und haben außer den winzigsten Kaminfeuern gar keine Heizeinrichtungen. Bei solchen Verhältnissen zieht es einen an allen Haaren nach dem Norden zurück. Denn obwohl dort dies Jahr der Winter auch ungewöhnlich streng ist, fühlt man ihn doch nicht so, wenigstens in Ogontz nicht, wo wir eine so ausgezeichnete Zentralheizung haben, daß kein Winkelchen des Hauses unerwärmt bleibt und wir den ganzen Winter in leichten Kleidern im Haus umhergehen können. Hier im Süden aber hat man keine Idee von amerikanischem Komfort überhaupt. Der Unterschied in dieser Beziehung ist ganz so groß zwischen New York und Salisbury wie in Europa zwischen Berlin und Neapel. Wenn man nicht die englische Sprache überall hören würde, könnte man sich ganz leicht außerhalb der Vereinigten Staaten glauben, so verschieden sind Land und Leute. Der Norden und Westen der Vereinigten Staaten ist eben das Land, wo sich ein jeder selbst hilft, das Land der unerschrockenen und arbeitsamen Pioniere, wo ein jeder selbst aufgebaut hat, was er besitzt. Daher herrscht dort überall Wohlstand und Ordnung. Dies hier aber ist die Heimat der früheren großen Plantagenbesitzer, die Hunderte von Sklaven hielten, die für sie arbeiteten, während sie selbst nur die großen Herren spielten und nie lernten, nützliche Menschen zu werden. Als dann im Jahre 1863 von den Nordstaaten der Sklavenhandel abgeschafft wurde, verloren die südlichen Herren mit ihren Sklaven ihren ganzen Reichtum; denn was half ihnen das Land, wenn sie keine Leute hatten, es zu bebauen? Die *grands seigneurs* wurden zu Bettlern, und da sie durch ein jahrhundertelanges Faulenzerleben alle gesunde Kraft und Energie eingebüßt hatten, konnten sie sich so schnell und selbständig nicht aus ihrer Armut emporarbeiten, und es wird wohl noch lange gehen, bis sie im Wohlstand und Fortschritt auf dem Niveau ihrer nördlichen und westlichen Brüder stehen; denn die Armen haben noch so vieles zu lernen und zu vergessen! Als Gesellschafter sind die Südländer ungemein liebenswürdig und angenehm. Sie erinnern mich in ihrer Salonfähigkeit und Galanterie an die Polen, wie sie diesen überhaupt auch in anderen Dingen gleichen, in ihrer vergangenen Größe, ihrer gegenwärtigen Dekadenz und ganz besonders in ihrem unversöhnlichen Haß gegen ihre Besieger. Einen Menschen hier *Yankee* – Nordländer – zu nennen, ist ein ebenso großer Schimpf, als ihn in Polen *Niemiec* – Deutscher – zu betiteln, und doch werden sie erst dann wieder ein großes und starkes Volk werden, wenn sie gelernt haben, die guten Eigenschaften ihrer verhaßten Sieger nachzuahmen.

Was die Neger anbetrifft, so frage ich mich oft, ob diese wohl durch die Emanzipation soviel gewonnen haben, wie wir uns gewöhnlich einbilden, und ob sie jetzt viel glücklicher sind als damals, da jeder noch seinen Herrn hatte. Es gibt noch viele alte Neger, die Sklaven waren und nach der Emanzipation aus Anhänglichkeit bei ihrer Herrschaft blieben, und wenn ich diese alten, zufriedenen, heiteren Leute mit der jüngeren, halbgebildeten, verwahrlosten, in Lumpen gekleideten Generation vergleiche, steigen wahrhaftig oft Zweifel in mir auf. In früheren Zeiten wurden sie anständig genährt, gekleidet und logiert; wenn sie alt und krank waren, wurde für sie gesorgt, vielleicht nicht großartig, aber gewiß besser als jetzt. Sie brauchten weder an die Erziehung ihrer Kinder noch an die Zukunft zu denken, und was man über die Grausamkeit mancher Sklavenbesitzer geschrieben hat, darf man nicht als allgemein aufnehmen. Denn wenn man bedenkt, daß ein Sklave einen

Wert von 200 bis 2000 Dollar repräsentierte, kann man sich leicht vorstellen, daß selbst der grausamste Mensch ein so kostbares Individuum nicht gar zu schlecht behandeln durfte. Heute sind sie frei, das ist wahr; aber was hilft die Freiheit, wenn man nichts damit anzufangen weiß? Die Leute sind, wie die meisten unserer Schulkinder, ohne natürlichen Hang zur Arbeit. Sie würden wohl gutmütig etwas vollbringen, wenn ein anderer Wille als der ihrige sie dazu zwänge, aber sich selbst überlassen sind sie herzlich wenig wert. Befehlen möchte wohl ein jeder, aber gehorchen und arbeiten, das verträgt sich nicht mehr mit ihren Freiheitsideen. Ein verständiger Südländer hat kürzlich zu mir gesagt: „Wenn wir ganz aufrichtig sein wollen, müssen wir gestehen, daß der Krieg von dreiundsechzig eine viel größere Wohltat für uns Weiße war als für die Neger, da er uns von den Negern befreite und uns zur Selbständigkeit zwang. Nach und nach werden wir uns aus unserer schwierigen pekuniären Lage herausarbeiten, und dann werden wir viel besser dran sein, als wir mit den Sklaven waren; denn kein einziger der Neger war wirklich das wert, was er uns gekostet hat." Das glaube ich dem guten Herrn gern!

Natürlich gibt es hier jetzt auch keine mehr von den sehr großen Baumwollenplantagen, seitdem es an Arbeitskräften fehlt – die Neger wollen nämlich jetzt auch für Geld nicht mehr arbeiten –, das Land wurde in kleine Güter zerstückelt, die meist von ihren Eigentümern selbst bearbeitet werden, was natürlich nach und nach mehr Wohlhabenheit in das Land bringen muß, als es je hatte; nur etwas langsam geht es noch. Hoffen wir, daß der Fortschritt nicht etwa durch einen Negeraufstand gehemmt wird. Die Neger vermehren sich nämlich ganz ungeheuer; man zählt jetzt schon in einigen der Südstaaten hundert Neger auf einen Weißen, und daß sie endlich auch gern einmal nach oben kommen möchten, kann man ihnen am Ende nicht verargen; aber ich möchte nicht hier sein, wenn eine Negerrevolution ausbricht!

Ogontz School, 30. Mai 1902.

Morgen um diese Zeit werde ich Amerika und allen meinen lieben Freunden hier adieu gesagt haben; denn ich werde mit dem Dampfer „Belgenland" um drei Uhr nachmittags von Philadelphia abfahren. Wie oft habe ich mir in diesen zehn Jahren das Entzücken vorgestellt, das ich zu empfinden hoffte, wenn endlich der Tag, an dem ich meine Heimreise antreten könnte, gekommen sei, und nun steht er vor der Tür, und ich weine fast, statt mich zu freuen! Das heißt, freuen tue ich mich schon, aber die Freude ist so tief, tief unten im Herzen, und so viel Abschiedsweh steht darüber, daß ich nur in ganz seltenen Augenblicken ihr Dasein bemerken kann. Ja, wenn man nur die Menschen, die man auf seinen Lebenswanderungen kennenlernt, nicht liebte, so könnte man sich jedesmal über das Weiterziehen freuen. Aber ich bin leider noch viel zu dumm, um das Leben mit philosophischer Kühle und Indifferenz nehmen zu können.

Du wundertest dich wohl, warum ich seit Neujahr kein Wort geschrieben habe. Weil ich nichts zu sagen hatte. Reisen unternahm ich keine in diesen letzten Monaten; in der Schule ging alles in seinem alten, einförmigen Geleise, und die einzige große Aufregung, die das Land diesen Winter durchgemacht hat, war der Besuch des Prinzen Heinrich und die Taufe von Kaiser Wilhelms

Yacht „Meteor" mit Miß Alice Roosevelt als Patin, worüber du aber gewiß in euren deutschen Zeitungen genug gelesen hast. Zwar kann das, was du gelesen hast, dir keine richtige Idee geben von dem Enthusiasmus, mit dem euer Prinz hier empfangen und fetiert worden ist. Nie hat ein Volk mehr Aufwand gemacht, mehr Freude gezeigt beim Besuch seines eigenen geliebten Monarchen als diese guten Republikaner beim Empfang eines fremden Prinzen. In jeder Stadt, durch die er reiste, wurde ihm ein großartiger Empfang bereitet, und die Leute strömten von nah und fern herbei, um ihn zu sehen. Die Dorfschulen bekamen Feiertag, und die Lehrer begleiteten ihre Schüler in die Stadt, um ihnen einen „wirklichen Prinzen" zu zeigen. Daß Prinz Heinrich ein echter, wirklicher Prinz sei, daran war nämlich diesmal nicht zu zweifeln, war er ja der Sohn eines Kaisers und der Bruder des jedem Amerikaner durch die Zeitungen so wohl bekannten Kaiser Wilhelm, und dazu soll er nach allem, was man hört, alle Eigenschaften besitzen, die den echten Prinzen ausmachen. Von fast allen, die hier mit dem Prinzen in persönliche Berührung kamen, hört man denselben Ausspruch: „Er ist ein ganzer Mann", der höchste Lobspruch, zu dem sich ein Amerikaner erheben kann. Ja, Prinz Heinrich ist eine nicht geringe Überraschung für die Amerikaner. Denn bisher haben sie sich einen Prinzen als einen zierlichen, eleganten Dandy vorgestellt, der sich im Salon und am Spieltisch oder höchstens zu Pferd auszuzeichnen versteht wie die meisten der Prinzlinge, die ihre Erbinnen heimholen; aber wirkliche männliche Tugenden hat man hinter dem Titel nicht vermutet. Daß auch ein Prinz ein „ganzer Mann" sein kann, das hat sie erst Prinz Heinrich von Preußen gelehrt.

An Bord des „Belgenland", 11. Juni 1902.

Dies ist schon unser zweiter Sonntag auf dem Wasser. Du siehst daher, daß der „Belgenland" nicht zu den modernen Schnelldampfern gehört. Im Gegenteil, er ist ein alter, ziemlich herabgekommener Kasten, wo noch alles so ist, wie es vor 30 Jahren war, und dennoch habe ich noch nie eine Seereise so genossen wie diese. Mag das Schiff noch soviel zu wünschen übriglassen, so kann man sich doch über seine Bemannung nicht beklagen. Wir haben einen Kapitän, dessen Anblick allein schon Vertrauen einflößt, und eine Bedienung, daß man sich eine bessere nicht wünschen könnte; dazu nette Reisegesellschaft und sehr anständiges Wetter. Seereisender, was willst du noch mehr?

Wir nähern uns der Küste von Irland. Aber mein Herz klopft noch nicht heftiger beim Anblick der grünen Hügel Hibernias, denn sie scheinen mir noch gar nicht europäisch zu sein. Erst wenn ich die Küste des Kontinents erblicke, werde ich mich wieder in der alten, lieben Heimat fühlen! Ich wünsche, ich könnte so schnell reisen wie dieser Brief, der heute schon in Queenstown aufgegeben wird und schon in zwei oder drei Tagen in deinen Händen sein wird. Aber ich werde mich einige Tage in London aufhalten müssen bei einer meiner tasmanischen Freundinnen. Als wir uns vor sechs Jahren in Tasmanien adieu sagten, glaubten wir, es wäre auf ewig, und nun ist sie die erste, die mich in Europa begrüßt.

Krakau, Österreich, 14. Juli 1902.

Es ist vollbracht! Die Aufgabe, die ich mir vor zehn Jahren gestellt habe, ist gelöst. Das Versprechen, das ich mir damals gegeben, ist gehalten, und zwar aufs genaueste gehalten; denn ich hatte mir versprochen, am 12. Juli, dem Jahrestag meiner Abreise, wieder an meinem Ausgangspunkt anzukommen, und letzten Samstag, den 12. Juli, bin ich richtig am Krakauer Bahnhof wieder angelangt. Jetzt glaube ich wirklich das Lob meiner Freunde, die mir immer nachsagten, daß Pünktlichkeit meine Haupttugend sei, zu verdienen.

Jetzt, da ich wieder da bin, kann ich kaum glauben, daß ich zehn lange Jahre von Europa abwesend war, so wenig scheinen mir die Orte und die Leute verändert. Mitunter frage ich mich: „Bin ich es wirklich, die so lange fort war und die so vieles gesehen und erlebt hat, oder habe ich das alles nur gelesen?" Auch andere Leute scheinen schwer an meine Weltreise glauben zu können. Eine alte Dame, in deren Beisein ich gestern von Australien sprach, unterbrach mich, indem sie ganz abweisend sagte: „Aber Fräulein Bögli, Sie können uns doch gewiß nicht weismachen, daß Sie in Australien waren; Sie sind ja noch ganz so weiß wie wir."

Über hundert Briefe erwarteten mich hier, alle von außereuropäischen Freunden, die ich vor zehn Jahren nicht gekannt, die mir die herzlichsten Glückwünsche zur vollbrachten Arbeit bringen. Ja, Glück habe ich wahrlich gehabt! Nicht nur, daß ich so viele gute und liebe Menschen kennengelernt habe, sondern ich habe auch nie einen Unfall gehabt, habe nie weder einen Zug noch ein Schiff verfehlt, habe nie etwas verloren, nie ist mir etwas gestohlen worden; ich bin nie durch einen Blick oder ein Wort beleidigt, sondern mit der größten

Achtung behandelt worden von den Männern aller Nationen und aller Rassen. So hat die Vorsehung überall gütig über mich gewacht und mich langsam, aber sicher vorwärts- und wieder heimwärts geführt. Ihr sei dafür innig gedankt von mir!

Übersicht über die Briefe

1892

1893

1894

1895

1896

1897

1898

1899

1900

1901

1902

Lina Bögli im Lenos Verlag

Immer vorwärts
Die Reise nach Japan, Korea und China 1910–1913
Herausgegeben von Beat Hugi
441 Seiten, Paperback
ISBN 978 3 85787 809 1
LP 209

»Ihre Reiseeindrücke zeugen von journalistischem Talent und scharfer Beobachtungsgabe.«
Der Bund

Annemarie Schwarzenbach
Winter in Vorderasien
Tagebuch einer Reise
256 Seiten, Klappenbroschur
mit 96 Fotos der Autorin
ISBN 978 3 03925 032 5

»Diese Exkursion, unternommen von einer unerschrockenen, hemmungslos den Eindrücken sich preisgebenden jungen Frau, ist ein Fund. Mit ihrer Beobachtungsgabe und ihrem Abenteurertum ausgestattet, könnte man heute jeden deutschsprachigen Reportagenpreis gewinnen.«
Wilfried F. Schoeller, Norddeutscher Rundfunk

Nicolas Bouvier
Die Erfahrung der Welt
Aus dem Französischen von Trude Fein und Regula Renschler
Herausgegeben von Roger Perret
459 Seiten, Paperback
mit 27 Fotos und Abbildungen
ISBN 978 3 85787 838 1
LP 238

»Das wohl beste und menschenfreundlichste Reisebuch, das jemals erschienen ist.«
Claudia Diemar, Stuttgarter Zeitung

Reiseliteratur im Lenos Verlag

Karel Čapek
Ausflug nach Spanien
Aus dem Tschechischen von Erika Sangerberg
189 Seiten, Paperback
mit 109 Zeichnungen des Autors
ISBN 978 3 85787 831 2
LP 231

»Spanien vor Franco und vor dem Bürgerkrieg, leicht nostalgisch (...), aber durchweg geistreich und pointiert und liebreizend angeschaut und porträtiert. (...) Scharfsinnig konzis sind seine Betrachtungen über El Greco, Velázquez und Goya. Ein reizendes Büchlein mit reizenden Begleitillustrationen.«
Alexander Kluy, Buchkultur

Reiseliteratur im Lenos Verlag

Ella Maillart
Verbotene Reise
Von Peking nach Kaschmir
Aus dem Französischen von Hans Reisiger
416 Seiten, Paperback
mit 18 Fotos der Autorin
ISBN 978 3 85787 805 3
LP 205

»Das Buch liest sich wie ein Roadmovie – wenn es auch in der Wüste weder Strasse, Autos noch gar ein Kino gibt.«
Die Zeit

MIX
Papier | Fördert gute Waldnutzung
FSC® C083411